季刊 考古学 第33号

特集 古墳時代の日本と中国・朝鮮

● 口絵(カラー) 中国の墳丘墓
　　　　　　　韓国大成洞2号墳の発掘
　　　　　　　韓国梁山金鳥塚の出土品
　　　　　　　金属工芸技術
　　　　　　　初期須恵器の生産
　（モノクロ）朝鮮の古墳の内部構造
　　　　　　　画文帯神獣鏡と獣帯鏡
　　　　　　　韓国出土の倭系遺物
　　　　　　　えぞ地域の新出土品

古墳時代と大陸文化 ———— 岩崎卓也・中山清隆 (14)

古墳文化の成立と大陸
　中国の墳丘墓と日本の古墳 ———— 王　巍・茂木雅博 (18)
　朝鮮半島における墳丘墓の形成 ———— 門田誠一 (24)
　古墳文化と鮮卑文化 ———— 穴沢咊光 (29)
　古墳時代前期の大陸系遺物 ———— 望月幹夫・古谷　毅 (35)

大陸文化の接触と受容
　伽耶の群集墳 ———— 松井忠春 (39)
　陶質土器と初期須恵器 ———— 酒井清治 (46)
　日本出土陶質土器の原郷 ———— 定森秀夫 (50)

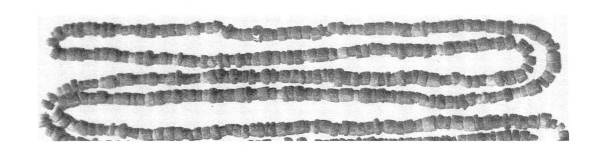

甲冑の諸問題――――――――――――福尾正彦 *(54)*
初期の馬具の系譜――――――――――中山清隆 *(62)*
日本と朝鮮半島の鉄と鉄製品――――――松井和幸 *(68)*
日本と朝鮮半島の鉄生産――――――――大澤正己 *(72)*
日本と朝鮮半島の金工品――――――――中村潤子 *(76)*

コラム

古墳発生期ごろの朝鮮の墓制（木村光一）百済地域の初期横穴式石室（亀田修一）福岡県稲童古墳群の甲冑（山中英彦）埼玉県将軍山古墳の馬冑（若松良一）画文帯神獣鏡の系譜（時雨彰）〝前方後円〟形の積石塚（全浩天）最近出土のえぞ族長墓副葬品から（伊藤玄三）

日本と朝鮮の古代政治組織――――――早川万年 *(85)*

最近の発掘から

下総国葛飾郡大嶋郷の調査――大嶋郷推定地の遺跡調査
　　　　　　　　　　　　　　　　　　　　谷口　榮 *(91)*

連載講座 繩紋時代史

　7．繩紋土器の型式(2)――――――――林　謙作 *(93)*

書評――――――――――――――――*(101)*
論文展望――――――――――――――*(104)*
報告書・会誌・単行本新刊一覧――――*(106)*
考古学界ニュース――――――――――*(110)*

表紙デザイン・カット／サンクリエイト

中国の墳丘墓

日本の古墳の始源が弥生文化以来の伝統的墓制にもとめられるとしても，盛土をもつ高塚墳の出現には外的な要因をも考慮すべきであろう。中国では秦漢以前に北方の長城地帯，中原，江南の地域で独自な墳丘墓の伝統があった。後漢以降になると，東アジアの各地にマウンドをもつ高塚墳の文化が展開するが，大ざっぱにいって，日本の古墳は漢帝国以外の周辺地域との類似点が多く，埋葬形態や主体部構造では中国江南や朝鮮南部の墓制に近い。

構　成／中山清隆

中原の漢墓（大漢冢＝中国洛陽市邙山）（高浜侑子氏提供）

江南の土墩墓（中国南京市句容県）（菅谷文則氏提供）

〈特報〉
韓国大成洞2号墳の発掘

金海市のほぼ中央に位置する標高22.6mの低丘陵に築造された本古墳群中，第1，2号墳が発掘調査され，鉄製馬冑，木心鉄板張鐙，青銅製鏡板などの馬具類や鉄製甲冑，鉄鋌などのほかに筒形銅器10点と日本製と推定される巴形銅器が1点出土した。5世紀前後の首長墓(王墓)からの日本系製品の出土は倭と金官伽耶国との交渉を物語るものとして注目される

構　成／松井忠春　　写真提供／申敬澈

主槨出土巴形銅器

2号墳全景

主槨出土轡（鏡板は青銅製）

主槨出土筒形銅器

＜特報＞
韓国梁山金鳥塚の出土品

韓国東亜大学校博物館では，今年釜山の北約25kmにある梁山北亭里・新基里古墳群を発掘し，39基の古墳から1,159点（7月末現在）の遺物が出土した。北亭里21号墳は封土上に自然石を積んだ積石横口式石室墳で，出字形金銅冠・金製太環耳飾・金釧などが出土している。古墳の構造，出土遺物からみて新羅的特徴をもっている。同古墳はその後金製足が発見されたことから梁山金鳥塚と命名された。

構成・写真提供／沈奉謹

金製太環耳飾（長さ8.6cm）

金製釧（径7.6cm）

金銅冠出土状態

青銅鐎斗
（高さ10.6cm，径12cm）

（右から）
銀製銙帯，金製瓔珞（歩揺），玉（全長2.7cm），青玉（径1.6cm）

金属工芸技術

わが国では5世紀になると金銅製品の本格的な流入がはじまり、それに伴って各種の工芸技術が入ってきた。金箔を張付けたり、鍍金をしたもの（環頭）、文様を彫り抜いた透彫り（双竜文透彫鏡板）、地金に異なる金属を埋め込んだ象嵌（柄頭）、細かい金粒を鑞付けするフィルグリー技法（耳飾）、鏨で連続して打ち込んだ蹴彫り（冑）などがその主なものである。　　　　構成／早乙女雅博

環頭大刀（韓国公州市武寧王陵）
柄長22.0cm

環頭大刀（大阪府茨木市海北塚古墳）
横径7.2cm　東京国立博物館所蔵

鏡板（韓国李養璿コレクション）
11.0×10.0cm

鏡板（福井県上中町十善ノ森古墳）　13.0×9.5cm
福井県立博物館提供　上中町教育委員会所蔵

耳飾
（福岡県八女市立山山8号墳）
長9.5cm　八女市教育委員会提供

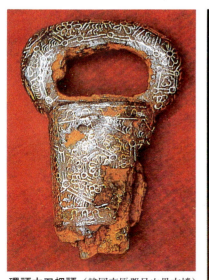
環頭大刀把頭（韓国南原郡月山里古墳）
獣面文円頭大刀柄頭（香川県観音寺市）
長6.4cm　鎌田共済会郷土博物館提供

眉庇付冑（福岡県吉井町月岡古墳）
胴巻板の魚形文　吉井町教育委員会提供

初期須恵器の生産

初期須恵器を焼成した大阪府陶邑窯跡群ＴＫ73・85号窯跡周辺の小阪, 大庭寺, 伏尾, 深田橋遺跡が発掘され, 初期須恵器生産に関わった渡来系工人の集落や系譜などが明らかになりつつある。このような大窯跡群に対して, 供給圏の狭い小窯跡群が発見されはじめた。その一つ福岡県三輪町から夜須町にかけて分布する朝倉窯跡群は, 甘木市池の上, 古寺墳墓群の伽耶系須恵器を焼成したことで知られ, 生産開始が陶邑を遡る可能性がでてきた。

構　成／酒井清治

大庭寺遺跡（大阪府堺市大庭寺）出土土器
多量の初期須恵器とともに, 陶質土器, 軟質土器が見られ, 初期須恵器の生産に関わった渡来人の集落の一部だと推定されている。
（大阪府埋蔵文化財協会提供）

山隈1号窯跡の無蓋高坏
長脚で脚部に刻線文がみられる。

山隈1号窯跡の甕類
このほか器台, 把手付小壺, 無蓋高坏, 高坏蓋, 樽形𤭯, 𤭯や埴輪が出土している。
（九州大学考古学研究室提供）

山隈1号窯跡（福岡県朝倉郡三輪町）の全景
3基確認されている。1号窯は焼成部から煙道部にかけて破損しているため全長は不明であるが, 幅は約2ｍを測る。

朝鮮の古墳の内部構造

一口に朝鮮半島の墓制といっても外形や内部構造，規模など多様である。三国（高句麗・百済・新羅）と伽耶諸国の墓制の成立事情は十分解明されてはいないが，基本となる墓制をふまえてその展開を発展史的にみれば，背景となる三国間の領域の変化や周辺地域との接触，影響関係などを明らかにしうるであろう。

構　成／中山清隆

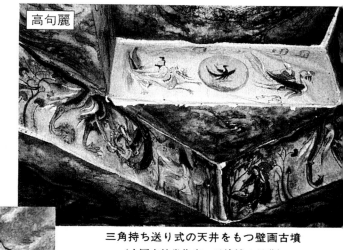

三角持ち送り式の天井をもつ壁画古墳
（中国吉林省集安・五塊墳4号墓）
4号墓は壁画を有する截頭方錐形封土墳，天井は三層の平行三角持ち送り式で，墓道・羨道・玄室からなり，四神図を中心に描かれている。三角持ち送り天井（ラテルネンデッケ）は飛天図とともに西方世界との交渉をしめすもので，高句麗の国際性が窺えて興味深い。

横穴式石室の内部
（韓国ソウル特別市芳荑洞1号墳）
片袖の横穴式石室で，玄室・羨道の壁は割石小口積みで築く。玄室側壁の積み方は，第二段目から内傾させるように積み（穹窿状持ち送り），天井に一枚石をおく。玄室内に割石積みの棺床を設ける。

積石木槨墳
（韓国慶州市天馬塚）
木棺を納めた木槨を積石で被い，その上に封土を積み上げ，途中黒色粘土を薄くかぶせ，さらに封土を築いている。

竪穴式石室と外護石列（韓国慶山郡林堂洞5号墳）
竪穴式石室の脇に副槨をもつ構造は伽耶墓制の特徴の一つである。

画文帯神獣鏡と獣帯鏡

　5世紀後半から6世紀前半の古墳で舶載の画文帯神獣鏡・神人車馬画像鏡・獣文縁獣帯鏡の同型鏡が出土する。これらの同型鏡の分布の中心は熊本県江田船山古墳と埼玉県稲荷山古墳であるといえる。獣文縁獣帯鏡の同型鏡は朝鮮半島でも知られている。こうした出土鏡の分布や同型関係から倭と中国・朝鮮半島，畿内政権と地方豪族，地方の有力豪族と周辺地域の豪族の関係が窺える。

構　成／時雨　彰

1：熊本県江田船山古墳出土の環状乳画文帯神獣鏡
　（面径14.8cm）
2：埼玉県稲荷山古墳出土の環状乳画文帯神獣鏡
　（面径15.5cm）
3：江田船山古墳出土の獣文縁獣帯鏡（面径17.6cm）
4：群馬県綿貫観音山古墳出土の獣文縁獣帯鏡（面径23.3cm）
5：江田船山古墳出土の対置式画文帯神獣鏡（面径20.0cm）
6：江田船山古墳出土の同向式画文帯神獣鏡（面径20.6cm）
〈1・3・5・6は東京国立博物館所蔵，2・4は国（文化庁）保管〉

韓国出土の倭系遺物

朝鮮半島の南部地域(嶺南,湖南地方)には,断片的ながらも少数の倭系遺物が存在する。生活用具である土器から祭祀・宝器的な性格のものまでがあり,貝塚からも出土するが多くは墳墓の副葬品として発見される。倭との交易に際し,いわば見返り品の一つとみられるが,生活習慣やイデオロギーの類似面からも追求すべきであろう。

構　成／中山清隆

筒形銅器
(伝金海良洞里)
(李養璿コレクション)

石釧
(慶州市月城路あ29号墳)

銅鏃
(昌原市三東洞2号石棺墓)

鉄鏃
(昌原市三東洞27号甕棺墓)

小型丸底壺
(金海市礼安里86号墳)

土師器系赤褐色土器
(釜山市華明洞古墳)

内行花文鏡
(昌原市三東洞18号甕棺墓)

子持勾玉
(李養璿コレクション)

石製有孔円盤
(李養璿コレクション)

えぞ地域の新出土品

最近東北・北海道地方の末期古墳とよばれる墳墓から意外な文物が発見され、多賀城や胆沢城設置以前のえぞ地の文化を再認識させた。獅嚙と三累環の結合は珍しく、東アジアに例がない。衝角付冑は衝角部が短い特異な形であるが、関東の埴輪に例がある。銙帯金具や和同開珎の新例は奥六郡を中心とした内陸地域以外の三陸沿岸地域や北海道にまで律令制下の文物が及んでいたことを証明している。

構 成／中山清隆

衝角付冑
（盛岡市上田蝦夷森古墳）（盛岡市教育委員会提供）

獅嚙式三累環頭大刀把頭
（青森県八戸市丹後平古墳）
（八戸市教育委員会提供）

銙帯金具
（北海道余市町大川遺跡）

（余市町教育委員会提供）

円頭大刀
（北海道余市町フゴッペ洞窟）

和同開珎
（岩手県宮古市長根Ⅰ22号墳）
（岩手県埋蔵文化財センター提供）

挂甲小札（岩手県一戸町御所野遺跡）（一戸町教育委員会提供）

季刊 考古学

特集
古墳時代の日本と中国・朝鮮

本特集の主な遺跡

特集● 古墳時代の日本と中国・朝鮮

古墳時代と大陸文化

岩崎卓也・中山清隆
（いわさき・たくや）　（なかやま・きよたか）

日本の古墳文化形成にかかわったのは大陸の多くの国ぐにであったが，その類似を追うあまりに異質性が無視されてはならない

　日本の古墳時代を代表する遺物，たとえば鏡・甲冑・馬具・装身具などをみると，中国・朝鮮など，当時の大陸先進文化に由来するものが如何に多いか，思い知らされるだろう。つまり大陸の事情をまったく念頭におかずに古墳文化を考究することは，ほとんど不可能というべきなのである。
　とはいえ，日本列島の古墳文化形成に直接・間接にかかわったのは決して一国や二国ではなく，中国でいえば魏晋南北朝の国ぐに，朝鮮半島の三韓・三国および伽耶の文物にひろくかかわっているといってよいだろう。当時，大陸ではいろいろな国が興亡と盛衰を繰り返していたわけだから，倭人の島に文物をもたらす窓口も，決して一定してはいなかったのである。したがって，渡来文物の系統や系譜関係を明らかにすることによって，当時の国際交流関係を解明するみちも開けるというわけである。

1　渡来系文物の原郷

　さて，日本列島で開花した古墳文化が受けいれた大陸系文物は，中国系と朝鮮系とに大別することができる。
　中国系文物は，さらに伝統的な漢族の文化，いわば中国南北朝の支配層の文化と，北方ユーラシア系の黄金文化が，中国の東晋（五胡）十六国から南北朝にかけての文化と接触・融合した北方胡族系（慕容鮮卑系）の文化とにわけられる。この北方胡族系文化の分布域が中国東北と朝鮮半島であり，朝鮮半島の古墳文化は，基本的には，この流れを汲み，高句麗・百済・新羅・伽耶の国々が，独自の伝統文化のもとに，選択的に受けいれて発達させたものである。それゆえ，中国文明と北方ユーラシア系の文化要素がさまざまなかたちで，文物などにあらわれるのである。
　最近の研究成果を総合すると，当時の倭は北方胡族の文化が色濃く定着した，古新羅の金色まばゆい文化に強いあこがれをもちながらも，むしろ，外交的にも緊密なかかわりをもっていた百済や伽耶諸国の文化から進んで摂取したようである。
　すでに述べたように，日本古墳文化にみられる渡来系文物は，直接あるいは間接的に，中国，朝鮮の文化に由来しているのであるが，具体的に地域（原郷）を特定するとなると容易ではない。これらの領域は，しばしば戦争や併合などによって変動があり，本来の固有の領域や文化を見きわめる作業は，じつに難しい。一例をあげよう。伽耶諸国のひとつである昌寧のように，5世紀後半頃から新羅の影響下におかれ，のちに併合されながらも，その間，百済とも政治・文化面で関係をもっていたことが，近年話題になった校洞（キョドン）11号墳出土の円頭柄頭象嵌銘大刀などによって知られるので，政治的な関係と考古学的な「モノ」の出土とは必ずしも一致しないから，個別資料の分布をとりあげて，ただちに政治的な関係を想定するといった図式的な把え方はリスクを伴うのである。とくに伽耶諸国は，新羅・百済の両国間にあって，複雑で流動的な状況であったから，伽耶系と一口にいっても百済に親近な伽耶と新羅に親近な伽耶，そのどちらでもない独自な伽耶というぐあいに類別でき，単純ではない。変動する伽耶諸国の

歴史的状況を正しく把握したうえで，文物の類別や原郷の探索を行ない，系譜関係を求めていく姿勢が必要である。土着文化と密接な要素や独自な要素を抽出し，技術上の比較やセット関係を見きわめながら，トータルに判断しなければならない。

出土例の有無を根拠に論を進めることも危険で，未検出の資料を予想して，系譜を考える場合もあり，簡単にはゆかない。藤ノ木古墳の鞍を含む馬具の一セットは，百済製と推定されるが，比較すべき実物が百済地域で未出のため，将来に俟つほかはなく，現状では保留しておく方がよいと思われる。

高句麗は，墳墓壁画以外の資料が全体に乏しく，北方胡族系文化と韓族文化との間ではたした役割が十分解明されていない。釜山・福泉洞古墳や陜川・玉田古墳で発見されている馬冑を含む甲冑類が重装騎馬戦に長じた高句麗系であることはほぼ認めてよいかもしれないが，高句麗の故地での実物資料が皆無に等しいために，彼我の技術上の検討がなされないまま残されている。つまり高句麗の南下に伴ってもたらされたオリジナルそのものなのか，新羅・伽耶の地でいちはやく在地製造されたものなのか，現状では判断しがたいのである。高句麗から工人を伴って現地で製作することもあったであろう。

和歌山県大谷古墳の馬冑は，いくつか製作地が想定されているが，伽耶で出土の5例の馬冑と比べると，形態の細部のちがいはおくとしても全体にシャープな組立てではない。半島における時期差や製作地のちがいとみるより，これを畿内政権中枢部の工房の作とみたい。当時の畿内の工房の技術的水準からみて，馬冑の製作は十分可能で，渡来系工人や倭人の工房を組織した倭王権が下賜品として製作させたとしても不思議ではない。

2　4世紀の国際交流

古墳時代前期すなわち4世紀の渡来系文物をみるかぎり，大陸との交渉の波は比較的穏やかであったといえる。

史書によると倭王権が本格的に朝鮮との交渉をもつようになったのは4世紀後半からで，おもに新羅とであった。5世紀前半まで，倭は新羅との間に交渉・侵入・掠奪を繰り返していたらしい。『広開土王碑文』には，永楽九年（399）に倭が新羅に侵入し，翌年には新羅救援軍が南下し，倭軍

を討ったとある。当時の倭人たちは，「弁辰の鉄」に強い関心をもっていたらしく，貨幣の代用として，また鉄素材としての地金や製品を求めようとして，彼地に渡ったものと思われる。目下のところ日本の5世紀以前の遺跡から製鉄炉は発見されておらず，製錬は弁辰の地で行なわれていたとみられる。地金か製品を海外からの輸入にたよらざるをえなかったのである。具体的には板状鉄製品や鉄鋌がその対象といえよう。鉄板や鉄鋌の産地は，弁辰の地である公算が最も大きいが，中国華北や河南の製鉄集団から交易ルートを通じてもたらされた可能性も残されており，今後の分析が俟たれる。400年を前後した高句麗の南征は，新羅・伽耶の製鉄技術を向上させる契機ともなったであろう。

一方この頃の倭は，百済とも交渉をもった。石上神宮伝世の「七支刀」は数少ない4世紀代の金石文として重要である。百済の冶金技術と象嵌技術の高さをしめすものとして注目される。日本で5世紀代以降にあらわれる象嵌技術は百済に学んだものにちがいない。

3　5，6世紀の渡来系文物と国産化

5，6世紀になると渡来系文物は西日本を中心に各地に存在する。倭の五王の時代から，やがて渡来文化が定着し，ぞくに「金ピカ物」といわれる金銀，金銅製の装具が，首長層から中小の民衆層にまで普及するようになる。この現象は6世紀以降に顕著で，これは社会的需要が増加して量産が進み，はじめは輸入品を忠実に模倣しながらも，日本的な好みや工夫が加えられ，国産化をたどる過程で倭人社会の実情に適合したものが量産され，地方にも広くゆきわたるようになるからであろう。その結果，舶来品のステイタスシンボルとしての本来の意義はうすれ，造形の変化，文様や意匠の変形・簡略化，製作技術の省略化などが進むようになる。穴沢咊光氏のことばを借りれば「渡来文化の土着化」である。

馬具のばあい，5世紀半ばまでの馬具は，一部をのぞいて，そのほとんどを輸入品にたよっていたが，やがて5世紀後半頃から国産品がつくられはじめ，オリジナルを忠実にうつしながらも，日本的な（倭風の）工夫や特徴がみられるようになる。5世紀後半に，百済・伽耶地域から導入されたf字形鏡板付轡と剣菱形杏葉は当時の倭でたい

へん好まれ，すでにあった馬鐸（新羅・新羅系伽耶）を加えて，日本独自のセットを生みだした。6世紀前半までの馬装の主流はこの組合せで，鏡板や杏葉などの装飾的部分を大きくしたり，福岡県寿命王塚古墳の杏葉のように周縁に菱形小突起を付けたり，変形や誇張がみられるのである。鉄地金銅張馬具をみると，舶載品と日本製品とは，形態やつくりに差がある。しかし，簡便化された日本製といわれる鉄地金銅張馬具の張りあわせ方のものすべてを日本製としうるかどうか，小野山節氏も慎重な態度をとる。筆者は大陸側でも量産化に伴う製作技術の簡略化（手ぬき）や意匠の崩れ，形のバラツキがあるのではないかとみるので，半島など大陸側の形態変化や技術に注目したいのである。その意味で韓国全羅南道海南の造山古墳出土のf字形鏡板と剣菱形杏葉のセットの形態は注目してよく，百済独特の形態変化の結果であって，わが国のものとは趣を異にする。

こうした日本的な工夫はその後もつづけられるが，輸入品としての馬具は，時代がくだっても間断なく入ってきているのであって，倭人社会がたえず大陸の新しい製品を求めていたことは小野山氏の指摘されるとおりで，「威信財」としての馬具の価値も古墳時代を通じて失われなかったとみてよい。

4 日朝の甲冑文化と軍事技術

巨大古墳が築かれた5世紀はまた大量の鉄製の甲冑を主とする武具・武器を副葬する風習が首長墓を中心に盛行をきわめる，まさに「甲冑の世紀」であった。畿内を中心に出土例が多い鉄製の横矧板鋲留短甲は，これまで日本製とする考えが有力であった。しかるにこの10年の間に嶺南地方を中心に鉄製甲冑の資料が増え，再検討を要するようになった。地金である鉄鋌や板状鉄製品が新羅・伽耶地域の5世紀代古墳を中心に大量に出土していること，また鍛冶工具が梁山古墳群などからセットで出土していること，慶州市隍城洞遺跡で製鉄・製錬の諸工程がまとまって発見され，鋳造鉄斧の鋳型を含め，鋳造，鍛造などの鉄生産技術が確認されていることなどからみて，5世紀代の早い時期に新羅・伽耶の地では豊富な弁辰の鉄資源を背景に，鉄製甲冑の製作が進んでいたことは疑う余地がない。すでに嶺南地域では4世紀には，甲冑の定型化，すなわち裾板など帯状鉄板が

使用されるなど日本より技術的に先行しており，鉄製短甲の製作が4世紀初まで遡るのは確実である。5世紀後半代は甲冑文化の一つの画期で横矧板型式が量産されるようになる。鋲留技術が導入され，各地の出土量をみても1～2領を埋納する例が多く，関東から九州まで供給され，安定したシステムができあがったかのようである。横矧板鋲留短甲は，畿内にくらべて九州の方が量的に優位にたつことは注目してよい。この頃，百済に親近な大伽耶圏の諸国（高霊・陜川・咸陽など）で，倭の甲冑文化と近い状況（高霊池山洞32号墳の横矧板鋲留短甲，頸甲，衝角付冑のセットなど）を呈しているのは，5世紀前半に，陶質土器が日本に伝わる流れと軌を一にしており，大伽耶と倭の親縁関係を反映するものであろう。

鉄鋌は5世紀代の輸入品で，倭では，はじめは渡来工人によって製作が開始され，ついで倭の工人たちも技術を習得していったものと思われる。工人がいて鉄素材さえ入手すれば，製品を運ぶよりはるかに効率がよく，運搬に要するコストは少なくてすむ。

5世紀代の軍事技術は，最近増加した朝鮮南部の甲冑と比べてもそのままのかたちで伝わっているのではない。

古墳時代の頃，中国や朝鮮の高句麗では，もともと集団戦術に適した重装（甲）騎兵で，人馬ともに鎧でかためたものであった。それが高句麗の南下に伴って半島南部におよび，福泉洞古墳群の出土品に代表される挂甲，馬冑，馬甲，ラッパ形頸甲，蒙古鉢形革綴冑である。日本では和歌山県大谷古墳に馬甲，馬冑，挂甲などの例はあるものの，完全装備のかたちで出土していない。実際の戦争に使われたかどうか疑わしく，騎兵集団の存在を想定するよりも，支配者の「威信財」であったとみるほうが実情に近いとおもう。

当時の倭は，やはり弓矢をもち刀で武装した歩兵隊が主であったことが出土する武器類から推定される。重装騎兵は，当時のわが国の社会的条件に合わなかったとみるべきであろう。

古墳時代中期以降，わが国は大陸および渡来人から新しい技術や思想を選択的に受けいれた結果，大陸文化のオリジナルそのものが強力に浸透したのではなく，倭人の趣好や要求にかなったものとして定着した。

渡来工人相互に密接な関係があったことは，金

属工芸にみられる技術面の類似からわかる。鋸歯文のある馬鐸から鋳銅馬具の製作に鏡作工人が関与していること，飾大刀の製作に鞍作部が関わっているらしいことなどが小野山節氏，増田精一氏らによって指摘されている。また甲冑製作技術の圧延技術など鉄板加工技術を導入すれば，木心鉄板張輪鐙（わあぶみ）の製作などは容易であったのかもしれない。

波状列点文を介すると，鋲留の金銅製眉庇付冑（まびさし）や金銅装馬具の技術者間には相互乗入れが考えられるし，冠飾にみられる例が，伽耶の高霊池山洞古墳や福泉洞11号墳などにあり，あるいは工人の出自を示唆するのかもしれない。

これらの諸技術は相互に密接な関係にあり，渡来工人が組織的に動員されていたことを思わせ，5世紀前半にわが国にもたらされた金銅製作技術は，社会の組織化を背景に6世紀になると馬具，環頭大刀，各種装身具などにさまざま応用され，土着化とともに技術は向上し，仏教の受容にさいして金銅の仏具や仏像の製作技術へと発展し，飛鳥文化繁栄の基盤となったのである。

5　渡来系文化の意義と問題点

私どもはこれまで，倭人たちが選択的に，しかも倭の地に適合するよう改変を重ねたにせよ，圧倒的な大陸系文物―それは思想・制度をも含めて―を根幹にして古墳文化が形成されたと，強調しすぎた嫌いもなくはない。

もとより，この列島の古墳文化は，弥生文化の展開からの必然として，倭人の世界に開花したものであって，とめどなく流入する文物をただ受容・改変する中で，いつの間にか出来あがったというものではない。そこには，この列島で形成された独自の論理がある。類似を追うあまりに，異質性が無視されてはならないのである。

これに関連して，1・2の問題点を指摘しておきたい。その第一は，日本の考古学界では，墳丘墓と古墳とは概念を異にするものとして峻別されている。この列島の歴史的所産である古墳には，古墳たるべきいくつもの属性が与えられており，それは弥生墳丘墓とは質を異にすると認定されているからである。ところが，弥生墳丘墓と古墳とを厳密に区別する人びとが，他方で朝鮮半島の墳丘ある墓を，何のためらいもなく古墳と呼ぶ。もちろん，韓国の学者が古墳と呼ぶものを，私たち

が日本の古墳と同一視できないからと，別な呼称をする必要はない。ただ古墳という名で一括して，それぞれの歴史的性格をも抹消されることを恐れるだけである。倭の地の古墳，伽耶の古墳・新羅の古墳等々それぞれの特質は十分にわきまえておくのが出発点である。それは物象としての「古墳」にとどまらず，最低限存在形態に及ぶべきことがらであろう。

もっとも，近ごろ倭人の創出と考えられてきた前方後円という墳丘の形，また勾玉までもが必ずしもそうとはいえない，との意見が提起されている。前方後円墳に関しては，都出比呂志氏のように，円丘・三段築成という形象が，イデオロギーとして導入されたとみる立場と，前方後円という形それ自体がもたらされたというものとがある。後者については，森浩一氏・姜仁求氏らが主張し，近年ではリ・ジョンナム氏の見解がある。本号には，リ氏の雲坪里（ウンビョンリ）高句麗墓について紹介されている。これらがどのように位置づけられていくかは，すべて今後の問題として検討の結果をまつことにしたい。

朝鮮半島から数多く出土する硬玉製勾玉は，日本列島からの搬出品と推測されてきた。もちろん，勾玉は縄文時代以来の長い伝統のもと倭人の社会で生み出された，と考えられてきた。ところが韓炳三氏らは，朝鮮半島の勾玉は，遼寧式銅剣を作り出した人びとがもたらした半月形の天河石製玉から型式変化をとげたものであって，朝鮮半島で創出されたものと説くに至った。これまた，今後の検討を重ねるべき問題であろう。

精神生活にかかわる祭祀遺物でも，周知のとおり子持勾玉は韓国から出土していたが，近ごろ，剣形・鏡形・勾玉形などの滑石製模造品の朝鮮半島からの出土も注目されている。同じ滑石製品でも，丁寧な作りの子持勾玉ならいざ知らず，神の降臨を期待する依代としての青木に下げたと想定されている，粗雑な作りの滑石製模造品などは，イデオロギー絡みでなければ製作されることもなかったろう。5世紀にもまた，乏しいながら大陸には，倭の地からもたらされた文化的影響もまた確かに存在したのである。量差はあるにせよ，交流という語はあてはまるのであり，戦争・侵略という視点を定めるには，彼我の「古墳」からする政治・社会構成上の差が余りに歴然としすぎているのではあるまいか。

特集 ● 古墳時代の日本と中国・朝鮮

古墳文化の成立と大陸

古墳文化の成立にあたってはなんらかのかたちで中国や朝鮮の文化との接触や受容があった。墓制の伝統を中心に考えてみよう

中国の墳丘墓と日本の古墳／朝鮮半島における墳丘墓の形成／古墳文化と鮮卑文化／古墳時代前期の大陸系遺物

中国の墳丘墓と日本の古墳 ── ■ 王　巍・茂木雅博
中国社会科学院考古研究所（ワン・ウェイ）　茨城大学教授（もぎ・まさひろ）

版築によって高い墳丘を築き享堂を建築した中国に対し，日本の前方後円墳は平面積を広くとり，比較的低墳丘であった

　墳丘を有する日本の前方後円墳などを東アジア史の視点で整理しようとする方向は近年とくに強い。本稿もそうした視点で日本の古墳を検討しようとするものである。しかし注意しなければならないことは，墳丘を持つからといってこれらの墳墓がすべて同一性格のもとに成立・出現したかというと，そこには微妙な相違点が数多く認められるのである。

1　中国の墳丘墓

　『礼記』檀弓上には孔子の話として「古也，墓而不墳」とあり，その註に「土之高者曰墳」とある。また『漢書』劉向伝には「墳，謂積土也」とあり，墳とは盛土であると述べている。孔子は「昔も埋葬をしたが，土を盛りあげなかった」という意味のことをいっている。しかもここで言う昔とは，孔子の時代である春秋時代より前の殷代をさすものと思われる。

　中国では「墳」に類似する言葉として「冢」「丘」などがある。古文献によるかぎり，中国では春秋時代以前には盛土を有する墳墓は営まれなかったというのが一般的であった。しかし最近の考古学研究の成果によってこうした考えは是正されようとしている。

　例えば中国東北地方の遼寧省西部から内モンゴル東南部の新石器時代晩期の紅山文化の積石塚の発見や，長江（揚子江）下流域の良渚（リァンジュ）文化に伴う墳丘墓の調査がそれである。

（1）　紅山文化の積石塚と良渚文化の墳丘墓

　遼寧省凌源県牛河梁（ニウハリャン）遺跡は牤牛河の水源地である海抜600〜650mの山岳尾根上に立地する。山の南側尾根または斜面に4ヵ所の積石塚が発見され，そのうちⅡ号区では東西に並んで4基の積石塚が作られており，1〜3号積石塚が発掘調査されている。1号と2号塚は方形で，3号塚は円形である。これらは東アジアで最も古い積石塚である[1]。なお，東アジア最古の盛土の墳丘墓は長江下流域の良渚文化の墳丘墓である。

　浙江省余杭反山（ファンシャン）墓地では，東西90m，南北30m，高さ4mほどの盛土の西側に11基の土壙墓が発見された。11基の墓壙が南北2列に整然と並んでおり，その規模は3〜4mの長さと2m前後の幅を有し，深さは1.3mに達する。これらの墓壙内には木棺が埋置されており，被葬者の身分を示すと思われる玉鉞，祭器の玉琮・玉璧などの副葬品がかなり豊富であった[2]。そのほか，余杭

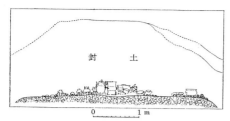

図1 安徽屯渓1号墓の断面図
（AⅠ型土墩墓）（註5）①より

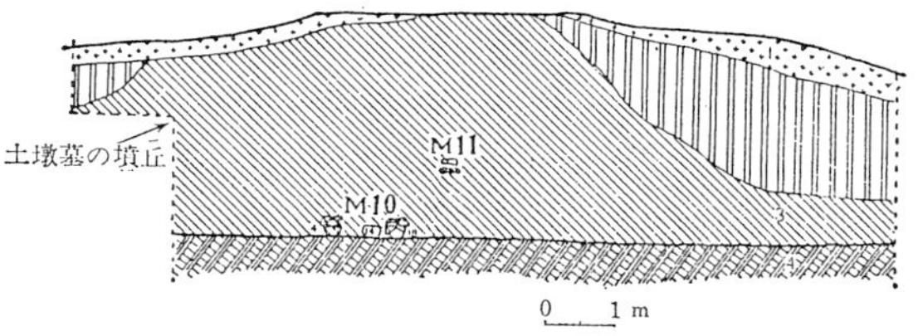

図3 浮山果園1号墩断面図

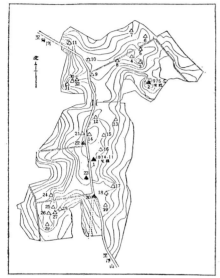

図2 江蘇句容浮山果園土墩墓分布図
（▲は既発掘分）

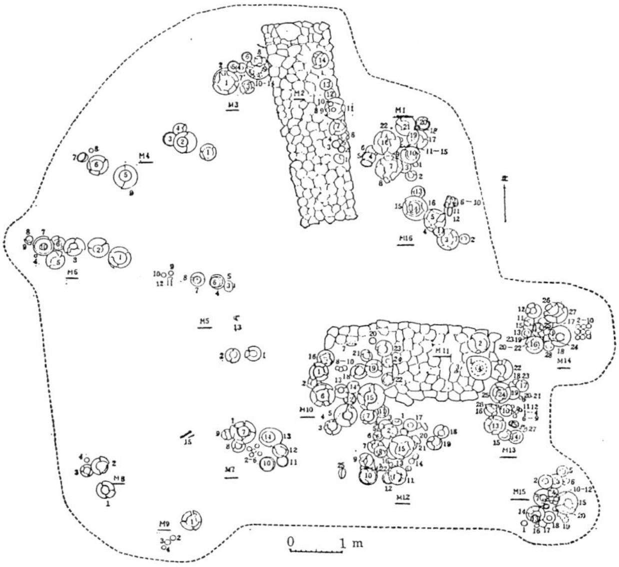

図4 浮山果園1号墩内墓葬分布図（図2～4はB型土墩墓（（註6）より）

瑶山(ヤオシャン)，上海福泉山(フーチュエンシャン)などの遺跡でも良渚文化の墳丘墓が発見されている[3]。

良渚文化の墳丘墓は，同文化の墳丘を持たない埋葬施設と比較すると格差は大きい。これは当時の社会に階層分化が進み，共同体の首長は軍事力の掌把と司祭者という二重の性格をもち，他の共同体メンバーを凌駕する支配者に変容しつつあったことを示している。年代的なことを除けば，日本の北部九州の弥生時代中期に登場する墳丘墓およびその社会と類似しているものと筆者は考えている。

（2）土墩墓

土墩墓(どとんぼ)は西周時代から春秋時代にかけて長江下流域に発達した特殊な墳丘墓である[4]。それは一般的に地上に遺体および副葬品を置いて土を盛り，墳丘を築くというもので，中国の伝統的な地下埋葬法とは異なる。その立地は丘陵の尾根に築かれたものと，平地に築かれたものの2種類がある。また墳丘内の埋葬施設も1基のものと数基のものとに分けられる。今仮りに前者をA類，後者をB類として整理すると以下のようになる。

A類墓では多くの中原式青銅礼器・車馬器と地元の独特な青銅器が副葬されるAⅠ類（図1）と，青銅器が少ないかまたは存在しないかわりに土器が多いAⅡ類に分けることができる[5]。

B類墓では青銅器はほとんど副葬されず，数点の硬質土器などが副葬されている（図2～4）[6]。

土墩墓の墳丘は円形であり，直径20～30mくらいで，高さは2～3mのものが多い。墳丘は盛土のみで版築は認められない。埋葬施設をみると，西周時代の一部のものには，石を敷きつめる「棺床」を持つものや，春秋時代に割石で横穴式石室を築くもの，あるいは発見例は少ないが，地山を掘り込んで長方形竪穴式土壙を持つものもある。であるから土墩墓は墓壙をもたないとは言い切れないのである。またその時期をみると，AⅠ類墓は西周時代中期以前，B類墓は西周時代後期以降に多い。

19

土墩墓は最初貴族の個人墓として造営され，その後一般の家族墓として営まれたようである。『史記』によれば，周の文王の伯である太伯と仲雍が荊蛮の地に来て，呉国を創立したという。土墩墓の出現年代は西周前期であり，A類墓に西周時代の青銅器が副葬されることは『史記』の記録に合致する。故に土墩墓は呉国とその南にある越国の墓であったと思われる。

（3）春秋～戦国時代の墳丘墓

春秋時代末期から戦国時代にかけては，大型の墳丘墓が登場するようになる。中原地方の墳丘墓はいずれも方形であり，燕国，斉国，趙国，中山国などで築造されたものは今でも墳丘が残されている[7]。

河北省易県にある燕国の都城燕下都(イエンシヤトウー)には，23基の大型墳丘墓が残されており，その中の18基は2つの地域に数列に並んで築造されている。大きなものは一辺40～50m，高さ10m前後あり，小さなものは一辺20m，高さ5mぐらいで，いずれも版築によって築かれている。発掘された16号墓は長さ38.5m，幅32m，高さ約7.6mの墳丘を持ち，墓壙の両側には墓道が設けられ，墓内には銅器を模倣して作られた土器の鼎が9つ，簋(き)が8つ，編鐘(へんしょう)・編磬(へんけい)など当時としては，国王クラスの人しか使用できない文物が副葬されていた[8]。

これに対して南方の楚国，曾国などの墳丘墓は，ほとんどが円形である。

楚国の都江陵には，2,800基ほどの墳丘墓が発見されており（うち800基余りが発掘された），直径10～40m，高さ2～5mのものが多い。中には直径100m以上，高さ10mを超えるものもある。しかし版築で築造されたものは少ない。また発掘調査によって円形と思われていた裾部が方形になるものも確認されている[9]。

楚国の大墳丘墓は，地下に墓道をともなう墓室を作り，木棺，木槨または石槨を置き，副葬品として鼎，簋の数，編鐘，編磬などから北方諸国の王陵に匹敵する[10]。

特筆すべきは河北省平山県で発見された戦国時代中期の中山国(ジョンシャン)王墓である。最も大きな1号墓は，墓室が一辺29mの方形で，両側に墓道があり，全長110mを測る。墓室上には版築で南北110m，東西92m，高さ約15mの墳丘があり，それが階段状に3段に築成されている。階段には河原石が敷かれ，犬走り状のテラスがあり，壁柱と柱礎が発見された。墳頂部から瓦が発見されており，墳丘上に楼閣式の享堂が建てられていたと考えられる[11]。

河北省邯鄲(ハンタン)で発見された戦国時代後期の趙国の王陵は丘陵上に築造されており，地面に長さ300m，幅200mの版築の基壇が確認され，その上に墳丘が築かれ，多くの平瓦や丸瓦が検出され，ここでも墳丘上に享堂などの建物が存在した[12]。河南省輝県固囲村(クウエイツン)に位置する魏の王陵でも大型建造物の遺構と瓦が発見されている[13]。

以上のような墓上に享堂を造営する風習は殷時

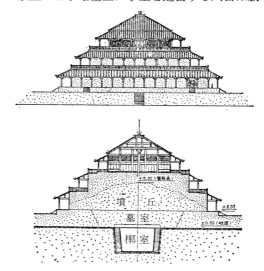

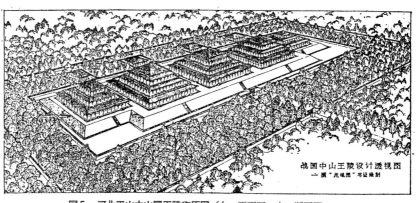

図5 河北平山中山国王陵復原図（上：正面図，中：断面図，下：全体復原図）（註11)②より）

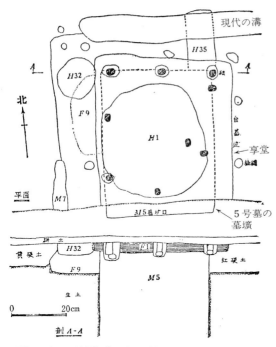

図6 安陽殷墟婦好墓上建築遺構平面図（註14）より）
（H：貯蔵穴，F：住居址，M：墓葬，○：柱穴，●礎石）

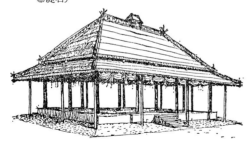

図7 安陽殷墟婦好墓上の享堂復原図（註11）②より）

代にはすでに発生しており，河南省安陽の殷墟婦好墓などでは，墓壙の上に享堂と思われる建物遺構が検出されている[14]（図6・7）。また河南省濬県辛村では西周時代衛国の貴族墓（辛村衛墓）が発見され，その1号墓は10.6m×9mの墓壙上に版築の基壇部が確認され，享堂の存在も考えられる[15]。

春秋・戦国時代の大型墳丘墓の源流を考える上で，殷周時代の享堂の存在は重要な意味を持つものと思われる。とくに西周時代の辛村1号墓の版築基壇の発見は示唆に富むものである。春秋・戦国時代の墓の上に享堂を建てるのは，前代の風習を受け継ぐものと思われる。そして趙王陵や中山王陵のような高い墳丘の上に享堂を建てたことは，これらの大型墳丘がもともと享堂の基壇であり，王の強力な権力を誇示するために次第に高大

化されたと考えられないだろうか。享堂とは死んだ人がその世界で暮す場所であり，諸国の王権の強化と王の居館の豪華さによって，被葬者生前の居館を模倣し，死後の世界の居館である享堂を高い基壇の上に建てるようになったのである。この基壇が大型墳丘の源流と考えられるのではあるまいか。

（4）秦漢時代の皇帝陵

大型墳丘墓は秦漢時代になって新しい時期に入った。その特徴の1つは皇帝陵墓の大型化である。秦の始皇帝の陵墓は陝西省臨潼県にある。各辺350m前後，現在の高さ約43mの方形で，その北側に寝殿およびそれを囲む二重の版築による周壁が陵園を形成している。その東に多くの陪葬墓があり，有名な兵馬俑坑もここに存在する[16]。

前漢時代の11皇帝陵は，文帝の覇陵，宣帝の杜陵が西安市の郊外にあり，他はすべて渭河北岸の咸陽原に存在する。いずれも版築された方形墳である。その中でも武帝の茂陵が最大で一辺230m，高さ46.5mを測る。他の諸陵は一辺の長さ150〜200m，高さ30m前後である。墳丘の周囲には各辺400mの版築の壁に囲まれ，それぞれに門が1つずつ存在する。

こうした陵区には，建物の遺構と磚瓦が多く発見され，寝殿・原廟と思われている。皇后の陵墓も皇帝陵と同じ方形墳であるが，やや小規模である。一般に皇帝陵の東に位置する。その他皇帝に仕えた将軍や大臣らの陪葬墓も皇帝陵の東にあり，大半は方形である[17]。帝陵または皇后陵のいくつかは2段築造され，その墳丘は山に象徴されると考えられている[18]。当時非常に流行していた仙山，昇仙などの神仙思想と無関係ではなかろう。後漢時代の帝陵は献帝の禅陵を除いてすべて洛陽周辺にあるといわれるが，正確には明らかにされていない。

漢代においては身分制度が厳しく，墓も身分によって厳しく制限された。例えば墳丘の高さ，埋葬施設，副葬品の種類と数などである。それは『漢律』に規定された。

帝陵のほか各地で漢代の諸侯および官吏の墳丘墓が発見されており，この時代の墓葬制度を研究する上で貴重な資料を提供している[19]。

漢時代の墓葬制度の1つとして，皇后・諸侯ないし高官の妻の墓は，墳丘が夫の墳丘よりやや小さく，主人の墓のそばに造営されるという並葬の

風習がある。北京市郊外の大葆台（ダバオタイ）で発見された前漢時代中期の燕王と妻の並葬墓がその好例である。2人の墓は版築の墳丘が1つに連なって，全長100m，幅80m，高さ8m余りの巨大な丘になっており，一見すると日本の前方後円（方）墳の側面のようであるが，封土の層序関係によって，東側の燕王墓がまず築かれ，その後西側に王の妻の墓が築かれたことが明らかにされた。東側の王墓には題湊（だいそう）（角柱状の木材で積みあげた特殊な埋葬施設），五重の棺と二重の槨，玉衣など皇帝と諸侯しか使えない葬法が営まれていて，古文献の記録を裏付けている[20]。

2つの墓の並葬の風習は後漢代にも行なわれている。日本の前方後円墳の源流の候補として話題となったことのある河南省密県の打虎亭（ダフティン）の後漢時代晩期の墓も実は2基の墳丘墓が連なったものである。東側の墳丘は高さ7.5m，周囲113mであるのに対して，西側の墳丘は高さ15m，周囲220mである。西側の墳丘の裾部に石で積みあげた壁があり，石と煉瓦で築かれた墓室には，画像石と壁画が描かれていた[21]。

（5）魏晋時代以降の墳丘墓

邪馬台国と通交した魏・晋代には，薄葬が行なわれ，皇帝の陵墓でさえ，山を陵として，墳丘墓が造営されなくなった。

南北朝時代になると，墳丘がふたたび造営されるようになる。例えば江蘇省丹陽胡橋で発見された南斉の王陵は一辺28～30m，高さ8mの円形墳丘である[22]。北魏の陵墓は山西省大同市方山（ファンシャン）にある永固陵が有名である。それは長さ124m，幅117m，高さ約23mの方形墳である[23]。こうして中国では清朝の滅亡まで大型墳丘墓が造営されていた。

2　日本の古墳

日本において墳丘を持つ墳墓の出現は弥生時代である。それは方形周溝墓として畿内に現われている。かつては方形周溝墓に盛土が存するか否かの論争もみられたが，今日では多くの諸家が低墳丘の存在を認めている。

最近の調査例では大阪府加美（かみ）遺跡などがその代表的なものであり，また円形墓も確認されるようになった。岡山県楯築（たてつき）遺跡や佐賀県吉野ヶ里遺跡はよく知られたものである。とくにこれらの遺跡では，墳丘を盛り上げた後に埋葬施設が設けられ

ている。こうした報告が増えることは，日本の古墳の出現を知る上で極めて重要な意味を持つものと思われる。

日本と中国の墳丘を有する墳墓を比較すると，その出現は中国の方がはるかに早いことは多くの認めるところである[24]。しかしそれらは時代差だけではなく，墳丘そのものに対する性格上の相違を意味することを忘れてはならない。

以下，日中間における墳丘を有する墳墓の相違点をあげてみよう。その第1は墳墓に対する記録の存否にある。中国の場合には春秋時代以降になると文献との接点を求めることができるものがある。さらに発掘調査によって墓誌が発見されることが多いので，墓制の研究はかなり具体的に進められている。これに対して日本の場合，文献にあらわれるものはほとんどみられない。わずかに「筑紫国風土記逸文」に磐井の墓に関する記事がみられるにすぎない。さらに古墳時代の墳墓で墓誌の存在は考えられない。

第2点は中国皇帝陵はすべて墳丘上で観察することが可能である。と同時に古代王権の成立に伴って，皇陵は破壊の対象から除外されたという。日本の場合は全くその逆である。

明治時代以降大王陵と思われる巨大な前方後円墳は陵墓または陵墓参考地に指定されているために一切の立入は禁止されている。また古代には墓は破壊の対象とされ，都城の整備に伴って大古墳の破壊が進められてきた。

このような制約を念頭にしないと日本の古墳の研究は成立しない。そのため主要前方後円墳が除外されている研究の主体は副葬された文物に置かれている。日本の古墳時代研究にとって最も注目しなければならないのは，副葬品もさることながら墳丘そのものであると筆者は考えている。それが第3点である。

中国と日本の墳丘にはどのような相違点が存するかという点である。要するに世界最大級の大山（だいせん）古墳や誉田山古墳に対して，その内部構造がどのようなものか不詳であるが，宝来山古墳で検討するとその発掘記録によれば，「垂仁帝陵東南之方鎌丼鍬ヲ以幅深サとも六尺斗堀穿候所御棺石＝而高三尺斗長六尺斗幅三尺斗同覆者亀之形＝相成幅四尺斗長七尺斗＝而覆際南隅＝長八寸三角之穴有之。」とある[25]ことで，その内部構造が理解される。要するに墳丘の割に内部主体が極めて小規

模であることがわかるのである。このことは日本の古墳の最も特徴とする点である。

　中国春秋・戦国時代の墳丘が地下宮殿上に版築され，その頂上に享堂を建築したと考えられるならば，日本の墳丘の性格とは全く異なることになる。前方後円墳は大規模であるにもかかわらず，版築は一切されていない。版築を必要としない墳丘であったと考えられる。

　版築によって天空高く享堂を建築する中国の墳丘に対して，前方後円墳は平面積を広くとり，比較的低墳丘であった所に寿陵としての重要な意味が存在したのであろう。

註
1) 「遼寧牛河梁紅山文化『女神廟』与積石塚群発掘簡報」文物，1986—8
2) 「浙江余杭反山良渚墓地発掘簡報」文物，1988—1
3) 「余杭瑶山良渚文化祭壇遺址発掘簡報」文物，1988—1，「上海青浦福泉山良渚文化墓地」文物，1986—10
4) 鄒厚本「江蘇南部土墩墓」文物資料叢刊，6
5) ＡⅠ類土墩墓　①「安徽屯溪西周墓葬発掘報告」考古学報，1959—4，②「江蘇丹徒県煙墩山出土的古代青銅器」文物参考資料，1955—5，③「江蘇丹徒大港母子墩西周銅器墓発掘簡報」文物，1984—5 など
　ＡⅡ類土墩墓「江蘇丹徒大港土墩墓発掘報告」文物，1987—5 など
6) 「江蘇句容県浮山果園西周墓」考古，1977—5，「江蘇句容浮山果園土墩墓第二次発掘報告」文物資料叢刊，6，「江蘇溧水，丹陽西周墓発掘簡報」考古，1985—8 など
7) ①「河北易県燕下都第十六号墓発掘」考古学報，1965—2，②「臨淄郎家荘一号東周殉人墓」考古学報，1977—1，③中国社会科学院考古研究所編『新中国的考古発現和研究』第3章第3節の(5)「三晋地

区和中山国的墓葬」文物出版社，1984，④「河北省平山県戦国時期中山国墓葬発掘簡報」文物，1979—1
8) 註 7) の①に同じ
9) 「江陵雨台山楚墓発掘簡報」考古，1980—5，「中国春秋戦国時代的冢墓」考古，1981—5
10) 「河南淅川県下寺一号墓発掘簡報」考古，1981—2，「湖北江陵三座楚墓出土大批重要文物」文物，1966—5，「湖北江陵藤店一号墓発掘簡報」文物，1973—9，「江陵天星観1号楚墓」考古学報，1982—1，「信陽長台関発掘一座戦国大墓」文物，1957—9
11) ①註 7) の④，②楊鴻勛「戦国中山王陵及兆域図研究」考古学報，1980—1
12) 註 7) の③
13) 『輝県発掘報告』科学出版社，1956
14) 『殷墟婦好墓』文物出版社，1981
15) 『濬県辛村』科学出版社，1964
16) 「秦始皇陵調査簡報」考古，1962—8，「秦始皇陵」文物，1975—11
17) 「西漢諸陵位置考」考古与文物，1980—1，「西漢諸陵調査与研究」文物資料叢刊，6
18) ①劉慶柱・李毓芳『西漢十一陵』陝西人民出版社，1987，②徐苹芳「中国秦漢魏晋南北朝時代的陵園と墓域」考古，1981—6
19) 註 7) の③第4章第3節「漢代陵墓的発掘」
20) 「大葆台西漢木槨墓発掘簡報」文物，1977—6
21) 「密県打虎亭漢代画像石墓和壁画墓」文物，1972—10
22) 「江蘇丹陽胡橋，建山両座南朝墓葬」文物，1980—2
23) 「大同方山北魏永固陵」文物，1978—7
24) 楊寛著，尾形勇・太田侑子訳『中国皇帝陵の起源と変遷』学生社，1981
25) 茂木雅博『天皇陵の研究』同成社，1990に付編として奈良奉行所記―帝陵発掘事件―を収録しておいた。陵墓に指定された大前方後円墳の内容の一端を知る数少ない手懸りと思われる。

〈余滴〉東国の古墳と大陸文化

　日本列島の古墳文化のなかで，現在の群馬県域＝上毛野の地には，独自な文化が栄えた。なかでも高崎市の八幡観音塚，綿貫観音山古墳は国際色の濃い古墳であるが，広く朝鮮半島，中国大陸の文化からの影響を丹念に追い，その実像に迫ろうと，1988・89年の二度にわたり，高崎市で国際シンポジウムが開催された（観音塚考古資料館開館記念国際シンポジウム「東アジアと古代東国」）。

　中国北朝文化と上毛野の古墳文化における類似性を唱えた王克林氏（山西省考古研究所所長）の報告は非常に興味深い。従来，南朝との関係が強調されてきたが，氏は綿貫観音山古墳出土の「銅製水瓶」と北朝庫狄廻洛墓の「鎏金卵形瓶」との器形的相似性を指摘，

北朝→朝鮮半島→日本という文化ルート上の存在を論じた。

　さらに全榮来氏（韓国圓光大学校教授）は百済における定林寺跡の発掘成果を洛陽永寧寺址のそれと比較して百済と北朝の関係を具体的に論証された。

　未だ推論の域を脱しえない部分もあり，多様な交流が想定されるけれども，東国の古墳を東アジア文化のなかで把え直す重要性を訴える点で画期的なシンポジウムであった。

　その成果が河出書房新社から『古代東国と東アジア』としてまとめられ，10月に刊行されるという。北朝・百済の遺物など，本邦初公開の貴重な資料が収められるというし，王克林氏の書きおろし論考「中国の古代軍事用防具・冑の起源と変遷」が収められており，有益である。　　　　　　　　　　　（編集部）

朝鮮半島における墳丘墓の形成

同志社女子大学
■ 門田誠一
（もんた・せいいち）

朝鮮半島の初現期の墳丘と日本の弥生～古墳時代の墳丘とは，構造上の類似点はあるものの，年代的位置づけは今後の問題である

本稿では朝鮮半島での墳丘をもつ墓の形成を考えるに際し，鴨緑江流域を中心とした積石塚，漢江流域の積石塚，封土墳，および慶尚道を中心とした東南部の三地域にわけて，以下に概観することにしたい。

1 高句麗の積石塚と封土墳

高句麗の古墳は石槨を埋葬施設とする積石塚から封土石室墳へと変遷したことがあとづけられ，高句麗における墳丘の出現の問題は積石塚の初現にむすびつく。

もっともさかのぼる積石塚の年代は，積石塚から発見される土器と細竹里，土城里遺跡などとの出土土器の比較と前漢代の五銖銭や新の貨泉の出土から，Ｂ.Ｃ.2世紀から紀元前後にその一端をもとめられるとされてきた[1]。最近では，集安県城西方にある集安県太平公社五道嶺溝門の積石塚から銅剣，銅矛や多鈕細文鏡などが出土し，Ｂ.Ｃ.3世紀頃の確実な資料とみられている[2]。

高句麗積石塚の起源については，戦前には中国漢代の墓制の影響とする見方もあったが，1970年代までは卓子形支石墓の石室や埋葬施設の周囲に積石を施す点などと積石塚の外部構造，横穴式石室との類似から支石墓と関連づけて高句麗積石塚の発生が論じられた[3]。しかし，その後，竪穴式石槨が横穴式石室に，無基壇積石塚が基壇積石塚にそれぞれ先行することとともに積石のある支石墓がより古く，卓子形支石墓が新しいという支石墓の変遷観の変化が認識され，これらの論点は齟齬をきたすこととなった。ただし，基壇の有無は時期差によるものではなく，墳丘の規模や造営の階層によるものとみたり[4]，さらに，無基壇石槨墓と基壇石槨墓の下限年代について，現在の資料からはそれほどの年代差は認められないとする見解も提出されていて[5]，墳丘形態のみから初現的な積石塚を抽出することについては再考すべき段階にきていると言えよう。春秋後半～戦国時代の崗上墓，楼上墓など遼東半島の積石塚を高句麗積

石塚の起源とみる考え方については，無基壇積石塚が出現すると考えられているＢ.Ｃ.3世紀には，すでに遼東半島では積石塚が衰退し，土壙墓が盛行するので，両者の間に応ずる時間的懸隔を問題とするという論点もあった。最近では，先述の集安県太平公社五道嶺溝門の積石塚や，より西方の遼寧省丹東地区で銅剣出土の積石塚とみられるものの存在を重要視し，Ｂ.Ｃ.3世紀に鴨緑江よりの遼東地域に高句麗積石塚の源流を想定する見解が示されている[6]。高句麗古墳の墳丘の土築化は，理論的には313年の楽浪郡滅亡を封土墳形成の契機とする見方があるが[7]，積石塚から封土石室墳への変化のなかで，実年代の一端を知る資料としては357年の紀年をもつ黄海道安岳3号墳が中国の墓制の受容による墳丘土築化の契機としてとらえられる。また，太王陵や将軍塚の年代観と封土下段の石の積み重ね方や石室の形状などの類似点から積石塚から封土墳へ変化する段階にあると考えられる墳丘基底部に石積をもつ封土墳であるピョンヤン市伝東明王陵古墳などから高句麗の王陵が土築化するのは4世紀後半から4，5世紀の交に年代の一端がもとめられる。この時期以降，高句麗では封土墳が展開するが，階層やそれに由来する墳丘規模によっては積石塚もかなりの期間残存したとみるのが最近の傾向である[8]。

2 漢江流域の積石塚と封土墳

漢江下流ではソウル市内に百済初期の積石塚，封土墳が存在する。石村洞古墳群は，積石塚で構成されていて，最大の3号墳は東西約55.5m，南北約43.7mと推定される。4号墳は約17mの三段築成の方形の墳丘で，上部の構造は不明だが，両袖式横穴式石室の平面をもつ埋葬施設が検出されている。石村洞の積石塚は外形や埋葬施設，周辺から瓦が出土していることなどの特徴が高句麗の積石塚と類似し，高句麗系の人々によって作られたと推定され，築造の年代や被葬者の属性は百済の建国の問題にふかくかかわるものと考

えられている。とくに，最近では墳丘構造について，石村洞2号墳は，まず外側の石築がなされてから内部に粘土を充塡していったのにたいし，4号墳では最初に土築の墳丘があり，それに外側の石築が加えられたとする見解が提示され[9]，墳丘構造に対する考察がすすめられている。また，ソウル地域では積石塚のほかに百済初期の封土墳も知られている。可楽洞2号墳は各辺約12m，約15m，高さ約2.20mの方形墳で，甕棺と土壙墓を埋葬施設とし，3基の小封土が複合して，全体として一つの封土を形成するという独自の墳丘構造をもっている。石村洞破壊墳も土壙墓を埋葬施設とした2基の小墳丘を覆うかたちで，あわせて5基の土壙墓を含む直径約38mの大きな墳丘が形成され，四隅は葺石で覆われている。

石村洞古墳群の年代は出土遺物が少なく，推定が難しかったが，近年の調査によると積石塚と土壙墓など周辺埋葬との切り合い関係によって墓葬間の相対的な先後関係がかなりこまかく判明していて，また，石村洞3号墳の下部の土壙墓などから中国の東晋代の青磁が出土し，実年代推定のてがかりとなっている。積石塚や封土墳の出現年代については，肩部に文様帯をほどこす土器が，中国では呉～西晋代に特徴的であるとし，百済でも肩部に斜格子文をほどこす短頸壺などが3世紀中葉から出現したとみて，このような土器が出土した墓葬を主なる根拠とした年代推定が行なわれている[10]。ソウル地域の百済初期古墳のなかで，もっともさかのぼるものとして積石塚では石村洞1号墳，封土墳では石村洞3号墳東側葺石封土墳をおそくとも3世紀中・後半代とみて，百済の高塚古墳の出現を4世紀代とみてきたこれまでの考え方に対して新たな見解が提示されつつある[11]。ただし，実年代推定に関しては，肩部施文帯土器と中国資料の類似に年代的根拠を集約しすぎる感もあり，他の観点からの全体的な検討がさらに必要であろう。

ソウル地域で発見されている墓の被葬者層像については積石塚─方墳─小円墳という階層性を具現するものとみる見解があるが[12]，系統としては石塚を外来の高句麗系統の墓，封土墳と土壙墓を在来系の墓とみることが一般的である。とくに土築の墳丘をもち，かつ，葺石も有する石村洞3号墳東側葺石封土墳や封土墳の外側に積石が後補されたと考察されている石村洞4号墳などは百済土

着墓制の高句麗化の過程を示すものとみる見解が提示されている[13]。

3　東南部の原三国時代～三国時代の墓葬

ほぼ紀元前後からA.D.300年までの間，軟質陶の瓦質土器といわれるものが，東南部の慶尚南道や慶州地域では墓の副葬土器として出土し，原三国時代の標識的土器とされ，古式，新式の二段階に分けられている。最古式の瓦質土器を出土した朝陽洞38号墓は前漢鏡が出土したことで紀元前後という年代が推定されている[14]。

釜山市老圃洞（ノポドン）遺跡など，新式瓦質土器の終り頃，三国時代直前の時期の埋葬遺構が調査されているが，検出の段階では墳丘は存在しなかった[15]。三国時代に入っても4世紀代には昌原市三東洞（サムドンドン）遺跡のように甕棺墓・石棺墓・土壙墓などからなる埋葬遺構が主となり，墳丘のある墓は現在までのところ明らかではない。4世紀代と考えられる慶州市政来洞（九政洞）（チョンネドン）古墳は封土の有無は明確ではないが丘陵の頂上部に位置し，3号墓は長さ8mの長大な木棺が埋葬施設であった。従前より慶州の新羅古墳の中で最古の段階のものであることが広く認められ，朝鮮半島東南部での三国時代の高塚古墳の出現の鍵となるとされてきた皇南洞（ホワンナムドン）109号墳3・4槨を問題にすると，年代については，これまでは出土した木心鉄板張輪鐙（わあぶみ）と北燕・馮素弗墓（フォンスフム）とされる中国・北票県西官営子1号墓（シーグワンインツ）出土の木心金銅板張輪鐙との類似を年代的根拠として，ほぼ4，5世紀の交から5世紀前半を中心とした年代が想定されてきた。しかしながら，最近ではその年代を4世紀代前半とみる見解もあり，これらの中には輪鐙の形態的多様性から時期を規定しないとみる考え方から年代的根拠を輪鐙のみに依存することに対し疑念も呈されている[16]。墳丘についても皇南洞109号墳が3・4槨の段階では明確な封土をもたなかったのではないかという見解も示されている[17]。洛東江流域を中心としたいわゆる伽耶の諸地域では地域性が顕現する以前で，典型的な高塚古墳から出土するものとは器種構成の異なる「古式陶質土器」といわれる段階があり，その年代は4世紀代を中心に考えられている[18]。慶州地域ではこの「古式陶質土器」の段階の土器の実態が明らかではないが，東南部の洛東江流域の状況からみると，皇南洞109号墳3・4槨出土の土器を4，5世紀の交を大きくさかのぼ

25

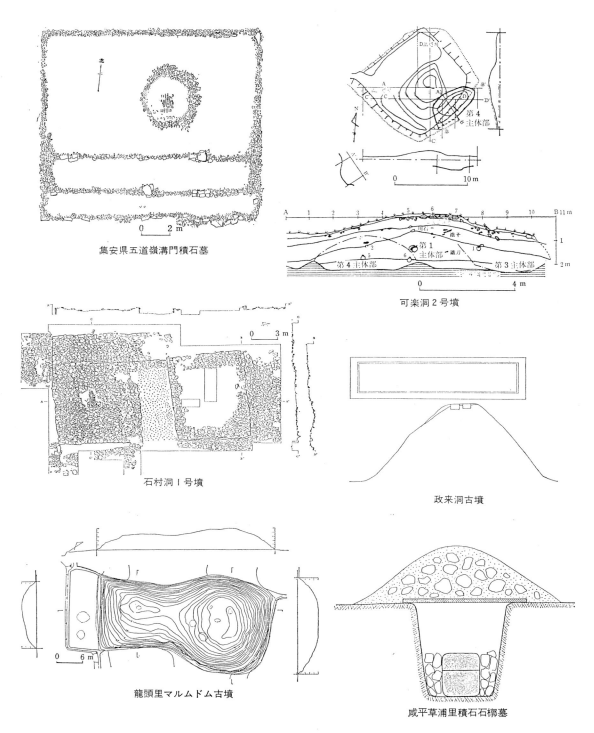

図1 朝鮮半島の墳丘墓

らせるためにはより積極的な年代的根拠が提示されねばならないと考える。さらに、慶州地域および洛東江流域において現在のところ4世紀代にさかのぼる確実な封土墳はしられず、朝鮮半島東南部における高塚古墳の出現も、現在の段階では400年を前後する時期より大幅にさかのぼらせるには躊躇をおぼえる。慶州の積石木槨墳については、『三国史記』訥祇麻立干19(435)年条にみら

れる「修葺歴代園陵」の記事を新羅積石木槨墳の出現の上限と捉えたり[19]，この記載によって墳丘の後補を考える見解もある[20]など，問題は単純ではないが，少なくとも現段階では，如上のような見方から出発したいと考える。そして，政来洞古墳にみられるような自然丘陵を利用した墳墓は人工的な封土盛行以前の墳丘のあり方を推定するうえで有効な資料となる。

4　その他の地域の墳丘

　最近報告された全羅南道咸平郡草浦里遺跡では割石で構築した石棺墓ないし木棺墓の上部に積石がされていたと考えられている。銅剣，多鈕細文鏡，銅鈴，竿頭鈴など出土青銅器の検討から報告者は B.C. 2世紀初めから前半の年代を推定している[21]。同様に慶州市朝陽洞遺跡の5号墓は封土はほとんどなくなっていたが，土壙の周囲と上部に積石が残存していたことから，本来は小さな積石封土墳であったと推定されている。詳細は未発表であるが，多鈕細文鏡が出土しているといい，この段階では瓦質土器は出土せず，韓国東南部の原三国時代直前の様相を示す墓であると考えられる[22]。このような石棺墓または木棺を埋納する石槨墓の上部に積石のある遺構はこれ以外にも忠清南道の大田・槐亭洞，礼山・東西里，牙山・南城里，全羅南道の和順・大谷里などが知られ，B.C. 3世紀頃を中心として，朝鮮半島南半地域でひろく行なわれた墓制である可能性があり，支石墓，石棺墓につづく時期の首長墓の一種とみられる。

　全羅南道の栄山江流域は広義には百済の領域とされるが，墓制については独自性をもち，羅州・新村里や大安里などを中心に大型の甕棺を埋葬施設とする大型の封土をもつことが特色である。栄山江流域でこれまで知られている最大の古墳は大安里9号墳で東西約 39m，南北約 31m，高さ約 5.1m の方台形の墳丘で，封土内には9基の甕棺があった。このような古墳の年代については出土遺物から一般に5世紀代の年代が推定されている。最近では，甕棺自体の編年的研究も着手されはじめ，埋葬専用甕棺の出現を4世紀代にもとめる見解も提示されている[23]。しかし，大型の封土を伴うようになるのは甕棺盛行の中心地が霊岩・内洞里などの地域から羅州に移ってからとみられていて，やはり大型封土の盛行は5世紀代にその中心がある。この地域の甕棺封土墳の編年や系統

についての具体的な検証については将来に負うところがおおきいが，出現の契機や築造主体について，土着墓制であった甕棺墓に漢江流域の墓制の影響を受けて発展したとする見解[24]や，とくに潘南面古墳群の築造主体については，馬韓の最大の国家の首長であったという見方[25]などが提示されはじめている。

　全羅南道の海岸部には海南郡の長鼓山古墳やマルムドム古墳など前方後円形の墳丘が知られている。広く東アジアの文献上や碑文にあらわれ，政治的な関係をあらわすと考えられる衣服制とは異なり，埋葬施設や出土遺物など詳細の不明な段階で，前提無く，墳形を対外的な政治的関係の具現とみることはできず，少なくともこれらの存在から当時の政治的な状況を推定することは早計にすぎる。それよりも，慶尚道—対馬・壱岐—北部九州とはことなった全羅南道—済州島—北部九州という，もう一つの交通ルートの存在が，最近，中世史の側から指摘されているように[26]，前方後円墳の理解にも現段階では，独自の交通路で海に向かってひらかれた地域であることを基本的な視点において，人や文物の交流という観点から出発したい。

5　朝鮮半島と日本の墳丘の比較

　日本では，北部九州地域で甕棺を埋葬施設とする吉野ヶ里遺跡の中期前半～後半の墳丘墓や吉武樋渡遺跡では弥生中期後半～中期末の甕棺を埋葬施設とする墳丘が知られている。これらは複数の埋葬施設を有する封土墳という点において可楽洞2号墳など百済の在来系の封土墳とみられているものと共通点をもち，また，詳細は不明だが，吉野ヶ里遺跡の墳丘墓は直径 7～8m の小封土を複合して一つの大きな墳丘を形成しているといわれ[27]，もっとも重要な特徴である墳丘の構造も類似していると考えられる。ただし，時期的には北部九州の封土甕棺墓のほうが古いとみられ，現在の年代観では最大の場合，400 年以上の懸隔を考えねばならない。小稿ではくわしくふれえなかったが，弥生中期といわれる大阪・加美遺跡のような大型の方形周溝墓は，楽浪郡時代および楽浪設置以前にさかのぼるものもあるとされる大同江流域の木槨墓といわれるものなどと方台形の土築の墳丘と木製の棺槨という点のみでは共通項がある。ここにみたような弥生時代の墳丘墓と朝鮮半

島の初現の段階の墳丘墓を比較する場合，年代の懸隔が大きく，墳丘や埋葬施設の要素としてならば類似点があげられる。

朝鮮半島の墳丘のなかでももっともさかのぼる高句麗の積石塚と対照すべき資料は日本にはなく，古墳時代の最初期に位置づけられ，3世紀代にまでさかのぼらせる見解もある徳島や香川の積石塚も，墳形，出土遺物とも対照検討の要素は抽出しにくい。近年，話題にのぼった柏原市茶臼山古墳の三段築成による内部が土築の積石塚ふうの墳丘は，詳細は未報告であるが，たんに墳丘構造のみならば漢江流域の積石塚と類似する。

三国時代でもとくに初期の段階では，自然の丘陵や地形を利用して墳丘を造成したものが顕著でなく，積石か土築かの別はあるにしろ，高塚古墳の出現そのものが人工的盛土による墳丘のはじまりと軌を一にするとみられる。この点が，自然地形を利用するという古墳時代中期以前の日本の墳丘のひとつの流れとはもっとも異なる点である。しかし，先にみた政来洞古墳のような自然丘陵の頂上部に位置する木棺墓も発見されていて，この点では対照できる要素をもつものの存在も知られてきている。詳細ではともに不明な点が多いが，政来洞古墳や漢江流域の葺石のある封土墳などが，墓の立地，墳丘構成や年代的な要素から，日本の弥生終末〜古墳時代前期までの墳丘との検討対象として，現段階ではあげられるのではないかと考える。

以上，例示したように，現段階では朝鮮半島の初現期の墳丘墓と日本の弥生〜古墳時代の墳丘墓とは，墳丘を構成する要素としての共通点以上は提出しにくく，論理的展開にたえうる資料の状況にはない。小稿はもとより，網羅的な記述ではないが，朝鮮半島の墳丘墓の形成を整理し，比較する上で，ともすれば社会や政治の構造的側面からの分析では一元的になりがちな日本の弥生〜古墳前期の墳丘も，墳丘自体の構成や構造からの基本的な分析が必要であることを感じた。最近では，朝鮮民主主義人民共和国での前方後円形墳丘が報じられているが，これらの吟味も含めて，朝鮮半島の墳丘の形成や史的意義づけの問題について，考古学的には基礎的認識を形成する段階にあることを確認して結言にかえたい。

註
1) 鄭燦永「紀元4世紀までの高句麗墓制に関する研究」考古民俗論文集，5，1973
2) 集安県文物管理所「集安発現青銅短剣墓」考古，1981—5
3) 藤田亮策「通溝附近の古墳と高句麗の墓制」『朝鮮考古学研究』高桐書院，1958，三上次男「満州地区における支石墓社会の推移と高句麗政権の成立」『満鮮原始墳墓の研究』吉川弘文館，1961など
4) 田村晃一「高句麗積石塚の構造と分類について」考古学雑誌，68—1，1982
5)8) 魏存誠「高句麗積石塚的類型和演変」考古学報，1987—3
6) 田村晃一「高句麗の積石塚」『東北アジアの考古学〔天池〕』六興出版，1990
7) 金元龍『韓国考古学概説　第三版』一志社，1986，p.152
9)11)13) 金元龍・任孝宰・林永珍『石村洞1・2号墳』ソウル大学校博物館，1989
10) 金元龍・林永珍『石村洞3号墳東側古墳群整理調査報告書』ソウル大学校博物館，1988，および注9)の文献
12) 武末純一「百済初期の古墳」『鏡山猛先生古稀記念古文化論集』1980
14) 崔鍾圭，定森秀夫訳「慶州市朝陽洞遺跡発掘調査概要とその成果」古代文化，35—8，1983
15) 韓炳三「原三国時代―嶺南地方の遺跡を中心として―」『韓国の考古学』講談社，1989
16) 崔秉鉉「古新羅積石木槨墳の変遷と編年」韓国考古学報，10・11，1981，金昌鎬「古新羅積石木槨墳の400年上限説に対する疑問」嶺南考古学，4，1987
17) 李煕濬「慶州皇南洞第109号墳の構造再検討」『三佛金元龍教授停年退任記念論叢―考古学篇』一志社，1987
18) 定森秀夫「韓国慶尚南道釜山・金海地域出土陶質土器の検討」平安博物館研究紀要，7，1982
19) 申敬澈，定森秀夫訳「古式鐙考」古代文化，38—6，1986
20) 姜仁求「新羅積石封土墳の構造と系統」韓国史論，7，1981
21) 李健茂・徐聲勲『咸平草浦里遺蹟』国立光州博物館・全羅南道咸平郡，1988
22) 韓炳三「原三国時代―嶺南地方の遺跡を中心として―」『韓国の考古学』講談社，1989
23) 成洛俊，武末純一訳「栄山江流域の甕棺墓研究」古文化談叢，13，1984，徐聲勲「栄山江流域甕棺墓の一考察」『三佛金元龍教授停年退任記念論叢―考古学篇』一志社，1987
24) 徐聲勲，上掲
25) 崔夢龍「三国時代前期の全南地方文化」震檀学報，63，1987
26) 高橋公明「中世東アジア海域における海民と交流―済州島を中心として―」名古屋大学文学部研究論集・史学33，1987
27) 佐賀県教育委員会編『環濠集落吉野ヶ里遺跡概報』p.67〜70，佐賀県教育委員会，1990

古墳文化と鮮卑文化─────■ 穴沢咊光
（あなざわ・わこう）

──楡樹老河深墓地出土冑をめぐって──

> 2世紀の鮮卑文化に属する老河深墓地出土の冑は5世紀の日本
> 古墳時代の眉庇付冑などの源流となっていることが実証できる

1 鮮卑文化と日本古墳文化

日本列島において，弥生文化の首長国社会から国家が形成されつつあった3〜4世紀，中国は漢末の政治的混乱が曹魏―西晋によって収拾された。が，それも束の間，西晋の武帝の死後勃発した内戦と飢饉によって中原は再び荒廃し，これに乗じて華北に侵入した北方民族（胡）が各地に征服王朝を樹立して，いわゆる「五胡十六国」（311〜439）の混乱と分裂の世紀を現出した。日本の古墳時代研究者にとってきわめて重要なこの五胡十六国の文化は，実は中国考古学の中で最も知られることが少ない分野であったが，最近に至り断片的ながらもいろいろな資料が検出され，朧げながら，その輪郭がうかびあがってきた[1]。なかでも，朝鮮や日本の4〜5世紀の文化にもっとも関係深いのは，五胡の中でも，もっとも東に位置し，高句麗に隣接した慕容鮮卑系の諸王朝（前燕，後燕，北燕）のそれであり，そのことは河南安陽孝民屯墓[2]，遼寧朝陽袁台子墓[3]，同北票の北燕馮素弗墓（415年）[4]などから出土した遺物──とくに馬具類が雄弁にこれを物語っている。

しかし，これらの遺物から推定される4〜5世紀の鮮卑は，一方において民族色を保ちながら強く漢族文化に同化しており，たとえばその墳墓に武器，武具の副葬が乏しく，日本古墳文化の比較資料としてはやや物足りない感じを免れなかった。

しかるに1980〜81年にかけて，吉林省文物考古研究所は，省都の北方，松花江流域の楡樹県老河深で，十六国時代よりはるかにさかのぼる東（後）漢代の北方民族の大墓地を発掘し，きわめて豊富な副葬品を発見した[5]。おそらく2世紀の鮮卑の某部族の遺跡であろう。これらの遺物の中から，後の4〜5世紀の朝鮮や日本の文化につらなる要素の源流が認められ，なかでもとくに興味あるのは甲冑である。本論では，この発見の意義を紹介

することにしたい。

2 老河深墓地の発掘

老河深墓地は第二松花江の北岸の肥沃な平野に面した丘陵上にあり，発掘によって下層（青銅器時代の西団平山文化），中層（東漢時代の北方民族の墓地），上層（渤海初期の墓地）に文化遺存が識別された。本論に関係あるのは，この中層の墓葬群である。

中層に所属する墓葬は総計129基が発掘された。墓は大別して南中北の2群に分かれ，ほとんどが木棺土坑墓で，被葬者は東西に向けて伸展葬され，南北群と中群とで埋葬の頭位を異にし，複数の集団から構成される墓域であるが，中層の墓同士の間には層位的な重畳関係がなく，ごく短期間に営まれたことが推定されている。葬送儀礼の組み合わせは複雑で，男女異穴（単独葬），男女同穴（合葬）があり，後者には男1体に複数の女を合葬したもの，女1体に複数の男を合葬したもの，木棺後と埋葬の場所で火葬したものがあり，また馬の歯や頭骨が発見され，馬を犠牲にしたことが推定される。

墓の大きさには大中小の区別があり，副葬品の数量にも大きな差があって，被葬者の属した社会はかなり階層分化が進み，貧富の差があって複雑な様相を呈していたことが推測される。死者は耳には瓔珞付の金耳飾り，首には瑪瑙の珠の頸飾り，腕には腕輪，指には指輪をつけ，男子は腰に怪獣浮き彫りの金銅帯金具（郭洛）や帯鉤をつけ，おそらく靴を穿いて埋葬された。枕元には農工具，男子の胸や腰には刀剣や刀子があり，そばには箭嚢にいれた矢と鉾を添え，足元には車馬具や（富裕な者では）甲冑が置かれていた。北方民族特有の台付銅釜以外に，木棺上の頭近くには土器が置かれるのが普通だった。この墓群の年代は，出土した方格規矩鏡，鳥紋鏡，蟠紋鏡，獣紋鏡などの東漢鏡や鉄製農工具の洛陽焼溝漢墓出土品との

類似，また武器がほとんど鉄製品になっていることから，東漢代と推定された。装身具，武器には金または，金装の華麗な遺物が少なくない。

老河深墓地を残した民族については，田村晃一氏のように夫餘説を唱える学者もいないではないが[6]，この遺跡の報告書の著者は，鮮卑の祖先が大興安嶺中に住んでいて次第に南下したこと。内蒙古自治区の札賚諾爾（ジヤライノール），完工（ワンコン），遼寧省西岔溝（シチヤコウ），吉林省通楡（トンユ）などの類似の漢代の北方民族の遺跡との共通性が認められ，それらよりも年代的に新しく，「後漢書」や「魏書」の鮮卑の居住地に一致し，さらにこの遺跡遺物の示す民族の風俗がこれらの史書の鮮卑の記載と一致することから，老河深墓地は鮮卑の遺跡であると推定している。ただし，鮮卑のどの部族の墓地であるかについては推測を避けている。本論は一応この結論にしたがって議論を進めたい。

3 老河深出土の武器武具と戦術

遺物の語るところによれば，老河深の東漢代鮮卑は農耕と牧畜とを共に営んでおり，男女貧富を問わず多くの墓には馬具があり，男子は武器と共に埋葬されている。好戦的な騎馬民族であったと推定できる。その馬具は鉄製の轡（くつわ），鑣（ひよう）（鉄，銅，骨製），青銅の馬面（当盧），節約（面繋金具），銅鈴があり，鞍金具や鐙（あぶみ）のようなものは発見されていない。したがって恐らく鞍は皮革やフェルトのクッションを馬脊にのせただけの，いわゆる「軟性鞍」であり，金属製の鐙はまだ出現してはいなかったものと思われる。

したがって，彼らの馬具は河南省安陽孝民屯の十六国時代初期（4世紀）鮮卑墓のそれに比してはるかに古い段階にあり，漢式の馬具とほとんど差はなかった。ごくわずかながら車軸頭が出土しており，車も使用されたらしい。

彼らの兵器は箭囊（せんのう）金具と二翼式の平根式鉄鏃に代表される弓矢とともに，数珠状の柄のついた長剣と短剣，素環頭大刀と刀子，それに身の長い鉾であり，武具としては8基の墓から小札鎧が，3基から冑が出土した。武器武具はほとんどすべて鉄製であり，これら鉄製品の分析で判明したように，当時の鮮卑は漢人が炒鋼法で製造した原料を入手するか，この技術を会得し，高度な鍛造技術をも自分のものにして鉄器を自給していたと思われる。その戦術は，騎射と短剣とを主にしたスキ

タイ式の軽騎兵戦術から，鉾（鉾）をかまえ，長剣をふるって敵陣を突破するサルマート式の戦術に移行しつつあったが，鉄製甲冑は未だ高価で部族の富強者以外にはいきわたらず，鉄甲でよろった重甲鉾騎兵隊（catapharctae）を編成するまでに至らなかったと思われる。ただし，鉄冑のみ出土した墓（第97墓）もあるので，革製の鎧の存在をも推定しなければなるまい。

老河深墓地のもっとも重要な出土品は鉄製の甲冑であり，中国社会科学院考古研究所の協力（ヤンジヤウン）で復原研究が行なわれた。鎧は陝西楊家湾墓，河北省満城（マンチェン）1号墓や洛陽焼溝3023墓（いずれも西漢）の出土品に似て，鱗状の小札を緘して肩と胴を保護する札甲であり，断片をも含めて総計8基の墓から出土し，第65号墓の出土品が完全に復原された。

冑は第97・56・67の3墓から発見され，第97・67墓の2例が復原に成功した。この2鉢の冑はほとんど同型で，日本の用語で形容すればさしずめ「竪矧板革綴蒙古鉢形冑（たてはぎいたかわとじもうこばちがたかぶと）」ともいうべきもので，朝鮮や日本で多数出土している4～5世紀の冑の原型ともいうべきものである。いま，第67墓の冑を例にとってその構造を説明しよう。

老河深第67号墓の冑は，直径約12cmの浅い皿状の伏鉢に21片の縦長の地板を綴じ，地板の中段と下段とを革紐で緘した砲弾型の鉢を持ち，眉間の地板の下端のみは尖っていて鼻梁を保護するようになっている。鉢の下縁から2段38枚の鱗状の小札が垂下し，小札錣を形成している。伏鉢の上には威毛を植えるべき管のようなものはない。全重量は1,880gである。

4 古墳時代冑の源流

筆者らがこれまで機会あるごとに強調してきたように，5世紀に日本の古墳の副葬品に表われる馬具の源流は，五胡十六国時代の慕容鮮卑の諸王国の遺物に類例を求めることができる。しかし，やはり5世紀の朝鮮や日本に出現する鉄製甲冑の源流については，札甲以外は中国本土からの出土例が乏しいために，朝鮮半島以北出土の決定的な物証が欠けていた。老河深の冑の発見は，その「失われた鎖」の発見であり，古墳時代甲冑の一部の源流を解明し，少なくとも，蒙古鉢形冑や眉庇付冑が2世紀の鮮卑の冑の系統を引くことが判明した[7]。

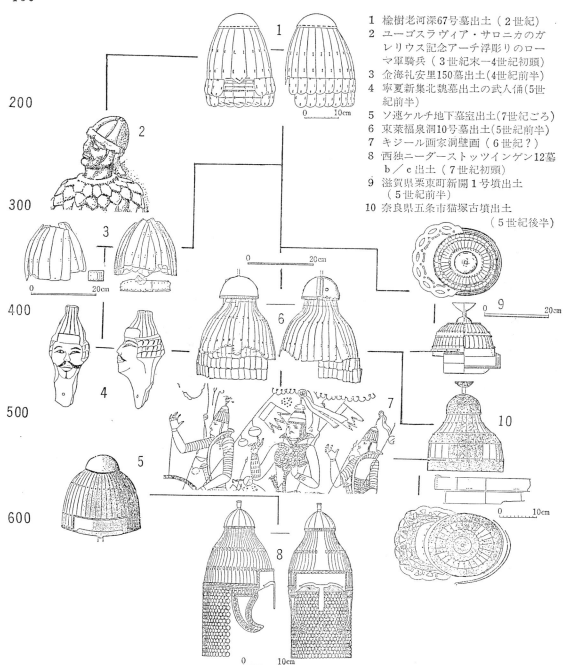

1 楡樹老河深67号墓出土（2世紀）
2 ユーゴスラヴィア・サロニカのガレリウス記念アーチ浮彫りのローマ軍騎兵（3世紀末―4世紀初頭）
3 金海礼安里150墓出土（4世紀前半）
4 寧夏新集北魏墓出土の武人俑（5世紀前半）
5 ソ連ケルチ地下墓室出土（7世紀ごろ）
6 東萊福泉洞10号墓出土（5世紀前半）
7 キジール画家洞壁画（6世紀？）
8 西独ニーダーストッツインゲン12墓 b／c出土（7世紀初頭）
9 滋賀県栗東町新開1号墳出土（5世紀前半）
10 奈良県五条市猫塚古墳出土（5世紀後半）

図1 紀元1000年紀のユーラシアにおける縦長矧板冑の発展系統想定図

　日本古墳時代の眉庇付冑の鉢の天辺にある「伏鉢」と称する小さな半球の起源は，実に中国古代の冑の頭頂部を覆う円盤に起源する。このような円盤（半月形の板2枚からなる）と小札からなる冑の実例は河北省燕下都44号墓（戦国時代）から出土した[8]。しかし，咸陽楊家湾の西漢騎兵俑に示されるように当時の軽騎兵は冑を被らないことが多かったらしい。老河深の遺物以外に類例がないので証明困難であるが，おそらく漢代のある時点で小札の代わりに縦長の地板を威した砲弾形の鉢

31

をもった冑が考案され，頭頂の円盤は皿型となった。老河深の冑はこの段階に属し，蒙古鉢形冑の最古の形式であろう。老河深型の冑はその後，下のようないくつかの異なった系列の発展を遂げる。

①まず，頭頂の皿形板は大きな半球になり，縦長の地板はＳ状に湾曲して，冑鉢は西洋梨形になる。これが本来のいわゆる「蒙古鉢形」冑であり，釜山の東萊福泉洞11号墓[9]，奈良県五条猫塚古墳[10]（ともに５世紀）の冑，キジール石窟「画家洞」の壁画（６世紀？）[11]に見える冑や西独ニーダーストッツインゲン12c墓（７世紀）の出土冑[12]はこの系列に属する。この形式はもっとも広く流行し，西欧にまで伝播した。朝鮮半島の新羅伽耶地域から多くの例が出土している。

②次に皿形板は退化して威毛をつける管の台に縮小し，地板は鋲留され，頑丈な腰巻板をもつ円錐形の鉢となった。このタイプの冑（Spangenhelm）は古く３世紀末のガレリウス記念アーチの浮彫に見られ，後に中世のユーラシア大陸でもっとも普遍的に見られる形式となった。日本では愛媛県川上神社古墳から出土しており，群馬県綿貫観音山古墳の鉢もおそらくはこの系統の変種である。

③同様に皿形板が退化して半球形の伏鉢となり，威毛をとりつける受鉢と管との単なる台になり，地板は鋲留されるが鉢は浅く円い冑が，日本出土の眉庇付冑や南部朝鮮出土の類似の冑[13]である。日本の眉庇付冑は庇がつき，短甲と組み合わせられ，歩戦用となり，大陸でも類似例が稀なタイプで，ヤマト王権によって日本の戦闘方式や生産形態に適合するように選択量産された特殊な形式の武具であったと筆者は考える。

④装飾にまで退化した伏鉢は場合によっては省略され，冑の円錐形の鉢は縦長の地板だけで構成され，尖った冑の頂には孔を残す。この孔は防御上ほとんど障害にならず，通気孔として頭が汗で蒸れるのを防ぐ作用をする。金海の礼安里150墓から出た伏鉢なしの冑[14]は恐らくこのタイプである可能性があり，このような冑をかぶった騎兵の姿は寧夏自治区の彭陽で発見された北魏初期の墓から出土した俑に見ることが出来る[15]。

では老河深の遺物にみられるような卵円形の冑はどうして発生したのであろうか。筆者の全くの想像であるが，彭陽の騎兵俑の一部にフェルトや皮革製（？）の「蒙古鉢形」冑らしきものをかぶっているものがあり，このようなものがこの種の冑

の原型かもしれない。いずれにせよ，こういった変化の裏にはユーラシア大陸一円を巻き込んだ戦術の変化，技術の発展が反映していることは確実であろう。

以上のような発見によって，鮮卑文化のある要素が５世紀の日本古墳文化の甲冑の源流のひとつとなっていることが実証された。ただし，こういった文化の系統関係を軽率に民族の移動，外来王朝の征服などに短絡的に結びつけることは厳に戒めなければならない。

註
1) 穴沢咊光「五胡十六国の考古学（上）」古代学評論，１・２，1988。同論文の（下）は同誌２に掲載予定，目下印刷中。
2) 中国社会科学院考古研究所安陽工作隊「安陽孝民屯晋墓発掘報告」考古，1983—6，および穴沢咊光・馬目順一「安陽孝民屯晋墓の提起する問題（Ⅰ・Ⅱ）」考古学ジャーナル，227・228，1983
3) 遼寧省博物館文物隊ほか「朝陽袁台子東晋壁画墓」文物，1984—6
4) 黎瑤渤「遼寧北票西官営子北燕馮素弗墓」文物，1973—3，および穴沢・馬目「北燕馮素弗墓の提起する問題」考古学ジャーナル，85，1973
5) 吉林省文物考古研究所『楡樹老河深』1987
6) 田村晃一「高句麗の積石塚」『東北アジアの考古学（天池）』所収，1990
7) 蒙古鉢形冑については，穴沢咊光「『蒙古鉢形』冑と四一七世紀の軍事技術」『斎藤忠先生頌寿記念論文集・考古学叢考（中）』所収，1988，およびJaohim Werner, Adelsgräber von Niederstotzingen und von Bokchondong Südkorea (Bayerische Akademie der Wissenschaften Abhandlungen, Neue Folge 100), München, 1988, を参照
8) 楊弘『中国古兵器論従（増訂本）』1985
9) 鄭澄元・申敬澈『東萊福泉洞古墳群Ⅰ』1983，および申「日韓甲冑断想」古代文化，38—1，1986。同種の冑は現在新羅伽耶地域から12鉢が知られている。
10) 網干善教『五条塚古墳』（奈良県史跡名勝天然記念物調査報告書20）1962
11) 穴沢および Werner 前掲論文参照
12) 同上
13) 穴沢・馬目「南部朝鮮出土の鉄製鋲留甲冑」朝鮮学報，76，1975
14) 鄭・申，前掲書
15) 寧夏固原博物館「彭陽新集北魏墓」文物，1988—9
追記：最近刊行された『曽侯乙墓』の報告（1989年）によって，古墳文化の衝角付冑の源流が中国戦国時代の革冑にある可能性が推定されるようになった。これに関しては稿を新たにして論じたい。

古墳発生期ごろの朝鮮の墓制

■ 木 村 光 一
名古屋市立白水小学校職員

　日本で古墳が発生したと考えられている西暦3世紀後半から4世紀初頭にかけての時代は，韓国の歴史上の区分で，原三国（三韓）時代から三国時代への過渡期にあたる。つまり楽浪郡，帯方郡の支配から在地の勢力が自立していった時代であった。

　この時期，半島北半を勢力下においていた高句麗では，基壇のある積石塚が造られていた。内部主体としては，平壌を中心とした旧楽浪郡域の南井里119号墳に代表されるような横穴式石室が造られていたようである。

　半島ほぼ中央，漢江下流域においても，ソウル南郊の石村洞，可楽洞といった百済前期の古墳群から，積石塚やかつて墳丘が存在したと考えられる土壙墓，甕棺墓などが検出されている。

　ところで，日本と半島との交流を考えていく場合，一番問題となるのは，日本に最も近い半島南東部である。この地域には，のちに新羅と伽耶の2つの政治的まとまりが形成され，墓制や土器形式にもその両者に対応した地域差が生じてくる。ここでは紙幅の関係もあり，半島南東部に地域を限定して，墓制をみていくことにしたい。

1　半島南東部の遺跡—最近の調査例から

　半島南東部の3世紀後半から4世紀代の墓制が明らかになってきたのは，戦後の調査の成果が大きい。当該時期の墳墓は，東萊地域を始めとする釜山市域[1]，金海，慶州，蔚州[2]，大邱[3]，昌原，陜川[4]などの各地域で発見されている。

　七山洞古墳群[5]（金海市南西，明法洞。慶星大学校博物館を中心に1987年から発掘調査）の年代は3世紀から6世紀におよぶ。古墳の内部主体には木槨，竪穴式石室，横穴式石室があったが，3世紀から4世紀にかけては木槨が中心で，木槨墓に伴う副葬品は，土器・鉄器が中心であった。第3区の調査結果から，竪穴式石室墳の出現時期が4世紀中葉と考えられるようになった。この最初期の竪穴式石室は，蓋石がないことが特徴である。

　礼安里古墳群[6]（金海市東部，大東面礼安里。1976年から数次にわたり，国立中央博物館・釜山大学校博物館により発掘調査）は4世紀から7世紀にかけて，非常に長期間にわたって築造されたと考えられ，古墳の内部主体も，木槨，甕棺，石棺系石槨，竪穴式石室，横穴式石室と多岐にわたっている。古墳群が築造された初期の時

代，すなわち4世紀代の墓制の中心をなすものは，木槨であった。竪穴式石室の出現は4世紀後半で，やがて主流となる。遺構は非常に密集した状態であり，重複して検出されたところでは，竪穴式石室墳，横穴式石室墳の下層から木槨墳，石棺系石槨墳が検出された例が少なからずみられた。木槨墳の出土遺物は，土器と鉄製利器が中心をなしている。ただ，数基の木槨墳からは，琥珀やガラスなど各種材質の玉類が発見されている。

　朝陽洞遺跡[7]（慶州市の南東部。1979年から，国立慶州博物館により数次にわたって調査）からは木槨，木棺，石槨，甕棺といった，各種の内部主体をもつ墳墓が検出された。そのうち，3世紀後半から4世紀にかけての年代があたえられているものは木槨墓である。概して副葬品は土器・鉄器が中心で，ガラス製玉類もあった。木槨墓の特徴は，以前の木棺墓に比べ大型化し，土器と鉄器とが多量に副葬される点にある。遺構の規模，副葬品の量などの側面から，木槨墓の被葬者は当地の支配階級に属するものとされる。

　そのほか，慶州地域では，長方板縦矧革綴短甲の発見された九政洞古墳群[8]（1982年，国立慶州博物館発掘調査）が知られている。3基の古墳が調査され，このうちの3号墳から前述の短甲が，土器とともに発見された。この古墳は長さ8mちかい長大な木棺墓であった。土器は瓦質土器と陶質土器の移行期の様相を示し，年代は4世紀初頭と考えられている。

　三東洞墳墓群[9]（昌原市の南郊。1982年，釜山女子大学博物館調査）では，木槨墓，箱式石棺墓，甕棺墓が検出された。調査者により，この墳墓群の甕棺には西暦1世紀から3世紀末の年代が充てられている。甕が陶質土器製で，型式的にみて3世紀末の年代があたえられているものに29号と33号の2基の甕棺墓がある。両者ともに大型甕と爐形土器を合口式にし，副葬品は盗掘のためかまったく発見されなかった。

　ほかに，3世紀末の年代があたえられている遺構に土壙墓11号があり，副葬品として陶質土器短頸壺3点が原位置以外から発見されている。やや年代の上る時期のものには，4号，12号，25号，27号の各甕棺墓があり，副葬品には土器，鉄器，玉類があった。

2　ま と め

　以上の最近の代表的な調査例，それから直接にはふれなかった老圃洞古墳群[10]など他の調査例からみると，この時期に中心となる墓制は，のちの地域差とは関係なく斉一的に木槨墓で，そこに甕棺が加わる，といえそうである。木槨墓は，前代の木棺墓の系譜をひくものと考えられる。木棺墓から木槨墓への移行にあたって，朝陽洞遺跡のような支配階層に属する墳墓の調査結果からは，遺構が大規模化し，土器，鉄器が多量に副葬されるとい

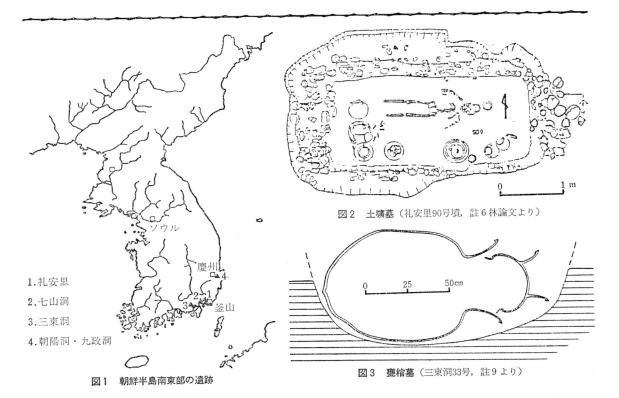

図1 朝鮮半島南東部の遺跡
1. 礼安里
2. 七山洞
3. 三東洞
4. 朝陽洞・九政洞

図2 土壙墓（礼安里90号墳，註6林論文より）

図3 甕棺墓（三東洞33号，註9より）

った画期の存在が指摘されている。しかし，甕棺墓を含めた他の，必ずしも支配階層の墳墓であるとはいえない遺跡の場合では，その画期を認めにくい。

墓制の主流は，礼安里古墳群などでもみられるように，のちに竪穴式石室へと変遷していくようである。その竪穴式石室の出現時期は，七山洞古墳群の調査結果から4世紀中葉と考えられるようになった。出現の契機について，七山洞古墳群の調査者は，支石墓の下部構造の発展とは考えにくいとしており，この点の解明に関しては，今後の課題とされよう。

一方，副葬品の内容に関しては，上述のごとく土器（瓦質土器・陶質土器），鉄器が主流を占めることと，各遺跡ともガラス，琥珀など各種の材質の玉類を副葬する例があることが，この時期の特徴として指摘できる。

馬具は，まだほとんどみられない。が，前述の九政洞3号墳や，前節では直接にはふれなかった木槨墓の礼安里150号墳などからは鉄製甲冑が発見されており[11]，その形式から，独自の鉄製甲冑製作技術がすでに存在していたようである。

また，「土壙墓に土器を副葬する墓制」の伝統については，土生田純之氏がかつて指摘したように[12]，日本における渡来系の被葬者が受け継いでいるようであり，その実例として福岡県古寺(こでら)・池の上墳墓群がとりあげられていることも，最後に付記しておきたい。

註
1) 尹炳鏞『釜山老圃洞古墳』1984，釜山大学校博物館『三千浦勒島遺蹟・釜山老圃洞遺蹟出土遺物展』1986
2) 金元龍「三国初期の考古学的研究Ⅰ」ソウル大学校論文集（人文社会系）19，1974
3) 尹容鎮「大邱の初期国家形成過程―考古学的資料を中心として―」東洋文化研究，1，1974
4) 釜山大学校博物館『陝川苧浦里E地区遺蹟』1987
5) 釜山産業大学校博物館学芸研究室「金海七山洞古墳群発掘調査」嶺南考古学，4，1987，慶星大「金海七山洞古墳群第2次発掘」嶺南考古学，5，1988，伽耶文化社『金海七山洞古墳群―地下博物館七山洞古墳群』伽耶，2，1989，申敬澈「三韓時代の墓制」『釜山の考古学』1989
6) 姜仁求「金海礼安里の伽耶古墳群発掘調査略報」博物館新聞，60，1976，林孝澤「洛東江下流加耶土壙墓の研究」韓国考古学報，4，1978，林孝澤「金海礼安里伽耶古墳群第三次発掘調査概要」韓国考古学年報，6，1979，申敬澈「金海礼安里古墳群第4次発掘調査」韓国考古学年報，8，1981，釜山大学校博物館『金海礼安里古墳群Ⅰ』1985
7) 崔鍾圭（定森秀夫訳）「慶州市朝陽洞遺跡発掘調査概要とその成果」古代文化，35―8，1983
8) 東潮・田中俊明（森浩一監修）『韓国の古代遺跡』Ⅰ新羅篇（慶州），1988
9) 安春培『昌原三東洞甕棺墓』1984
10) 註1)文献に同じ
11) 鄭澄元・申敬澈『東萊福泉洞古墳群Ⅰ（本文）』1983
12) 土生田純之「古墳出土の須恵器（一）」『末永雅雄先生米寿記念献呈論文集坤』1985

古墳時代前期の
大陸系遺物

東京国立博物館　　　國學院大學大学院
望月幹夫・古谷　毅
（もちづき・みきお）　　（ふるや・たけし）

古墳時代前期出土の大陸系遺物には，大陸製品と大陸系の日本製品
があるが，その意味は複雑であって，伝世の問題なども重要である

1　遺物の系譜

　古墳時代前期の遺物には，その系譜を弥生文化の中に求められるものとそうでないものがある[1]。とくに後者の中には，朝鮮半島などの大陸に求められるものがある。仮に，これらを弥生系・大陸系の遺物として検討を進めたい。このほか，古墳時代に独自に生み出されたものがある。

　弥生系遺物とは，弥生時代に直接その系譜が求められるものである。これに対し，大陸系遺物は大陸にその系譜が求められるものであるが，基本的に日本および大陸の双方で出土していることが必要である。また，弥生時代には系譜を求めがたく，以後製作が継続的に行なわれないことから，大陸系の可能性が想定されているものもある。

　このときそれぞれの遺物の製作地は重要である。つまり，このような問題を考える場合，遺物の製作地と出土地は当然区別されなければならないが，さらに製作にあたってのモデルも考慮する必要がある。たとえば石製腕飾類のうち，鍬形石は製作地が明確なわが国古墳時代固有の遺物であるが，弥生時代後期における南海産のゴホウラ製貝輪をモデルとしたことがあきらかにされている[2]。そうすると鍬形石は弥生系の遺物ともいえるが，製作地が本州の限られた地域にあり，弥生時代の貝輪にみられた実用性をすでに失って仮器化した性格を考慮すると，古墳時代に独自な遺物として扱うことができよう。

　したがって，まず弥生系遺物としては土師器・埴輪[3]，大部分の武器・農工具・漁具[4]，玉類[5]などがあげられる。これらはいずれも，弥生時代の遺物と同等か，または発展型として成立するもので，製作遺跡が存在または推定されるものである。ただし，なかには大阪府紫金山古墳出土の馬鍬などのように弥生時代には認められないもの[6]や，布留式の甕形土器のように大陸系の技術の受容が推定[7]されているものもある。

　また，系譜はともかく古墳時代に至ってわが国で生産が始められた遺物としては，いわゆる石製品・石製腕飾類・石製模造品や大型仿製鏡があり，前者には製作遺跡が検出されており，古墳時代に独自なものと判断することができる[8]。

　これに対し，陶質土器・貨幣[9]・帯金具[10]などと，いわゆる舶載鏡はあきらかな大陸系遺物である。いずれもわが国と大陸の双方で出土し，かつ製作地が中国ないし朝鮮半島に推定できるもので，いわば輸入品である。また，素環頭大刀[11]や奈良県東大寺山古墳出土の「中平」銘大刀と，369年説が有力な七支刀[12]も銘文の解釈が確定しないものの，この例に入れておいてよいだろう[13]。

　この意味では，三角縁神獣鏡はこのいずれの条件も充たしておらず，これをめぐる議論も未だ定見をみていない[14]。

2　朝鮮半島出土の日本系遺物（表1，図1）

　ここで，古墳時代前期の日本および朝鮮半島双方において出土し，その系譜が日本と推定されているもの[15]を検討しておきたい。このなかでまず土師器については，いわゆる古式土師器の小型器台および丸底土器とこれに酷似した陶質土器との系譜関係の検討[16]が進められ，実態が明らかになりつつある。また，慶州では石釧が発見されているが，福岡県沖ノ島祭祀遺跡での出土と製作遺跡を考えれば，日本製であることは確実であろう。ほかに筒形銅器・巴形銅器・銅鏃・鉄鏃なども出土しているが，筒形銅器は韓国での発見地・数が4遺跡32個と多いうえ，弥生時代遺物との系譜関係や日本での製作遺跡もあきらかでなく，今後に問題を残している。同様に朝鮮半島での出土例の多い銅鏃・鉄鏃も検討が必要である。

　いずれにしても，これらは分布からだけでは確実なことがいえず，鋳型などを含めた製作遺跡による検証が必要である。

表1　朝鮮半島における日本系遺物

遺物	出土地	備考（伴出遺物）
土師器	(1) 慶尚南道固城郡固城邑東外洞	
	(2) 同金海市府院洞貝塚	
	(3) 同昌原市外洞城山貝塚	
	(4) 同金海郡長有面水佳里貝塚	
	(5) 同鎮海市熊川貝塚	
	(6) 釜山市影島区朝島貝塚	
	(7) 慶尚北道慶州市月城路	石釧
石釧	(1) 慶尚北道慶州市月城路	1個，土師器
筒形銅器	(1) 伝　慶尚南道金海郡酒村面良洞里	17個
	(2) 伝　同泗川郡	2個
	(3) 同咸安郡北面沙道里	3個
	(4) 同金海市大成洞古墳群	10個，巴形銅器・甲冑・馬具
巴形銅器	(1) 同金海市大成洞古墳群	1個，筒形銅器・甲冑・馬具

3　日本出土の大陸系遺物（表2，図1）

　一方，古墳時代前期の遺物のうち，大陸起源の製品と推定されているものがある。竪矧板革綴式短甲・鞍形小札革綴式冑・鉄製手斧などであるが，いずれも大陸に同一製品が発見されていないことが問題である。

　このうち類品が朝鮮半島において出土しているものは竪矧板革綴式短甲で，山梨県大丸山古墳出土例と慶州九政洞古墳の竪矧板使用の革綴式短甲の系譜が検討されている[17]。しかし，両者に共通する要素は竪矧板の使用と革綴による結合方式などに限られ，型式的になお隔たりが大きい。とくに，押付板の部分に立ち上がる襟状の部位は，朝鮮半島で挂甲と蒙古鉢形冑に伴って出土した南原月山里古墳・東萊福泉洞11号墳の頸甲と類似し，むしろ挂甲の影響下に成立した可能性を窺わせる。同じく伝慶尚道と東萊福泉洞10号墳の竪矧板使用の短甲が，革綴・鋲留に関らずいずれも同様の襟状の部位をもち，朝鮮半島内での独自の発展

表2　古墳時代前期の大陸系遺物（大陸製品を除く）

遺物	出土地	備考（伴出遺物など）
鞍形小札革綴式冑	(1) 滋賀県雪野山古墳	
	(2) 京都府妙見山古墳	
	(3) 同巨幡墓古墳	
	(4) 同椿井大塚山古墳	帯金付属，短甲？
	(5) 同瓦谷古墳	方形板革綴式短甲
	(6) 三重県石山古墳	長方板革綴式短甲
	(7) 大阪府忍岡古墳	
	(8) 福岡県石塚山古墳	
鞍形小札革綴式短甲	(1) 奈良県城山2号墳	
竪矧板革綴式短甲	(1) 山梨県大丸山古墳	鉄製手斧
	(2) 大阪府紫金山古墳	馬鍬

を窺わせるのに対し，大丸山古墳例はなおこれらとは直接的な系譜関係を認めがたいように思われる。竪矧板革綴式短甲はまず正確な形状の復元が先決であり，むしろ，奈良県赤土山古墳などから出土しているこれを写したとみられる短甲形埴輪との関係をあきらかにする必要があろう。

　また，前期古墳からはしばしば鞍形小札革綴式冑といわれる冑が出土するが，以後の甲冑とは直接つながる要素が少なく，古墳文化のなかでも孤立した存在である。類品には奈良県城山2号墳のいわゆる札甲[18]と呼ばれるものがあり，小札の形状・綴じ方が共通するが，現状では国内の出土に限られる。これらは中国北魏代の陶俑の札甲に類似し，また漢代の魚鱗甲とも共通する要素があることから，何らかの関係を認めようとする見解[19]もある。しかし，技術的にはこれらの影響下に成立したと考えられるとしても，なお隔たりが大きく，大陸での類例の増加をまって厳密に系譜関係を検討する必要があろう。

　ところで，このような小札革綴式甲冑の起源を中国に求める背景には，奈良県新山古墳出土の帯金具を中国晋代の作品とする見解[20]があった。ところが近年，高句麗地域での類例の出土により百済地域を含めた朝鮮製である可能性が指摘[21]され，これらの地域から招来されたとする推定もある。わが国の小札革綴式甲冑の起源もこれと同様の系譜をもつ可能性を考慮しておきたい。

4　古墳時代前期の大陸系遺物の性格

　このように見てくると，わが国古墳時代前期出土の大陸系遺物にはいくつかの類型が設定できる。まず，第一は大陸製品である。製作地が大陸に限定され，輸入によってもたらされたものであるが，おもに中国製と朝鮮製，および中国起源の朝鮮製の遺物がある。第二は，いわば大陸系の日本製品である。製作地は国内であり，おもに大陸製品を模倣したものと，その技術・形態などを取り入れ，わが国独自の製品としているものがある。前者はいわゆる仿製品であるが，渡来工人の製作による場合は厳密には仿製品とはいえず，大陸製品との区別をあきらかにする必要がある。

　仮にこのように区別して考えても，これらの遺

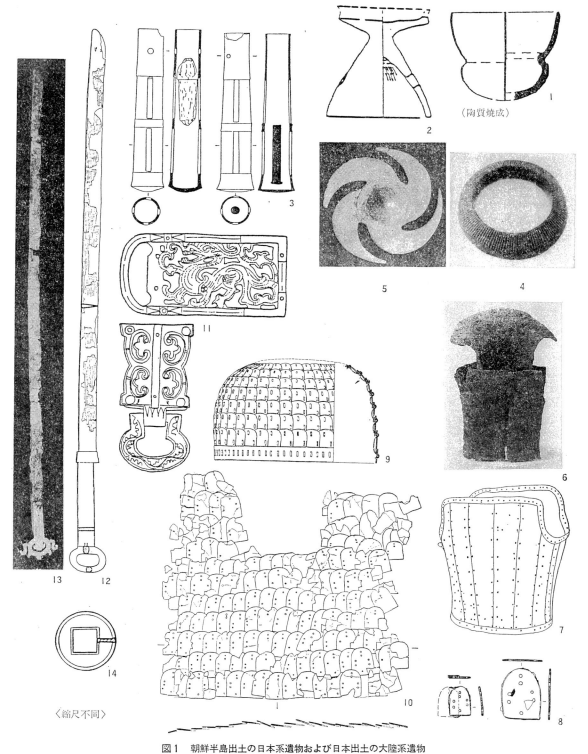

図1 朝鮮半島出土の日本系遺物および日本出土の大陸系遺物

1：金海市府院洞貝塚，2：釜山市朝島貝塚，3：伝金海郡良洞里，4：慶州市月城路，5：金海市大成洞古墳群，6：慶州市九政洞古墳，7：山梨・大丸山古墳，8：福岡・石塚山古墳，9：京都・椿井大塚山古墳，10：奈良・城山2号墳，11：奈良・新山古墳，12：京都・椿井大塚山古墳，13：奈良・東大寺山古墳，14：大阪・和泉黄金塚古墳

物のもつ意味は複雑である。大陸製品の場合は多分に宝器的な意義をもち，製作地と日本との文物の交流を端的に物語る。また仿製品の場合は，その後の製作が型式変化を伴って続けられるものが多く，古墳文化の中の大陸的要素として占める位置は大きい。さらに，大陸起源の技術などの受容によって成立した古墳時代に独自な製品はまさに古墳文化の大きな構成要素といえ，古墳文化成立の背景を窺わせる重要な存在である。

ところが，大陸製品の意義については，重大な問題が残っている。いわゆる伝世の問題で，古墳文化の中でも重要な課題である。たとえば，製作地が中国と推定され製作と埋納の時期が比較的明確な遺物に，奈良県東大寺山古墳出土の「中平□年」銘大刀がある。この大刀の銅製環頭は，同時に出土した，大型仿製鏡として著名な奈良県佐味田宝塚古墳出土の家屋文鏡の家に酷似した飾りをもつ銅製環頭と作りがよく似ており，2世紀に中国で製作された大刀に4世紀の日本製の環頭を付けたものと考えられ，一般に畿内における明確な伝世品とされている[22]。一方，漢代の五銖銭も大阪府和泉黄金塚古墳などから検出されており，あきらかな伝世品である。

しかし，これらを弥生時代に舶載されたわが国における伝世品と断じるには，なお慎重でなければならない。まず，舶載の時期が明確にされる必要があるうえ，伝世は中国においても確認される[23]からである。また，漢代銭貨も弥生時代中期から古墳時代後期までの遺跡から出土しており，伝世地の問題の複雑さを浮きぼりにしている。ほかに舶載鏡などの青銅製品の出土時期の検討からも[24]，一般に伝世の事実は認められるとしても，古墳時代前期出土の大陸製品にそれが限られた地域で伝世された遺物としての特別な意義を認めるためには，なお慎重な検討が必要であろう[25]。

註

1) 同様な視角で弥生文化はすでに分析されている。佐原 眞「農業の開始と階級社会の形成」『岩波講座日本歴史』1，1975，甲元真之「弥生文化の系譜」歴史公論，4—3，1978

2) 永井昌文「弥生時代の巻貝製貝輪について Ⅰ縦切貝輪の場合」日本考古学協会第35回総会研究発表要旨，1969

3) 近藤義郎・春成秀爾「埴輪の起源」考古学研究，11—4，1967

4) 和田晴吾「弥生・古墳時代の漁具」『考古学論考』

（小林行雄博士古稀記念論文集）1982

5) 寺村光晴『古代玉作の研究』1966

6) 都出比呂志「農具鉄器化の二つの画期」考古学研究，13—3，1966

7) 西 弘海「西日本の土器」『世界陶磁全集』2，1979

8) 河村好光「碧玉製腕飾の成立」『北陸の考古学Ⅱ』1989

9) 岡崎 敬「日本および韓国における貨泉・貨布および五銖銭について」『古文化論集』（森貞次郎博士古稀記念論文集）1982

10) 千賀 久「日本出土帯金具の系譜」『橿原考古学研究所論集』6，1984

11) 小林行雄「鉄製の素環頭大刀について」『福岡県糸島郡一貫山村田中銚子塚の研究』1952

12) 福山敏男「石上神宮の七支刀」美術研究，158・162・165，1951・52

13) 形状が関連するとみられる蛇行剣は，近年韓国でも5世紀の類品が出土し，今後4世紀に遡る可能性が強いという。全栄來「蛇曲剣について」考古美術，129・130，ソウル，1976

14) 京都府埋蔵文化財調査研究センター編『謎の鏡―卑弥呼の鏡と景初四年銘鏡』1989 など

15) 柳田康雄「朝鮮半島における日本系遺物」『九州における古墳文化と朝鮮半島』1989

16) 武末純一「小型丸底坩の軌跡―考古学から見た日朝交流の一断面―」古文化談叢，20下，1989

17) 藤田和尊「日韓出土の短甲について」『末永先生米寿記念献呈論文集』1985

18) 小型の板金を用いる革綴式甲冑の結合方法は，威しの手法と綴じの手法に分けられるが，始皇帝陵出土の陶俑の表現には部位によって両者の方法が併用されている例がある。このため一概に前者を札甲，後者を挂甲とすることは出来ないが，ここではこのような呼称にしたがっておく。

19) 増田精一「武器・武装―とくに札甲について―」『新版考古学講座』5，1970

20) 町田 章「古代帯金具考」考古学雑誌，56—1，1970

21) 千賀 久「大王の時代」季刊考古学，5，1983

22) 梅原末治「日本出土の漢中平の紀年太刀」大和古文化研究，7—11，1962

23) 関野 雄「中国における文物の伝世」法政史学，35，1983

24) 寺沢 薫「弥生時代舶載製品の東方流入」『考古学と移住・移動』（同志社大学考古学シリーズⅡ）1985

25) ほかに，舶載品の製作年代の下降や古墳時代の開始年代の遡上から伝世の事実を否定する見解もある。高橋 徹「伝世鏡と舶載鏡」九州考古学，60，1986，高倉洋彰「鏡」『三世紀の考古学』中，1981 など

特集 ● 古墳時代の日本と中国・朝鮮

大陸文化の接触と受容

大陸文化の影響は古墳後期になると副葬品に色濃くあらわれてくる。倭人社会の大陸文化摂取の態度はいかなるものであったか

伽耶の群集墳／陶質土器と初期須恵器／日本出土陶質土器の原郷／甲冑の諸問題／初期の馬具の系譜／日本と朝鮮半島の鉄と鉄製品／日本と朝鮮半島の鉄生産／日本と朝鮮半島の金工品

伽耶の群集墳

京都府埋蔵文化財
調査研究センター
■ 松井忠春
（まつい・ただはる）

韓国南部に分布する伽耶の古墳群からは小型で副葬品も貧弱な群集墳が確認されるが，これらは20〜30基以上集中し，家族墓的な性格をもつ

韓国の南部，慶尚南・北道の中央を，南に東にと分断するかのように，滔々と流れる洛東江と，その支流によって形成された肥沃な盆地を基盤として，伽耶連盟国家が誕生し，栄華な古墳文化を開花させた。

本伽耶地域に分布する古墳（古墳群）の調査は，戦前，皇国史観に基づく任那日本府存在論を背景に，王陵あるいは王陵級の古墳が多数発掘された。しかし今日の精緻な調査ではなく，また報告を見ずして歴史に埋没した例が多く，考古学研究の大きな障壁となっている。

近年，高度経済成長政策より，工業団地造成，ダム建設，宅地造成などの近代化工事に伴う遺跡の発掘調査が頻繁に実施されている。その結果，考古学はもとより古代史においても，貴重な成果を数多く齎すとともに，戦前知り得なかった新たな事実が判明してきた。

上記現況下，伽耶地域に分布する多くの古墳群中，高霊・池山洞古墳群（コリョン・チサンドン），昌寧・校洞松峴洞（チャンニョン・ソンヒョンドン）古墳群，梁山夫婦塚を含めた梁山・北亭里（ヤンサン・プクチョンニ）古墳群のように，大型墳丘を築造し，大型の竪穴式石室や横穴式石室内に王冠・装飾品などの豪華絢爛たる豊富な副葬品を多数埋納した古墳（群）とは異なり，規模が小型で，副葬品も貧弱な古墳（群）が，各地域で確認されはじめた。

これら古墳（群）を，社会集団との相関関係から下級階層の墳墓と理解し，単位地域集団の表象と把握し，社会構造を復元しようとする考え方が提起されているにもかかわらず，具体的には何ら分析・論究されてはいない。これは，後世の攪乱・破壊により，古墳や古墳群の形状や規模，副葬品の共伴関係など，不鮮明な点が余りにも多いことにも基因している。本稿では，これら古墳群を「群集墳」として把え，平面構成上から概観してみたい。

1　伽耶地域の群集墳とは

伽耶地域の古墳群に対して「群集墳」と称する考古学用語はない。これは該当すべき古墳群の存在が明確化してきたのが近年に入ってからという制約もあるが，戦前すでに梁山・新基里古墳群が紹介されたが，顧みられなかった。これは資料の貧弱化から生ずる方法論的未発達に基因している。ここでは以下の諸要素を揃え持った古墳群を「群集墳」と呼称することにしたい。

1.　丘陵の稜線に平行して主体部を緩斜面に構築する。その一方，金海・礼安里古墳群のように，低地に築造される例もあるが，元来は微高

地上に設けられていた。また，陝川・莘浦里B地区古墳群のように，丘陵頂部稜線上に位置する例もあるが，早期段階にのみ限定されるようである。

2．墳丘規模は，不明な点が多いが，主体部の大きさや一部残存している外護列石から推定して，最大径13mを大きく逸脱することなく，平均径6〜7mが大部分を占め，推定復元墳丘高も1〜1.5mを上限とする。

3．内部主体には，時期差はあるが，土壙墓，竪穴式石室，竪穴系横口式石室，横穴式石室などがあり，墳丘規模に正比例して，総じて小規模である。

4．古墳数は，主体部数から勘案しても少なくとも20〜30基以上で，陝川・倉里古墳群のように200基以上を数えることもある。時期差による重複関係は存在しても平面上は縦・横列に整然と築造される。

5．副葬品は，瓦質土器や陶質土器，刀・鏃・刀子・鎌・斧・鉾などの鉄製品が主で，耳環や紡錘車などが出土する場合もある。後世の撹乱・破壊による流失を考慮しても，全般的に少量である。

6．夫婦を最小単位とする家族墓，ないし家族墓的性格を帯びる。

2　各期の群集墳の様相概観

前記した諸要素を満たした古墳群＝群集墳を萌芽期，形成期，衰退期に三分して，各様相を以下概観してみよう。

（1）萌芽期の群集墳（墓）

本期群集墳（墓）として，陝川・莘浦里A-Ⅱ地区古墳群（図1—1），同B地区古墳群，金海・礼安里古墳群，釜山・老圃洞遺跡などが挙げられよう。

内部主体は，隅丸長方形状の土壙墓を主とし，甕棺墓，石棺墓がある。土壙墓の床面に礫床を設ける場合もあるが，時期的には下降する。大概，土壙墓は単独に存在する場合も多いが，2基並列も認められる。副葬品は，瓦質の台付把手壺・短頸壺・鉢形土器などが1〜3点と少量で，土壙墓短辺のどちらか一方に偏して埋納する場合が多い。鉄製品には，鉄鏃・鉄鉾・鉄斧・刀子・鎌などがある。

墳丘の有無に関しては云々できないが，無構築

の可能性が高く，少なくとも外護列石を廻らした例は未見である。

すなわち，各墳墓＝各主体部は独立的性格をもって地理的に占地するようであり，後世の盟主墳の占地と相通ずるかの如く，丘陵頂上部稜線を利用して築造される一方，丘陵斜面に連綿と構築される場合もあり，単独墳として点在することもある。

こうした傾向は，この段階では，古墳それ自体の墳丘による権威的シンボル化の未発達な歴史的発展段階であったと言えよう。換言すれば，各古墳（墓）が各々重複することなく，しかも縦・横列に規則的に配されている点を勘案すれば，これら墳墓を構築した被葬者や築造者たち間，すなわち集団内での一定の規則・規範に基づく墳墓の造営を意味している。しかし夫婦墓と推察される二基一対形式の墳墓が一古墳群中に1〜2基程度しか散見できないことは，夫婦同墳埋葬の観念が未発達であるとともに，豊富かつ豪華な副葬品をもってその地位保全が計られたのであり，群集墳（墓）よりは集団墓的性格からの未脱却段階として把握できる。正に三韓時代〜三国時代初期に相当するこの段階を萌芽期とする所似である。

（2）形成期の群集墳

この時期の群集墳は，今日伽耶各地域で最も普遍的に確認されている。陝川・鳳溪里古墳群，金海・礼安里古墳群，釜山・槐亭洞古墳群（図1—3）同堂甘洞古墳群，大邱・伏賢洞古墳群（図1—2）などがその代表例である。

墳丘裾部に外護列石を廻らす古墳が古墳群中，数多く認められるようになる。本格的な墳丘の出現は正に権威的シンボル化の具現である。内部主体は，竪穴式石室が主で，土壙墓，箱式石棺，小型竪穴式石槨や，石室に隣接して小児用甕棺墓を構築することもある。前段階同様，一古墳一石室を原則とするが，槐亭洞古墳群6・17号墓や鳳溪里古墳群137・138号墓（図2—1）などのように二基一対形式が増加し，あるいは鳳溪里古墳群56号墓とその周辺に展開する7基の石棺墓，1基の甕棺を包括する大型多石室墳も確認できる。後者例は，古墳群中，ごく少数である点から，築造者間での盟主的立場の被葬者を想定できよう。副葬品は陶質土器が主で，長頸壺，台付長頸壺，有・無蓋高杯，短頸壺など，器種に富む。鉄製品でも刀・剣・鉾・鎌・斧・刀子・鉇・鏃と多様で，そ

図1　各期古墳群の平面構成例（各報告書に一部加筆）
1：陝川・苧浦里A-Ⅱ地区古墳群，2：大邱・伏賢洞古墳群，3：釜山・槐亭洞古墳群，4：陝川・苧浦里E地区古墳群，
5：釜山・徳川洞古墳群

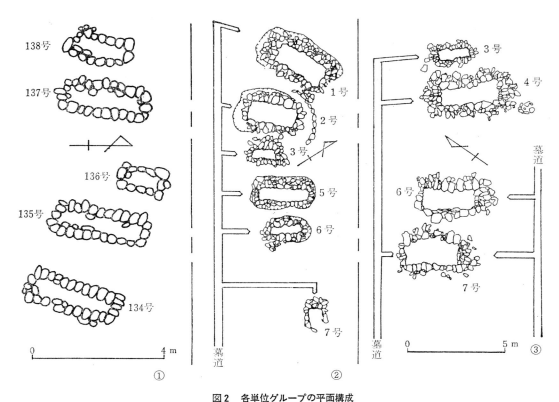

図2 各単位グループの平面構成
1：陝川・鳳溪里古墳群，2：釜山・徳川洞古墳群C地区，3：同古墳群E地区

の量も前段階に比べ増加する。しかし古墳群によってはその量的差異が明瞭で，各地域集団の歴史的背景の相異が反映されたものと推量される。

換言すれば，外護列石で墳丘の規模を明示する古墳が出現するとともに，二基一対形式の古墳が古墳群中多数点在するようになることは，前段階での夫婦墓としての最小単位の家族墓が普遍化し始めたこととも相関している。さらに鳳溪里古墳群56号墓例では，独立盟主墳に通有である点からみて，また古墳群中1〜2基しか存在しないことを考慮するかぎり，階層的差異が明白で，古墳群を築造した集団の統括者的立場に位置した家族墓であったとも解釈できる。

翻って，平面構成上から推して，二基一対形式を基本として，古墳群は単位グループで構成していることは歴然としている。この単位グループは比較的等間隔に配され，各々が重複・干渉を避けて構築している点は前段階の古墳（墓）と同様ではあるが，各単位グループの古墳を仔細に検討すると，縦列方向に明確な時間的経過を顕現させている。これは家族内において家長相続権の移譲に

伴って，独立した古墳を築き得たことを示唆しており，この時期に家長相続権を明示する家族墓へと発展したと理解できる。これは本段階の後半期に出現する竪穴系横口式石室と大きく連関する。一主体一被葬者の厚葬から追葬可能な石室墳の造営＝薄葬への転換は，巨大化する古墳群の規制と本期の家族墓が有する家（父）長制とのオーバーラップにより生じた現象と言える。

本期は三国時代の伽耶連盟が強大化する時期に該当し，家（父）長制の象徴としての家族墓の形成期と把握できるであろう。

（3）衰退期の群集墳

この期の群集墳例には，陝川・倉里古墳群，同芋浦里E地区古墳群（図1−4），昌寧・桂城古墳群，釜山・徳川洞古墳群（図1−5）などがある。

丘陵緩斜面に造営されるが，桂城古墳群A・B地区では丘陵頂部に大規模古墳が1〜2基占地し，それを中心に展開する小型の古墳群がグループを形成している。むしろ大きな特徴は，内部主体が竪穴式石室から竪穴系横口式石室に転換・隆盛し，横穴式石室が採用されるようになる点である。

竪穴系横口式石室は，横穴式石室の思想的背景に誕生したとも考えられているが，追葬という機能面からは，竪穴式石室の一短壁からの利用も可能であり，桂城A-1号墳や釜山・福泉洞11号墳（ボクチョンドン）は一例とされる。それはさておき，竪穴系横口式石室墳の採用によって開口方向が明瞭になる。徳川洞古墳群はとくに顕著で，C・D地区では南〜西方向に開口し，E地区では西方向あるいは東方向と一定する。また横穴式石室墳でも芋浦里E地区古墳群では意図的に開口方向を設定している。

外護列石を廻らして二基一対形式の古墳を縦列に連続構築する例が顕著になる。この場合は大・小各々の石室が対をなすのを通例とする。芋浦里E地区15・23号墳は横穴式石室墳であるにも拘らず，横口式石室を墳丘内に築造する。一方，徳川洞古墳群20・26・28号墳は一墳三石室で，古墳群中，最大規模を誇る。

副葬品には，陶質土器（台付長頸壺，長頸壺，短頸壺，無・有蓋高杯など），鉄製品（鏃，刀子，鉾，斧，鎌，刀）や，耳環，青銅製鈴，紡錘車などがあるが，総じて少量である。ただ独立墳はその限りでない。環頭大刀，銀釧，垂飾付耳環，帯金具など傑出した遺物を出土した桂城A-1号墳はその典型例である。

先述したように，二基一対形式古墳の連続構築は例えば徳川洞古墳群C地区1〜3・5〜7号墳（図2-2）のように，石室の開口方向の同一性から墓道が設定でき，1家族単位グループと見做せる。これは，夫婦を最少単位とする家族の血縁的紐帯が強力に反映され，家長権委譲とともに相続夫婦単位の家族墓が築造されたことを示唆している。すなわち形成期からより発展＝家族紐帯の強力化が成し得た，典型的な家（父）長制を享受できよう。しかし竪穴系横口式石室や棺床数から推しても首肯されるが，決して厚葬からの脱皮ではなく，厚葬と追葬との共存状態から派生した現象と推定できる。

後半期以降では，上記の傾向は徐々に消失する。徳川洞古墳群E地区では，石室の開口方向が逆転し始め（図2-3），墓道に沿いながらも，連続構築をしない。これは厚葬から薄葬への転換を示し，すでに強固な血縁的紐帯関係が崩壊過程に入ったことを意味している。横穴式石室を導入した古墳群とて例外ではない。古墳群中での大規模

古墳の不在と相俟って，群集墳を形成した集団に対する身分的階層の再編成が招来させた結果であり，薄葬への転換も激変する政治的変貌と深く関連すると考えて大過なかろう。まさに6世紀代の伽耶国の政治的複雑性を一瞥できる。

3　百済・新羅の群集墳

百済地域における群集墳は数多く各地に分布しているが，詳細な事例報告は皆無に等しい。強いて列挙すれば，穿隆天井を有する横穴式石室墳135基で構成する全羅南道南原（ナモン）・草村里（チョチョンリ）古墳群，52基の横穴式石室墳で形成される同益山郡・熊浦（ウンポ）古墳群がある。両者は5〜6世紀に築造された古墳群であるが，調査件数が少ないため，全体像を分析・把握できる状況下にはない。

一方，統一新羅時代に属する古墳群例に，京畿道驪州郡・梅龍里（メヨンリ）古墳群がある。約108基を数え，片袖または両袖式の横穴式石室を内部主体とし，玄室には棺床を設け，石枕を配する。梅龍里・上里第1号墳（サンリ）では5個の石枕があり，一所帯家族墓であったことは明白であるが，群集墳とするには今後の調査を待つ以外にない。

新羅地域では，慶尚北道・慶州盆地周辺部の丘陵上に営まれた，統一新羅時代の横穴式石室墳群がある。前記梅龍里古墳群と様相を同じくする孝峴里古墳群もあるが，具体的内容は窺い知れない。5〜6世紀代の古相例には慶尚北道月城郡・安溪里（アンゲリ）古墳群が知られる。丘陵支脈上に約240基の古墳が展開するが，34基が調査されたにすぎない。積石木槨墳を主とし，一部竪穴式石槨墳も存する。分布図を観察する限り各支群にグルーピングができそうであるが，推定の域を出ない。

いずれにせよ，武寧王陵（ムニョンワン）や皇南大塚（ファンナムデーチョン）から，5〜6世紀段階に，百済・新羅両地域でも家族墓的性格を有した古墳群が成立していたと推量しても何も不思議ではなかろう。

伽耶地域に分布する群集墳を発展過程に則して三期に大別し，その様相を大雑把に概観してみた。諸般の制約から詳細については別の機会に譲り，群集墳を造営した各地域集団の具体的構造を考究することは，強いては伽耶連盟国家の社会・経済構造に迫り，文献的に不十分な伽耶史を復元できるものと確信する。

百済地域の初期横穴式石室

■ 亀田修一
岡山理科大学講師

百済地域の初期の横穴式石室に関する研究は戦前からなされていたが,本格化したのは1970年代のソウル可楽洞古墳群と芳荑洞古墳群の発掘調査後である[1]。

これらの古墳群は日本の横穴式石室の起源研究において注目され,永島暉臣慎氏[2],小田富士雄氏[3]らによってとりあげられ,百済漢城時代の古墳であるという考えは定着したかに見えた。

しかしすでにその時点で尹武炳氏によりこれらの古墳群で出土した短脚高杯について6世紀後半以後であろうという考えがだされていた[4]。その後これらの短脚高杯を整理した山内紀嗣氏[5],ソウル地域の土器を検討した定森秀夫氏もこれらの土器を6世紀後半以降のものとした[6]。そして尹煥氏は土器だけでなく石室の検討も踏まえ,可楽洞古墳群,芳荑洞古墳群はこの地域が新羅に帰属した後に高句麗石室の影響を受けつつ造営されたものと考えた[7]。

しかし本当にこれらの古墳群はすべて新羅帰属以後のものであろうか。

1 可楽洞5号墳の再検討

可楽洞5号墳 可楽洞5号墳(図1—1)は奥壁幅2.31m,入口側幅2.09m,長さ2.84mの羽子板形の玄室に「ハ」の字形に開く両袖式の羨道が配されている。閉塞は羨道部で割石によってなされている。四壁はいずれも少々内傾し,玄門部を含め5枚の天井石がのせられている。壁体は10〜20cm前後の厚さの板状割石を積んでおり,玄室の前壁がないことが特徴である。

遺物は短脚高杯の蓋片と高杯の脚部の破片,そして縄目瓦片(図1—1 左上)が封土南部排土中に1点,玄室内で12点,羨道閉塞石除去中に3点出土している。短脚高杯はこれまでのものと同様に6世紀後半以降と考えられるものであるが,問題は縄目瓦片である。

この羨道部出土瓦片は閉塞石を除去している途中で出土したものである。この閉塞石が後世の盗掘や撹乱による改変を受けていなければ瓦は少なくとも最終埋葬より以前に使用されていた可能性がでてくる。つまり石室内の遺物に追葬,または再利用による時期区分の可能性がでてくるのである。

短脚高杯に関しては前述の山内氏が整理したように6世紀中葉以降に新羅に帰属した地域でみられるようである。しかし6世紀後半代の瓦は新羅地域ではいまだ明確

ではなく,少なくとも縄目瓦の存在ははっきりしていない。また高句麗では5〜6世紀代には縄目瓦はあり,百済では不明確ながら可能性はある。

このように縄目瓦に関しては不明確で問題が多いが,少なくとも可楽洞5号墳の遺物に追葬,再利用の可能性は指摘できよう。

全羅南道鈴泉里古墳[8] 鈴泉里古墳(図1—2)はソウルから遠く南に離れた全羅南道長城に位置する古墳であるが,その石室構造は極めて注目される。玄門,羨道部の構造はやや異なるが,扁平な板石を積み,玄室をやや羽子板状に作ることなどはソウルの可楽洞5号墳と対比できる特徴である。玄室の規模は奥壁幅2.48m,入口側幅2.15m,長さ2.83〜2.96mで,両袖式の羨道が南につけられている。玄室四壁は厚さ10cm前後の扁平な割石で床面から1mくらいまでほぼ垂直に積み上げられ,その上は内傾する。羨道部はあまり明確ではないが,東壁では石柱状のものが立てられている。そして玄門部に石柱状のものを立てている。閉塞は段の上に板石を使用して行なっているようである。

遺物は金製耳飾と陶質土器(図1—2 右上)だけである。この土器により5世紀後半の初葬,6世紀前半〜中葉の追葬が推測される。

また類例としては同じ全羅南道海南の月松里造山古墳[9]が知られている。この造山古墳も羽子板状の玄室を小型の割石で積み上げ,板石で閉塞した例であるが,違いとしては腰石を配することと羨道と呼びうるものがないことである。この古墳の時期は出土遺物から5世紀後半(末?)〜6世紀初と推測される。

可楽洞5号墳の年代 そこでこの全羅南道の2基の横穴式石室と可楽洞5号墳を対比してみるとその平面形,構造,石材の使用方法などにおいて類似点を見出すことができ,比較的近い時期に築造されたのではないかと考えられる。そして全羅南道の2基は5世紀後半から6世紀初頭頃の築造と推測される。可楽洞5号墳を550年代の新羅帰属以後とするにはやはり躊躇せざるをえない。

また6世紀中葉以降という年代の根拠になっている短脚高杯については前述のように追葬,または再利用ということで処理できないであろうか。

2 日本との関係

最後に日本の初期横穴式石室との関係について触れておきたい。最古と考えられている福岡県老司古墳や佐賀県谷口古墳の石室と直接結びつく例は知られておらず,現時点では直接的なつながりを求めることは難しいようである。ただ福岡県小田茶臼塚古墳や佐賀県関行丸古墳のような羽子板形の玄室に「ハ」の字形の羨道がつく形の石室は小稿で扱った百済の石室とよく似ており,さらに九州の例に見られる板石閉塞が全羅南道の2基の古墳

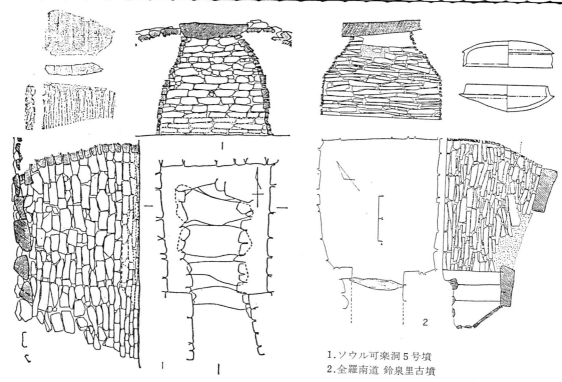

1. ソウル可楽洞5号墳
2. 全羅南道 鈴泉里古墳

図1　百済の横穴式石室と遺物（石室は1/80）

に見られることは注目される。

　また九州の竪穴系横口式石室については北九州型の横穴式石室の影響によって展開したようであるが，すべてがそうであるのか。さらに九州以外の地域の例はすべて九州の影響で成立したのであろうか。とくに横口部に袖石をもたず，割石や塊石で閉塞した例は伽耶地域の竪穴系横口式石室に一般的に見られるものであり[10]，対比が必要であろう。

　ちなみに6世紀代の竪穴系横口式石室は無袖式横穴式石室との区別が難しいが，閉塞のあり方で区別できないであろうか。つまり竪穴系横口式石室は基本的に閉塞面も他の3壁と同じように内面を垂直に積もうとしているのに対し，横穴式石室では一般に断面が三角形に積んでいるのではないだろうか。

3　おわりに

　以上百済可楽洞5号墳の横穴式石室について全羅南道の古墳2基との対比を通して検討し，短脚高杯については追葬または再利用の結果と考えられないかとのべた。

　日本の初期横穴式石室との関係ではソウル地域だけでなく，全羅南道地域の例との関係検討の必要性を述べた。さらに竪穴系横口式石室の無袖の例については伽耶地域の竪穴系横口式石室との対比検討の必要性を述べた。

註

1) 甕室地区遺跡発掘調査団『甕室地区遺跡発掘調査報告 1975・1976年度』1975，1976
2) 永島暉臣慎「横穴式石室の源流を探る」『共同研究日本と朝鮮の古代史』三省堂，1979
3) 小田富士雄「横穴式石室の導入とその源流」『東アジア世界における日本古代史講座4』学生社，1980
4) 尹武炳『大清ダム水没地区遺跡発掘調査報告書（忠清南道篇）』1978
5) 山内紀嗣「山口県心光寺2号墳の出土遺物をめぐって」『網干善教先生華甲記念考古学論集』1988
6) 定森秀夫「韓国ソウル地域出土三国時代土器について」『横山浩一先生退官記念論文集Ⅰ　生産と流通の考古学』1989
7) 尹煥「漢江下流域における百済横穴式石室」古文化談叢，20-中，1989
8) 李栄文「古墳調査報告」『郷土文化遺蹟調査（長城）』2，1984
9) 徐聲勲・成洛俊『海南月松里造山古墳』国立光州博物館，1984
10) 亀田修一「朝鮮半島南部における竪穴系横口式石室」『城二号墳』宇土市教育委員会，1981
＊三国時代横穴式石室については曺永鉉『三国時代横穴式石室墳の系譜と編年研究』1990がよくまとまっている。また稿了後，金鍾萬『短脚高杯の歴史性に対する研究』1990を入手した。短脚高杯についてよくまとめている。時期的には6世紀後半〜7世紀末としている。

陶質土器と初期須恵器————————

埼玉県立博物館
■ 酒井清治
（さかい・きよじ）

初期須恵器は資料の増加によって問題が複雑化しているが，北九
州は韓国慶尚南道西部の，陶邑はそこを中心に広い影響がみえる

現在初期須恵器の研究は，陶邑一元供給と考えられたものが，各地に生産址が発見されるに至り，製品の産地が問題になってきた。また，その製品の系譜，すなわち朝鮮半島の陶質土器との関連が検討され，年代も論議されてきた。さらに，近年のわが国における陶質土器の出土資料の増加により，須恵器との識別の困難なものも増え，初期須恵器の問題をより複雑にしている。

1 初期須恵器の系譜研究抄史

ここでは，わが国の初期須恵器が朝鮮半島の陶質土器とどのような関わりがあるのか，初期須恵器の側から主に系譜の問題を中心に，研究史を顧みて検討してみたい。

須恵器と呼称される以前に，一時「朝鮮土器」と称されていたように，須恵器が半島と関わりがあると考えられていた。それはあたかも『日本書紀』に記された工人渡来の記事を証明するごとくであった。

このような工人渡来について遺物のほうから検討したのは北野耕平氏で，六十谷，野中古墳出土の陶質土器から，この土器とその製作工人の渡来は「密接不離の関係のもとに成立した」と考え，咸安，晋州，陜川などの洛東江流域が出自だと考えられた[1]。この時期，古墳・窯跡の調査が進展して，一須賀2号窯，TK73号窯などが発掘され初現期の須恵器が明確になってきた。田辺昭三氏は，咸安34号墳の陶質土器が初期須恵器に共通する要素を持つことから，やはり，洛東江流域が須恵器の成立に関わりがあると考えられた[2]。また，中村浩氏は，一須賀2号窯は新羅の影響を受けた伽耶，TK73号窯は百済，濁り池窯は伽耶系とされた[3]。器台に絞って検討された原口正三氏は，器台をA〜C型に分け，百済にはB・C型，新羅にはA・B型，任那にはA・B・C型，日本にはA・B型があることから任那の地が須恵器揺籃の地だと考えられた[4]。系譜の問題について積極的に発言されたのは八賀晋氏で，初期須恵器を第1

段階（TK73号窯）と第2段階（TK208・216号窯）に分けられ，前者は高坏が外方に大きく開く細い脚を持つ器形，後者は脚が太く大型の透孔がある高坏，同様の脚を有する蓋を持つ高坏の存在が特徴だとされた。そして，初期須恵器第1段階は陶質土器の第1段階すなわち伽耶，初期須恵器第2段階は陶質土器第2段階すなわち新羅の影響のもとに成立したと考えられた。さらに，「初期須恵器の初段階の土器の器種の組合せと器形は，韓半島の初期の陶質土器のそれと合致しない点が多い」と考えられたが，これは「韓半島の初期の陶質土器が，各地へ移行する過程のなかで，地域的な特色を定着さす過渡的な段階にその技術の移入が成された」ためだとした。そして，初期須恵器が直接的な影響を受けるのは，陶質土器第2段階で，その基本的な形態の影響は慶州地域の土器の成立が完成した時期の所産である[5]という新しい見解を述べられた。

近年，福岡県甘木市池の上墳墓群，古寺墳墓群が調査され，出土した伽耶系陶質土器が近くの小隈窯跡・八並窯跡（夜須町），山隈窯跡（三輪町）など朝倉窯跡群の製品と類似することが確認された。また，豊津町居屋敷遺跡での窯の発見，筑紫野市隈・西小田地区窯跡での発掘調査がなされたが，小田富士雄氏はこれらを伽耶系須恵器として，陶邑との違いを明らかにされた[6]。この土器群について西谷正氏は，陶邑より早く生産が開始されたと考えられた[7]。

畿内・北九州の初期須恵器を半島の陶質土器から見た申敬澈氏は，TK73・TK85号窯については西部慶尚南道地方内陸部の陜川・沃川（陜川・高霊），池の上墳墓群は慶尚南道地方の西側，泗川・固城・晋州（咸安・固城・泗川）の沿岸地方の陶質土器が祖形とされ，須恵器の系譜について最も詳細に述べられた。とくに近畿の須恵器については，百済から入って伽耶化した伽耶土器とされた[8]。

この他，香川県宮山窯跡，三郎池西畔窯跡が松

本敏三氏[9]によって，吹田市吹田32号窯が藤原学氏[10]によって，名古屋市東山111号窯が斎藤孝正氏[11]によって報告された。藤原氏は，それまで一須賀2号窯が最古であるという田辺氏の考えに対して，吹田32号窯が三郎池西畔窯跡に酷似すること，窯の構造や諸相から吹田32号窯→一須賀2号窯→陶邑窯の前後関係を考えられた。これについて中村浩氏は，一須賀2号窯のコンパス文が省略化されていることから，吹田32号窯を遡るものではなく，吹田32号窯と陶邑窯との関係については，「いずれも異なる系譜を持つ生産」だと考えられている。中村氏の考えは，広岡公夫氏の熱残留磁気の結果に依拠しているが，広岡氏は吹田32号窯は陶邑窯よりも古くならないとされている。

2　須恵器の故地を求めて

このように初期須恵器の系譜の問題は，近年の朝鮮半島での調査の進展とともに陶質土器の地域差が明らかになりつつあることから，さらに限定した地域を明確にすることが可能になってきた。たとえば高坏が定森秀夫[12]，東潮氏[13]によって星州型・義城型・高霊型・泗川型・咸安型・東萊型・昌寧型・慶州型などに分けられ，地域差が表わされている。初期須恵器の故地をこのような地域差の中に見い出してみよう。

まず，陶邑 I-1（TK73・85号窯）の製品を見てみよう。坏の蓋につまみが付く特徴がある。つまみの付く蓋は，高霊，居昌・陜川・咸陽・泗川など慶尚南道西部地域に分布するが，この中には高霊型といえるつまみが中膨らみの円筒状で，坏，身とも扁平な特徴を持つものがある(7)。これに対して陶邑と同様中窪みのつまみを持つ蓋が，陜川玉田古墳群，陜川鳳溪里古墳群(1)，咸陽上栢里古墳群などに見られるものの，坏身はやはり堝形とは言えない。これは半島の類例がやや新しいためであろう。陶邑のいわゆる堝形の坏身について，八賀氏は金海郡の例を出されている。このような堝形は，高坏であるが漆谷郡，清道郡に見られる。いずれにしても坏蓋につまみの付く地域でも陶邑と関わりがあると考えられるのは，慶尚南道西部地域といえるであろう。

高坏はとくに脚部が有蓋，無蓋を問わず脚が細く透しがほとんど見られず，脚下位に稜を持つなど共通しており，その特徴を半島に探すと昌原，咸安，一部陜川に見られる。また，釜山，金海周辺も見逃せない。たとえば，釜山市福泉洞21・22号墳には類似するものが見られる。なお，大阪府堂山古墳の高坏が陶邑産とするならば，晋陽郡集賢面出土例は透しを持つ違いはあるものの，坏部の形態は酷似する。

𤭯の内小型𤭯は，新羅地域には無く，釜山・高霊など伽耶地域にはいくらか見られるものの，海南・霊岩・羅州・務安・高敞など全羅道に多く見られる器形である。また，樽形𤭯も，全羅南道霊岩郡万樹里2号墳(17)に見られるものの数はほとんどない。しかし，小型𤭯の分布と共通することから，その出現も何らかの関わりがあり，今後類例も増えるであろう。

大甕は，中村氏によれば底部は丸く造られ，後述するような慶尚道南部に分布する，製作技法による底部の突出は見られないという。このことは，現段階で陶邑最古のTK73，TK85号窯が，わが国の中のどこかで中継して伝播していると考えるか，半島で大甕底部が突出しない地域の工人が来ていると考えるかである。TK73号窯とTK85号窯の大甕を比較した場合，後者は口唇部が矩形になるものが多い。また坏は前者の蓋受け部が鍔状に張り出し，身が扁平であるのに対して，後者は蓋受けが短くなり，身は深みを増す。このような特徴からTK73号窯のほうが先行する可能性があり，この時期半島ではまだ大甕の底部突出が残ることを考えると，あるいは大甕の底部が突出しない地域，すなわち慶尚南道西部以西と関わりが強いといえよう。

なお，TK73号窯から軟質土器の深鉢土器と共通する器形が出土するが，この形態は伽耶地域の軟質土器に類似する。

以上を総合して考えると，陶邑は慶尚南道西部地域がその故地と言えるものの金海，釜山，あるいは全羅道との関わりも強いといえる。このことは，次の陶邑 I-2（TK216号窯）についてもいえる。

陶邑 I-2・3（TK216・208号窯）について，前述したように八賀晋氏は，脚が太く大型の透孔がある高坏，同様の脚を有する蓋を持つ高坏は新羅の影響のもとに成立したと考えられた。確かに脚端部近くまで大きな透しを入れる(11)ことや，坏部に把手がつくものは，新羅地域の特徴である。しかし，新羅・釜山地域と陶邑を，大甕の形態で比較してみると，陶邑 TK73号窯に特徴的な口唇部

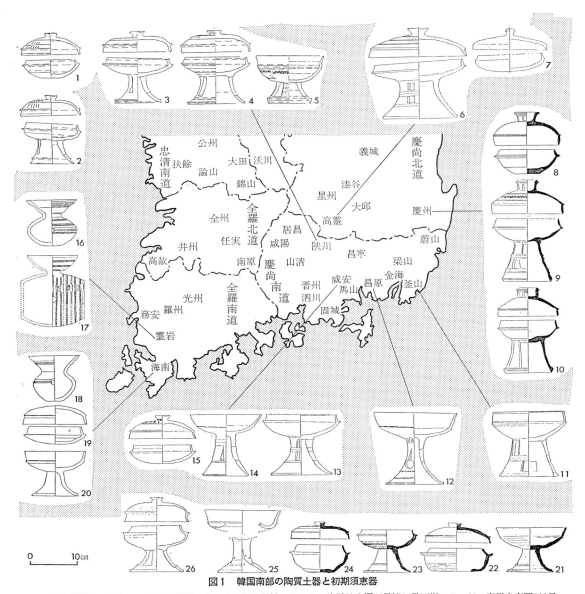

図1　韓国南部の陶質土器と初期須恵器

1：陜川鳳溪里69号墳，2：同152号墳，3〜5：同20号墳，6・7：高霊池山洞44号墳25号石槨，8〜10：慶州皇南洞110号墳主槨，11：釜山福泉洞10号墳，12：昌原道渓洞2号土壙墓，13〜15：咸安道項里14-1号墳，16：霊岩万樹里4号甕棺周辺，17：同1号甕棺周辺，18〜20：海南月松里造山古墳，21・22：陶邑TK73号窯，23・24：同85号窯，25：香川宮山窯，26：福岡甘木池の上6号墳

を持つ大甕は，慶州皇南洞第110号墳副槨，釜山福泉洞1号墳，同10号墳などにあり，ここに伴う高坏は無蓋高坏の二段透しが多く見られる（9・11）。TK 216・208号窯は，すでに大甕の口唇部がシャープに造り出され，慶州皇南洞第110号墳などよりも後出する形態であり，この時期新羅ではさらに二段透しは一般的になっている。八賀氏の述べる須恵器への新羅の影響があるとするならば，なぜ二段透しを模倣しなかったのか疑問である。

半島の中に1例であるが，須恵器の高坏に酷似したものがある。陜川鳳溪里第20号墳の高坏(5)は，実見したところ形態は須恵器に酷似しており，時期は陶邑 I-3（TK 208）並行であろう。このような形態の存在から，この地域に八賀氏のいう初期須恵器2段階に連なるものがあるかもしれない。また，陶邑 I-2（TK 216）から出現する，つまみのない坏蓋は，時期は一定していないものの忠清南道から全羅道の百済地域に広く分布する

器形(19)であり，TK 216号窯に両耳付壺，甑など百済系の須恵器とともに見られることは，透しのある高坏の故地を百済の地域に近い，陜川を含めた慶尚南道西部に探すことも必要であろう。

次に一須賀2号窯の製品を見てみよう。坏類はないがここでは器台と甕のコンパス状波状文，あるいは鋸歯文が特徴である。また，小片で組紐文，格子文も見られ，これらはいずれも釜山地域あるいはその周辺に見い出すことができる。しかし，福泉洞10号墳と比較するに，稚拙な文様になっている。これが時期差を現わすのか問題であるが，甕の口唇部を見るに，時期的には近いと考えられる。

北九州の初期須恵器窯は，山隈・小隈窯跡の朝倉窯跡群に代表されるが，その製品は甘木市池の上・古寺墳墓群と共通するという。ここでは，窯跡から表採された須恵器と，池の上6号墳，古寺6号土壙墓の出土品を代表例として検討してみよう。この製品を陶邑と比較するに違いが見い出せる。たとえば池の上・古寺墳墓群の高坏の多くは有蓋で，透しを持つ例が多い。また，甑・壺などやや平底化している。甕は口縁が一端直立気味に立ち上がってから外反し，口唇部が矩形を呈し，口唇部下の稜が口端部から離れる例が多い。器台は，口唇部付近が大きく外反する特徴を持つ。

このような特徴から，高坏は忠清南道錦山郡倉坪里，慶尚南道山清郡中村里，あるいは陜川の中に類似資料は見い出せる。壺などの平底化については，慶尚南道でも西部から全羅道にかけて見られる。また，壺の形態についても陜川付近のものに類似する。器台の特徴である口唇部の強い外反は，釜山華明洞古墳群にも見られるが，他地域の5世紀前半代の発掘例がまだ少なく，現段階では類例の少ない器形である。甕の特徴は製作技法により底部が突出することで，類例は郭鍾喆氏が述べるように高霊・慶山・慶州・昌原・金海・釜山に見られ(14)，慶尚道南部に多い技法のようであるものの，ソウルの夢村土城にも見られ，必ずしも新羅・伽耶地域の技法と言えないようである。しかし，形態などから北九州の製品は慶尚道の製品に類似する。これらを総合して考えると，北九州の初期須恵器は，慶尚南道，とくに西部地域がその故地といえるであろう。生産開始は朝倉窯跡群の製品を見る限り，陶邑とほぼ同時期であろう。

このように陶邑，北九州とも慶尚南道西部の影響が強いといえるものの，大甕のあり方に見るように北九州は，より伽耶的な要素が強いとともに，案外狭い地域の工人集団で生産が行なわれたといえる。

それに対して陶邑は，伽耶的な要素が主流であるものの，百済的な要素も色濃く，さらに慶尚南道東部の影響も見えるなど，広い地域の工人あるいはその影響を受けた工人が多人数で集団を形成したと考えられる。しかし，その集団は陶邑の初期須恵器のあり方が，各谷でやや違いを見せることからも，各地域の工人が混在して集団形成したと考えられる。そして，短期間で大きな転換期を迎え，I-2（TK 216）で須恵器化していく。今後，TK 73・85号窯周辺の，小阪，大庭寺，伏尾，深田橋遺跡の渡来系工人集落調査の進展により，工人の生活用具から故地の探究も可能であろう。

註
1) 北野耕平「初期須恵質土器の系譜―紀伊六十谷出土の土器とその年代―」神戸商船大学紀要第一類文科論集，17，1969
2) 田辺昭三「陶質土器の系譜」日本美術工芸，389，1971
3) 中村　浩「須恵器の源流　近畿地方(1)」『日本陶磁の源流』柏書房，1984
4) 原口正三「須恵器の源流をたずねて」古代史発掘6，講談社，1975
5) 八賀　晋「韓半島の陶質土器と初期須恵器」『日・韓古代文化の流れ』帝塚山考古学研究所，1982
6) 小田富士雄「九州地域の須恵器と陶質土器」『陶質土器の国際交流』柏書房，1989
7) 西谷　正ほか「討論初期須恵器研究の諸問題」『日本陶磁の源流』1984
8) 申敬澈「伽耶地域の陶質土器」『陶質土器の国際交流』1989，「五世紀代における嶺南の情勢と韓日交渉―嶺南の陶質土器と甲冑を中心として―」『公開シンポジウム　東アジアの再発見』読売新聞社・アジア学会，1990　本文中の（　）内は後者の文献
9) 松本敏三「讃岐の古式須恵器　宮山窯址の須恵器」瀬戸内海歴史民俗資料館年報，7，1982
10) 藤原　学・佐藤竜馬「吹田市32号須恵器窯跡の発掘調査」吹田市教育委員会，1986
11) 斎藤孝正「猿投窯成立期の様相」名古屋大学文学部研究論集，86，1983
12) 定森秀夫「韓国慶尚南道釜山・金海地域出土陶質土器の検討」平安博物館研究紀要，7，1982　ほか
13) 東　潮・田中俊明『韓国の古代遺跡2百済・伽耶篇』中央公論社，1989
14) 郭鍾喆「韓国慶尚道地域出土の陶質大形甕の成形をめぐって―底部丸底化工程を中心として―」『東アジアの考古と歴史』1987

日本出土陶質土器の原郷

京都文化博物館
■ 定森秀夫
（さだもり・ひでお）

日本出土の陶質土器は伽耶系のものが最も多く，ほかに百済系，新羅系，統一新羅系があり，通交の問題などは今後の課題である

その具体的な故郷はいまだ確定されていないものの，須恵器の源流が朝鮮半島南部地域の陶質土器にあることは疑いえない。しかし，このこととは別に朝鮮半島産と考えられる陶質土器が日本で出土することがある。須恵器生産開始前のものであれば確実に朝鮮半島産と言えるが，須恵器生産が開始された前後以降の場合に若干の問題が生じてくる。すなわち，確実に陶質土器と認定できるものもあれば，形態は陶質土器と考えた方が良いがどうも日本で焼かれた可能性が高そうだというものもあって，須恵器にはない形態であるとか須恵器とは形態的に異なるからといって，一概にそれらすべてを"朝鮮半島産"であるとは断定しえない状況が生じてくるのである。

1987年に行なわれた「弥生・古墳時代の大陸系土器の諸問題」をテーマとした埋蔵文化財研究会で，その時点での膨大な資料が集成されている。そして，その後も陶質土器ないしは陶質土器と考えられるものが各地で出土していることを耳にするのである。ここでは，全国出土の一点一点について，それが舶載品かそうでないのか，またその系統はどこにあるのかなどを詳述していく余裕も自信もないが，これまでに管見に上ったものの中で特徴的なものを抽出してその原郷の推測を行ない，日本から陶質土器が出土する意味についても若干触れておきたい。

1 朝鮮半島における陶質土器の地域差

朝鮮半島三国時代の土器は，まず高句麗・百済・新羅・伽耶のそれぞれの国によって特徴がある。一般的に言えば，高句麗土器は軟質の焼成に釉をかけたものが多く，器種としては四耳壺や盤などが特徴的である。百済土器は軟質のものから硬質のものまで各種あり，器種としては三足土器や瓶が特徴的である。伽耶土器と新羅土器は共通した要素が多いものの，その形態や器種の組み合わせなどに細かな違いが見られ，最も大きな相違として2段透孔高杯の場合に，上下垂直透孔のも

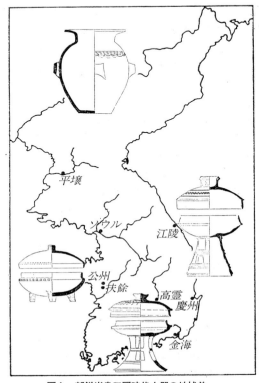

図1　朝鮮半島三国時代土器の地域差
（図録『海を渡って来た人と文化』1989より）

のが伽耶土器，上下交互透孔のものが新羅土器と認識されている（図1）。そして，伽耶・新羅・百済地域では5世紀から6世紀にかけて，各地域内でさらに細かな地域差が出てくるのである。

朝鮮半島において陶質土器が"いつ"・"どこ"で始まったのかは，いろいろな考え方がある。最近では，大阪府加美遺跡出土の陶質土器から3世紀後半にはすでに百済では成立していたという考え方もあるが，4世紀前半代には朝鮮半島南部ではすでに陶質土器が成立していたというのが共通の認識になりつつある。しかし，これも慶尚道一帯ではあまり地域差のない"古式陶質土器"として分布していたという考え方と，すでにこの"古式陶質土器"段階にも地域差が存在していたという考え方とがある。

以上のような考え方の相違は今後の韓国での調査研究の進展により解明されていくであろうが，5世紀から6世紀にかけての時期は朝鮮半島における陶質土器の地域色が非常に顕著な時期と言える。したがって，この時期に日本に入ってきた陶質土器はある程度どこから来たのかがわかるのである。

2　日本出土陶質土器の系統

（1）伽耶系陶質土器

　日本から出土している陶質土器のうちでは，この伽耶系のものが最も多いと言えよう。伽耶地域は洛東江流域から慶尚道の西部地域にかけての広い地域で，そこに伽耶の各小国が形成された。この伽耶系陶質土器に関しては，後述するようにさらに地域を限定できる場合もあるが，今のところ細かに限定できないものもある。まず，後者から先に見てみよう。

　脚付把手付短頸壺は，洛東江流域およびそれより西側の伽耶地域に盛行する器種であり，いわゆる新羅・百済地域には見られない器形である。日本での出土例は少ないものの，特徴的な器形のため陶質土器として認定が容易なものである。長崎県コフノ﨑遺跡，福岡県の三雲遺跡・有田遺跡・上々浦遺跡，広島県池の内3号墳，岡山県榊山遺跡，大阪府野中古墳，滋賀県高月南遺跡，岐阜県遊塚古墳（蓋），和歌山県大同寺遺跡，山梨県城の内遺跡，福島県南山田遺跡から出土している（図2—1～19）。これらはすべて把手が断面円形の環状のものなので，朝鮮半島では時期的に4世紀後葉から5世紀中葉に限られるものと考えられる。その形態を見てみると，洛東江流域でも下流域がその主たる生産地ではないかと推定される。須恵器にはない特殊な器種であり，この種のものはすべて朝鮮半島産と見てよかろう。また，これが東日本にまで広がっていることは興味深い。

　この他に，長崎県恵比須山2号石棺や野中古墳から出土している無蓋高杯（図2—20・21）は，類似のものが釜山福泉洞（ボクチョンドン）1号墳などにみられることから，洛東江下流域に主に分布するもののようである。奈良県南山4号墳や和歌山県楠見（くすみ）遺跡出土の脚部が細長く下方で急激に外反し透孔が菱形や小三角のもの（図2—22・23）は，洛東江流域でも中流域にその主たる分布があるようである。さらに，楠見遺跡などで大甕の肩部に乳頭状突起を有するもの（図2—24）があるが，このような手法はやはり洛東江流域に見られるものである。

　次に，この伽耶系陶質土器の中でもさらに地域を限定できる特徴的なものがあるので，もう少し詳しく見てみよう。

　① "高霊タイプ"系陶質土器　これは高霊地域だけでなく，広く伽耶地域西部から従来百済の地域と考えられていた南原地域にまで広がるものであり，時期的には5世紀後半から6世紀中葉にかけて広がっていくものと考えられる。このタイプはかなり広範囲に広がっているために，例えば器種の組合わせや形態差でさらに細分される可能性があるものである[1]。

　日本での出土例は少ないが，長頸壺や高杯が非常に特徴的であり，識別は容易である[2]。長頸壺

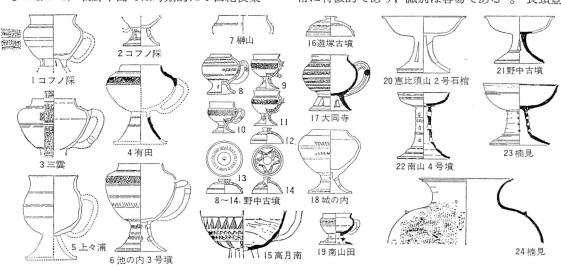

図2　伽耶系陶質土器（縮尺約1/8）

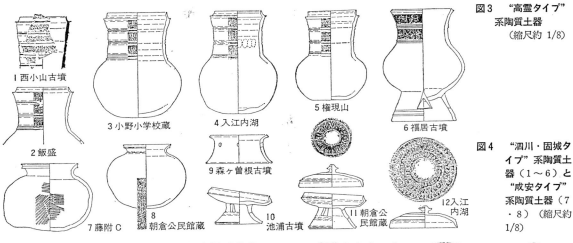

図3 "高霊タイプ"系陶質土器 （縮尺約 1/8）

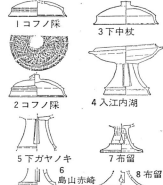

図4 "泗川・固城タイプ"系陶質土器（1～6）と"咸安タイプ"系陶質土器（7・8）（縮尺約 1/8）

は，蓋受けを有する口頸部と，頸部文様が数段の波状文に限られているのが特徴である。福岡県飯盛遺跡，愛媛県小野小学校蔵品，大阪府西小山古墳，滋賀県入江内湖遺跡，岐阜県権現山，富山県伝福居古墳（図3－1～6・12）があり，西小山例が5世紀中葉であるのを除いて，他はすべて6世紀前半から中葉にかけてのものである。高杯は6世紀代のものは蓋受けがあまり突出せず脚部が太く短いのを特徴とし，その蓋つまみもまた6世紀代に入ると"山高帽"状となる。類例は少ないが，福岡県池浦古墳，愛媛県朝倉村出土品（図3－10・11）がある。島根県森ヶ曽根古墳では小形器台（図3－9）が出土している。短頸壺は口縁直下に突帯を巡らし頸部と肩部との境に突帯を巡らすのが特徴であり，佐賀県藤附C遺跡，朝倉村（図3－7・8）から出土しているが，これは今のところ高霊では出土しておらず，陜川地域に類例が見られるのでそこに原郷を求めておきたい。

② "泗川・固城タイプ"系陶質土器　泗川・固城地域の陶質土器の特徴は，高杯の透孔が一段がほとんどで脚下方がやや段をなすことと，蓋の形態が稜があまり突出せず口縁部が外反し，口縁端部内側が段状となることである。また，軟質の焼成のものがわりと多い[3]。

日本での出土例は極めて少ないが，長崎県コフノ隊遺跡，佐賀県下中杖遺跡，滋賀県入江内湖遺跡（図4－1～4）から出土している。その他に，長崎県の下ガヤノキ遺跡・島山赤崎遺跡出土のもの（図4－5・6）は，このタイプの陶質土器の可能性があることを喚起しておく。陶質土器そのものではないが，福岡県甘木市池の上・古寺墳墓群から出土したものの一部は，この系統の工人がこちらへ来て製作したものと考えられる。

③ "咸安タイプ"系陶質土器　咸安地域の陶質土器の特徴は，透孔が火炎形をしていることであり，この形態の透孔は今のところ他地域には見られないものである。しかし，咸安地域における調査がほとんどない現状では，その他の特徴を抽出することができない。これは奈良県布留遺跡（図4－7・8）から出土している[4]。

（2）百済系陶質土器

実は，韓国でも百済地域の土器は，新羅・伽耶の土器に比べると，まだあまり詳しくわかっていないのが現状と言える。しかし，三足土器ないしは瓶が百済地域の特徴的な器種であることは良く言われていることである。

日本での出土例は伽耶系陶質土器に比べると圧倒的に少ないが，佐賀県野田遺跡から5世紀後半の三足杯（図5－1）が初めて出土した。瓶類としては，福岡県広石Ⅰ－1号墳，奈良県新沢千塚281号墳・石光山43号墳（図5－3～5）から出土している。この他に肩部に文様帯を有する短頸壺が長崎県恵比須山7号石棺（図5－2）から出土している。また，上述した伽耶系脚付把手付短頸壺が出土した野中古墳から，鍔付の壺と考えられる破片（図5－6～9）が出土しているが，これは北野耕平氏が指摘していたように百済系のものと考えて良いで

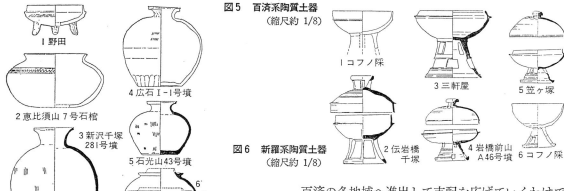

図5　百済系陶質土器（縮尺約 1/8）

図6　新羅系陶質土器（縮尺約 1/8）

あろう。

（3）新羅系陶質土器

　この新羅土器も慶州を中心とした地域とその他の地域では若干異なり、"慶州新羅土器"として独特の形態が出現してくるのは5世紀後半以後と考えられる[5]。5世紀前半は洛東江流域と慶州そして東海岸にはよく似た高杯が分布している。例えば、長崎県コフノ隊遺跡のもの（図6-1）はこの5世紀前半でも古手のもので、これだけをもっては新羅とも伽耶とも言えないが、広く洛東江流域から東側に分布するものである。また和歌山県伝岩橋千塚出土のもの（図6-2）は5世紀中葉頃のもので、これも洛東江流域から東側に分布するものである。

　実際に、日本でも5世紀代の新羅系陶質土器の出土例は非常に少ない。大阪府三軒屋遺跡出土の高杯（図6-3）は、大きく見れば新羅系陶質土器であるが、実見した限りでは慶州を中心とした地域のものというよりは、別の地域例えば慶山周辺のものに近い感じがする。6世紀以後になってもやはり出土例は少ないが、和歌山県岩橋前山A46号墳や兵庫県笠ヶ塚古墳の有蓋高杯（図6-4・5）、コフノ隊遺跡の無蓋高杯（図6-6）などは6世紀中葉から後半のものと考えられる。

（4）統一新羅系土器

　印花文陶器としてよく知られているもので、日本での出土状況は江浦洋氏の論文[6]で十分に紹介されている。実は、この統一新羅土器の成立時期にもいろいろな意見があるが、6世紀後半のある時点であろう。ところで、日本から出土する統一新羅系土器は、すべて慶州産であるとは言えない。というのは、新羅は6世紀中葉以降に伽耶や百済の各地域へ進出して支配を広げていくわけであるが、それと機を一にして各地で統一新羅土器が生産されていくからである。したがって、日本で統一新羅系土器が出土したからといって、それの原郷が慶州であると即断はできないのである。

3　日本から陶質土器が出土する意味

　陶質土器が日本で出土することの意味を考えるにはいろいろな前提条件（例えば舶載されてその後移動しているのかしていないのかなど）を越えねばならないが、前提条件なしに考えてみると、まず渡来人との関連で考えることができよう。この場合、具体的に朝鮮半島のどの地域の人々が渡来してきたのかになると、朝鮮半島における陶質土器の地域性の問題がさらに細かく詰められていく必要がある。もう一つは、倭人が朝鮮半島へ行き持ち帰ったことが考えられる。その場合、倭の特定勢力と朝鮮の特定勢力との通交の問題にも踏み込んで行ける可能性もあろう。

　いずれにせよ、陶質土器だけでなく他の朝鮮系遺物を含めた総合的な検討が要請されるわけだが、渡来人の問題ないしは日本と朝鮮との特定勢力の通交の問題を解明するにはまだ多くの資料と手続きが必要に思える。

註
1) 拙稿「韓国慶尚北道高霊地域出土陶質土器の検討」『岡崎敬先生退官記念論文集　東アジアの考古と歴史』上、同朋舎、1987
2) 拙稿「日本出土の"高霊タイプ"系陶質土器(1)」京都文化博物館研究紀要『朱雀』2、1989
3) 拙稿「韓国泗川・固城地域出土陶質土器について」『角田文衞博士古稀記念　古代学叢論』同事業会、1983
4) 竹谷俊夫「布留遺跡出土の初期須恵器と韓式系土師器」『考古学調査研究中間報告』8、1989
5) 拙稿「韓国慶尚南道釜山・金海地域出土陶質土器の検討」平安博物館研究紀要、7、1982
6) 江浦　洋「日本出土の統一新羅系土器とその背景」考古学雑誌、74-2、1988

甲冑の諸問題————

——眉庇付冑の製作地を中心に——

宮内庁書陵部
福尾正彦
（ふくお・まさひこ）

近年朝鮮半島において甲冑の出土例が増加してきているが，うち
眉庇付冑は日本で製作され，半島に持ち込まれたかと考えられる

1 甲冑の製作地をめぐる近年の論議（抄）

近年まで，朝鮮半島における甲冑の遺例は極めて限られていた。ましてや出土状況の判明するものは，1978年の高霊池山洞第32号墳の発掘まで，皆無であったのである。ために，日本出土の甲冑については，技術的な系譜関係はともかく，日本国内で製作されたと，漠然とではあるが，考えられていたふしがある[1]。このような状況の中で，朝鮮半島に関する資料を丹念に検討したのは，穴沢・馬目両氏であった[2]。ここでは，1975年時点での資料が集成され，その製作地について伝東莱蓮山洞出土の眉庇付冑，三角板鋲留短甲，および咸陽上栢里出土の三角板鋲留短甲と限定したうえで，「日本の畿内で製作され，朝鮮半島に将来されたものとみて，恐らく誤りはないであろう」と考えられている。その後，半島では発掘による甲冑の検出例が急増し，伝承地を含めれば，30数カ所で50例以上（付属具は含めない）が確認されている。これらの成果をふまえ，甲冑日本製作説に対して内外から疑問が提示せられ[3]，製作地をめぐる論議は，新たな段階に達したと言ってよかろう。ここでは，朝鮮半島において認められる眉庇付冑の代表的例を中心にとりあげ，この問題について少しなりとも言及してみたいと思う。

2 朝鮮半島出土の眉庇付冑

まず，穴沢・馬目両氏によって日本製品の可能性が高いと指摘された伝蓮山洞出土例は，その後の調査で，地板に竪短細板を鋲留したものではなくて，小札を使用したことが明らかとなった[4]。使用小札も第一段で28枚，第二段で29枚と，第二段の正面からみて左方のほうが1枚多くなっている。すでに穴沢・馬目両氏によって，丁寧に解説されているとおり，本例の大きな特徴は，①伏板中央部の管との接合方法。つまり，管の下端部を四方にひろげ，上面で鋲留するという手法の採用，②腰巻板中央の飾鋲，③九花縁眉庇における台形・三角形の透彫，④胴巻板・腰巻板に2枚の帯金を使用し，両側頭部で鋲留，などが指摘できよう。しかし，これらの特色は日本出土の眉庇付冑に類例を見出すことが，数量の差こそあれ，それほど困難ではないのである。つまり，若干の違和感はあるものの，日本で検出されている眉庇付冑との関連性を求めることが，比較的容易にできることには，注意しておきたい。

一方，この類の資料に対して，製作技術上からも大きさの上からも明確に区別しうる一群がある。高麗大学校博物館所蔵品などがそれである。これらに共通する属性としては，①大形，②二重となった伏板，胴巻板，腰巻板，つまり内面における帯金の存在，③眉庇の接合部位，④太めの鋲の使用，などがあげられよう。しかし，何よりもこれらを前の一群と明確に峻別しうるものは，地板の重ね方である。甲冑の本質は，ここで改めて述べるまでもなく，その防禦性にある。この性格が，地板の重ね方となって表出されているのである。すなわち，地板は，身体前面中央部を基点とし，左右に下重ねを行ない，身体後方で左右からもち送ってきた部分の後ろに一枚据えることによって，前方の敵に対する防禦性が機能するのである。ところが，高麗大学校博物館所蔵などの眉庇付冑については，地板を片方から順次，扇状に重ね合わせており，とくに正面は強調されていない。このことは，冑の本質を全く無視したものと思われ，実用品としての用途を疑わせるのである。もちろん，日本で出土している眉庇付冑のなかに，金銅装や鉄地金銅張の製品があることによって，眉庇付冑そのものの実用性を疑問視する向きがないではない。しかし，少なくとも実用に耐えうるだけの構造を有していることから，高麗大学校博物館所蔵品とは，明確に区別できるように思われる。ここでは，以上のような形態以外の構造上の差異に基づき，伝蓮山洞出土例を眉庇付冑

Ⅰ類，他の一群をⅡ類として，以下の記述を進めてみたい（図1）。

最初に問題としたいのは，両者の前後関係である。外見上はほとんど同一であるとすれば，その機能性の有無・強弱によって，先行すべきものを確定すべきであろう。とすれば，防禦的機能の劣るⅡ類をⅠ類に先行させることはできないのである。Ⅱ類として区分した眉庇付冑は，確実な発掘例はないものの，今まで報告のある4例[5]は，いずれも半島においてのみ知られており，後出する一群が日本では検出されていないことには，注意しておきたい。

一方，半島出土の眉庇付冑Ⅰ類は，現在，伝蓮山洞出土とされる小札鋲留式のものが，唯一の例である。ところが，日本で出土している眉庇付冑約100例は，すべてがここでいうⅠ類（図2）であり，そのうち小札鋲留式の製品が60数例を占めるのである。Ⅰ類の変遷を他の甲冑諸形式と同様に，製作技術の簡略化というプロセスで説明することが許されるならば[6]，使用地板は基本的に竪矧細板→小札→横矧板[7]と変化していったと考えられる。小札，それも地板第1段と第2段で枚数の異なるものを鋲留した眉庇付冑を，最古の製品として位置付けることは，決してできないのである。とすれば，型式変化からみても出土量や分布状況から判断しても，眉庇付冑Ⅰ類を半島製と認ずることは，困難であるように思われる。日本国内の出土品だけで，型式の組列を確定することができることも，傍証としうるであろう。

以上のような検討の結果，伝蓮山洞出土例も日本で製作され，何らかの理由で半島に持ち込まれたと考えることが妥当であるように思われる。型式上，後出するⅡ類はこれらの冑をモデルとしてⅠ類の製作工人とは直接の関わりのない工人によって，製作されたものであろう。半島では，Ⅰ類が1例しか確認されていない現況では，これ以上言及できない

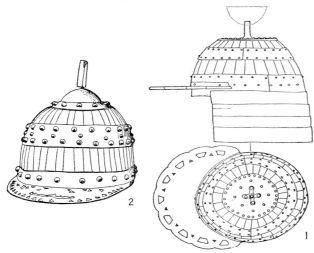

図1　眉庇付冑Ⅰ類（1：伝蓮山洞出土）とⅡ類
　　　（2：崇實〈旧崇田〉大学校博物館蔵品）

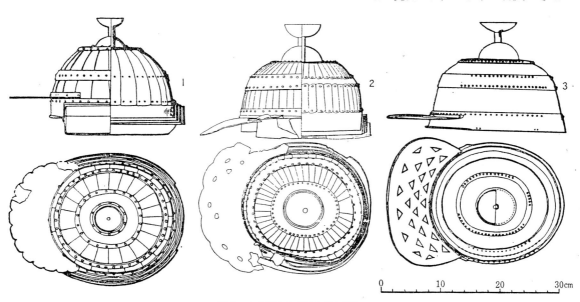

図2　日本出土の各種の眉庇付冑
1：竪矧細板鋲留式（新開古墳出土），2：小札鋲留式（野中古墳出土），3：横矧板鋲留式（豊富村出土）

が，Ⅰ類が半島における甲冑に与えた影響の大きさだけは，高く評価できるであろう。

3 朝鮮半島における甲冑の現状

今までとりあげてきた眉庇付冑以外の甲冑については，どうであろうか。半島で今まで知られている鉄製甲冑（付属具を除く）を分類したものが，表1である。まず，この表を若干補足しておこう。

冑はここでは五分したが，伝昌寧（チャンニョン）（小倉コレクション）出土などの冠帽を模したと思われる製品も防禦的機能を有することが明らかとなれば，さらに一類を加えることとなろう。竪矧（細）板革綴冑は，種々の属性があるが，基本的には鉢の中央部で縮約するか否かという形態上の差異によって二分できる。それぞれⅠ類，Ⅱ類と称せよう[8]。この二類は，額と鼻梁を保護する「鉢金」の有無によってさらに細分が可能である。

この分類を短甲を中心に，別の観点から，「現状では」という付帯条件が伴うことを確認したうえで，再編成してみたい。

(1) 半島のみでしか知られていない…竪矧板鋲留短甲
(2) 半島での確認例≧日本での確認例…竪矧板革綴短甲
(3) 半島での確認例＜日本での確認例…三角板革綴短甲，三角板鋲留短甲，横矧板鋲留短甲
(4) 日本のみでしか知られていない…方形板革綴短甲，長方板革綴短甲，横矧板革綴短甲

このうち，半島独自で（成立）・発展のプロセスがたどれる最も良好な例は，竪矧板を使用した短甲である。竪矧板革綴短甲は慶州市九政洞（キョンジュシ クヂョンドン）3号墳などで知られている。共伴する土器の最近の研究成果によれば，少なくとも4世紀代には出現しているようである。その系譜をくむ竪矧板鋲留短甲が福泉洞（ボクチョンドン）10号墳や伝退来里（テエレリ）出土例に認められる。伝慶尚道（キョンサンド）（釜山市立博物館保管）の竪矧板革綴短甲前胴の蕨手文装飾に注目すれば，伝慶尚道→伝退来里→福泉洞10号墳と変遷していったことがうかがわれよう。日本でも山梨県大丸山（おおまるやま）古墳などから竪矧板を革綴にした製品が出土している。ただ，両者は，同じく竪矧板革綴短甲と称することができても，構造的に異なる部分が多いことには注意しておかねばならないであろう。つまり，九政洞3号墳例は，半島や日本出土の革綴短甲の多くと同じく前胴を開閉し，身体をねじこんで着装したと思われるのである。これに対し，大丸山古墳例が正しく復元されているとすれば[9]，前胴に開放された部分がなく，袴のように足元から着脱，もしくは左右いずれかの脇部を開閉し，使用した可能性が高いのである。加えて，大丸山古墳例では，矧板の幅を狭くすることにより，胴部を絞り，体形にあわせるための努力をしていることにも注目すべきであろう。

この類の日本出土の他の2例のうち，大阪府紫金山（しきんざん）古墳出土例は，押付板を有することによって，明確に区別されよう。また，もう1例の京都府椿井（つばい）大塚山古墳出土例は2枚の厚みのある竪長の鉄板として，検出されている。本例は胴部の矧板とも考えられるが，穿孔位置なども考慮に入れると，引合板とする蓋然性が高いように思われる[10]。とすれば，全形を復元しえない椿井大塚山古墳出土例を除き，大丸山古墳，紫金山古墳例と九政洞3号墳例との構造的，形状的差異は大きいといわなければならないであろう。筆者は，日本出土の竪矧板革綴短甲を舶

表1　朝鮮半島において認められる甲冑の分類

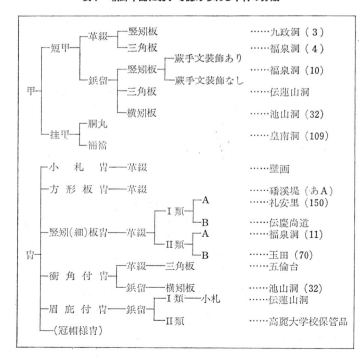

載品と見做す考えを積極的に否定するものでもないが，同一型式として扱い，そこに見られる数多の差異のもつ意味を充分に検討することなしに，捨棄する見解には賛意を示すことはできないのである。また，竪矧板革綴短甲からの系譜が明らかな竪矧板鋲留短甲は，日本では検出例がないことにも改めて注意しておきたい。竪矧板鋲留短甲に伴出する冑としては，福泉洞10号墳で竪矧細板革綴冑が知られている。この類の冑も日本では確認されていない。

　以上のような例の対極に位置するものとして，日本のみでしか出土していない資料である方形板革綴短甲，長方板革綴短甲を一瞥しておきたい。日本における甲冑の変遷過程では，帯金を有する甲冑の成立，鋲留甲冑の成立，短甲の消滅をもって，大きく四期に区分することが可能である[11]。方形板革綴短甲はA期の，長方板革綴短甲はB期を代表する甲冑の一つである。B期の開始を特徴づける帯金の使用は，甲冑を構造的にも固定化することになり，出土量も前段階に比して大きく増加させるに至った。以後の日本における甲冑の歴史に多大な影響を与えた帯金の出自をどこに求めるかも，重要な課題である。中国大陸や朝鮮半島の遺例や壁画資料を検討しても，B期以降の日本と共通する資料以外に帯金に類似する資料を見出すことはできないのである。また，その前段階に位置する方形板革綴短甲についても，半島での遺例を確認することはできない。しかし，陝川磻溪（ハプチョンバンゲ）堤あA号墳（デェ）では冠帽状の金銅製品を伴う特殊な例が，一例ではあるが，方形板革綴冑として知られている。日本においては，短甲と冑の地板の形状は密接な関係を有している。その観点からすれば，方形板革綴短甲も半島で検出される可能性は高いといえよう。しかし，日本出土の方形板革綴短甲は，帯金の不備と相俟って細かく検討していくと，変化に富んでいる。その源流についてはまだまだ慎重を要する課題として残されよう。

4　おわりに

　このようにみてくると，半島および列島内で知られている甲冑の製作地をめぐっては，未解決の部分があまりにも多いことに改めて気付かれよう。今回は言及しえなかったが，帯金の成立とならんで，甲冑の展開過程に多大な影響を与えた鋲留技法の出自も，それが単に接合技術上の変革に

とどまらず，厳密な設計割付技術，穿孔の位置関係などのより正確性の貫徹という製作技術全般にかかわるものを要求しただけに，避けて通れない問題なのである。本稿では，前稿と併せて，眉庇付冑を中心に検討を加えてきた。その結果，その源流はともかく，成立した地域として，列島内と特定しうるだけの状況証拠は見出しえたと思うのである。これらの問題については，製作跡の遺構としての検出をあまり期待できないため，当時の社会状況をふまえたうえで，出土した甲冑そのものを詳細に観察・検討することによって，解決をはからねばならないと思う。

註
1)　小林行雄「鉄盾考」朝鮮学報，24，1962。ここでは，「一部の甲冑の製作地が国外にあった」と考えられているが，学界の全面的賛同を得るには至らなかった。
2)　穴沢咊光・馬目順一「南部朝鮮出土の鉄製鋲留甲冑」朝鮮学報，76，1976。以下の記述において本論文に負うところはあまりにも多い。
3)　福尾正彦「眉庇付冑の系譜―その出現期を中心に―」『東アジアの考古と歴史　岡崎敬先生退官記念論集』下巻，1987。ここで，これらの件について整理を試みたことがある。
4)　村井嵓雄「古墳時代の甲冑―その源流について―」『考古学叢考』（斎藤忠先生頌寿記念論文集刊行会編）1988
5)　註2)で指摘された資料3例に，李康七「韓国の甲冑」韓国文化，54，1984，で追加された資料1例を加えた。
6)　小林謙一「甲冑製作技法の変遷と工人の系統（上）・（下）」考古学研究，20―4・21―2，1974
7)　地板については他に柊形，三角形・平行四辺形，長方形などが使用されることもあるが，註3)文献で述べたとおり，現状ではこの三区分で充分であろう。
8)　註3)に同じ
9)　本例は緩やかなS字状のカーブを有する細長の鉄板17枚を使用したものである。大きさなどから前胴に位置すると思われる矧板では，すでに復元されているように，穿孔の位置などからみて開閉部分を見出すのは難しいように思われる。また，脇部に位置すると思われる矧板には綴革以外の多数の穿孔が認められることには注意しておきたい。
10)　註6)に同じ
11)　註3)に同じ
　　紙幅の関係で，今回は出土古墳に関する報告書や文献，挿図の出典，および行政的な所在地などは省かせていただいた。註2)〜4)などを参考にしていただければ幸いである。

福岡県稲童古墳群の甲冑

■ 山中英彦
県立小倉高等学校教諭

1 稲童古墳群について

九州の東北端、豊前北部の周防灘に面した地域には、苅田町の石塚山古墳や御所山古墳などの前方後円墳をはじめ、この地方を代表する古墳が存在している。

稲童古墳群もその一つで、福岡県行橋市稲童字石並に所在する。周防灘に面した浜堤上に立地する古墳群で、現在25基の高塚古墳が確認されている。その一部が発掘調査され、4世紀から6世紀まで続く累積的な古式の古墳群であることが判明した[1]。

本古墳群の主墳は、唯一の前方後円墳である石並古墳（20号墳）で、全長68m、後円部径58mの規模をもつ帆立貝式の前方後円墳である[2]。内部主体は未調査であるが、墳丘には葺石、円筒埴輪が巡り、良く原形を保っている。後円部頂上は径17mの平坦面をもち、二重の周湟を巡らした二段築成の典型的な中期古墳である。

古墳群の形成は、4世紀代の箱式石棺や石蓋土壙を内部主体とする径10m以下の小円墳から始まるが、5世紀代に最も充実した様相を示す。この時期には、竪穴式石室や竪穴系横口式石室を内部主体とする径20m前後の円墳を中心とし、古墳群唯一の前方後円墳・石並古墳（20号墳）も造営される。副葬品には、甲冑類、刀剣類などの武具や馬具など、この古墳群の武人的性格を示す豊富な鉄製品があり、畿内の中期古墳に対比できる卓越した様相を示している。

ついで、6世紀代には、ふたたび径10m程度の小円墳となり、この地方でも通例の小規模な横穴式石室墳へと変化する。

2 稲童21号墳について

古墳群は、海岸に沿って発達する浜堤上に細長く分布するが、その北端部に石並古墳が前方部を海に向けて所在している。この主墳の周りに17〜19号墳と21号墳の5世紀代の4基の陪塚がある。21号墳に先行する19号墳の石室は、箱式石棺のプランに類似した小型の竪穴式石室で、21号墳は5世紀代の典型的な竪穴系横口式石室である。

21号墳は、石並古墳の北、約100mの位置にある。墳頂部に径約6mの平坦面をもつ墳丘は、高さ3.3m、径22mの規模である。墳丘の中央部に、西に開口する竪穴系横口式石室が構築されている。

石室（玄室）は、扁平な割石などを小口積みした、長さ2.57m、高さと幅0.90mの狭長なプランで、石室の周囲約1mの範囲に控え積みがある。石室の壁面全体にベンガラが塗られ、床は礫床で東奥壁近くに枕石を置く。天井は石室奥部に長さ1.4m、幅1.3mの大型の扁平な花崗岩を架け、のこりを4枚の細長い割石で構築している。羨門部は両側壁から高さ50cmの袖石を立てている。袖石間の示す羨門の幅は50cmで、この袖石に3枚の板石を立てかけて、石室を閉塞している。

副葬品は、須恵器（広口壺など）の破片を除き、すべて石室内部で、副葬原位置を保って発見された。

遺体の頭部付近からは、硬玉製勾玉（11）と碧玉製管玉（26）で構成された一連の首飾りの他、二群の鉄鏃（約40）や鉄鉾（3）、鉄刀（2）、鉄剣（2）などが検出されている。刀剣には、鹿角装のものがあり、鉄刀には金銅製三輪玉を伴うものがある。

胴部から脚部にかけては甲冑類が副葬されている。胴部には、板錣をもつ眉庇付冑が庇を脚部に向けて置かれ、脚部には、三角板と横矧板の鋲留式短甲がそれぞれ1領置かれている。三角板鋲留式短甲には、草摺と頸鎧の他、臑当または籠手と推定される鉄製品が伴う。

羨門部からは、三環鈴（2）、小型の仿製鏡（1）、鋤先・手斧形鉄斧・冊形鉄斧（各1）などの農工具や轡などの馬具などが発見されている。

封土中の遺物として、石室の上部から第一型式の須恵器の破片が発見されている。広口壺や高杯などの破片で、意図的に割られており、確実に古墳に伴うものである。

3 稲童21号墳の甲冑について

副葬位置を保ち、ほぼ完全な形で発見された。甲冑はすべて鋲留式のものである。

板錣をもつ眉庇付冑は、眉庇に三角形の透かしがあり、横矧板を地板としている。頂部に伏鉢があり、管を介して受鉢をのせる。発掘時には、受鉢は管からはずれていた。受鉢とともに冑の横から歩揺を付けた樹形の飾金具が発見されているが、本来受鉢を飾ったものと推定される。この伏鉢・管・受鉢・飾金具は、すべて金銅製である。

この眉庇付冑とともに2領の鋲留式の短甲が発見されている。

1領は三角板鋲留短甲で、後胴の上に頸鎧を乗せて副葬されていた。この短甲の周りには、小札が散乱していたが、草摺を構成するものと考えられる。また、約20cmの細長い鉄板とやや小型の小札を組合せた籠手または臑当と推定される一対の鉄製品が添えられている。他の1領は、横矧板鋲留短甲で、草摺などの付属具は認められない。これら2領の短甲は、共に開閉装置の蝶番をもたず、前胴中央部で止める胴丸式短甲である。

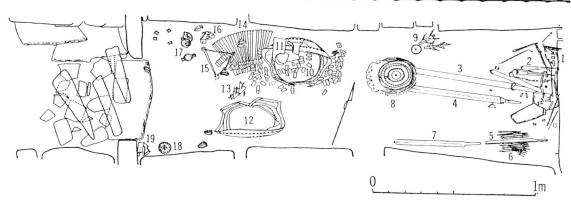

図1　稲童21号墳遺物出土状態

1：鉄鏃玉類，2：鉄矛，3：鉄刀，4：鉄剣，5：鉄刀，6：鉄鏃，7：鉄剣，8：眉庇付冑，9：同飾り金具，10：短甲，11：頸鎧，12：短甲，13：鉄鏃，14：籠手？，15：轡，16：三環鈴，17：馬具類，18：鏡，19：鉄斧鋤類

図2　稲童21号墳の眉庇付冑と短甲の出土状態

　鋲留式短甲が三角板から横矧板へと移行する時期を示唆する古墳で，その年代は21号墳の封土から出土した須恵器から5世紀後半ころといえよう。

4　豊前北部の甲冑出土の古墳について

　稲童古墳群には21号墳の他に，甲冑を出土した古墳が2基ある。

　その一つは，21号墳に先行する5世紀初頭の15号墳で，内部主体の箱式石棺の棺内から，鉄剣・鉇・勾玉とともに方形板革綴短甲が出土している[3]。他の一つは，21号墳に続く5世紀末の8号墳で，竪穴系横口式石室の前庭部から横矧板鋲留短甲と衝角付冑が出土している。

　稲童古墳群が象徴するように，豊前北部の京都地方には甲冑を副葬した円墳が極めて多い。稲童古墳群の3基の他に，行橋市竹並（三角板革綴短甲），同琵琶隈古墳（挂甲？），犀川町長迫古墳（横矧板鋲留短甲），苅田町百合ヶ丘5号墳（三角板革綴短甲），同猪熊1号墳（横矧板鋲留短甲・衝角付冑），同丸山塚（金銅製挂甲，冑）があり，この他に前方後円墳例として苅田町石塚山古墳（冑）や番塚古墳（挂甲）がある。実に，福岡県内出土例の四分の一が集中しているのである。

　豊前北部は，苅田町石塚山古墳にみるように九州最古の畿内型古墳の出現地として知られている。言い換えれば，ヤマト政権の最初に波及した地域と言えよう。この地域の古墳が，質量ともに飛躍的に発展するのは5世紀以後で，苅田町御所山，同番塚，行橋市扇八幡などの前方後円墳が成立する。稲童古墳群に帆立貝式の石並古墳が成立するのも5世紀のことである。

　この背景には，「倭王武の上表文」に反映された，5世紀代のヤマト政権による半島進出と統一事業の本格化が考えられる。甲冑出土の古墳の集中は，激動の5世紀に活躍したこの地域の在地豪族の軍事的性格を物語るものと言えよう。

註
1) 大川　清編『稲童古墳群第一次調査抄報』1964
   同『稲童古墳群第二次調査抄報』1965
2) 小田富士雄「福岡県行橋市石並前方後円墳」美夜古文化，18，1967
3) 小田富士雄「福岡県行橋市海岸の弥生式墳墓」九州考古学，11・12，1960

埼玉県将軍山古墳の馬冑

■ 若松良一
県立さきたま資料館

　埼玉県将軍山古墳の出土遺物中に馬冑のあることがわかったのは、つい最近のことである。埼玉県立さきたま資料館では昭和48年に行田市内在住の所蔵家から将軍山古墳出土鉄器残欠の一括寄贈を受けた。この中には、挂甲小礼や衝角付冑の破片を含んでいたが、細片となり種類不明のものもあった。その後、将軍山古墳の周堀の調査報告を盛り込んだ『埼玉古墳群発掘調査報告書』第6集を刊行するにあたって、これらの資料を検討した結果、馬冑の一部があることが判明し、さらに接合作業を進めたところ、主要部分の復原が可能となった。馬冑は平成元年秋に開催された特別展「古代東国の武人たち」を契機に公開され、現在、常設展示されている。

　ところで、馬冑は、わが国では和歌山県大谷古墳出土品につぐ、第2例目の発見であり、極めて稀少な資料であるだけに、その製作手法や年代、入手経路など究明すべき課題は多い。現在のところ、韓国の出土品を含めても比較資料は十分とはいえないが、若干の検討を加えてみたい。

1　馬冑の特徴

　現存部は左右の眼を中心にした面覆い部で、①右眼前方の部分（タテ13.5cm、ヨコ18.5cm）、②左眼前方の部分（タテ9.1cm、ヨコ18.5cm）、③右眼上方から天井にかけた部分（タテ10.5cm、ヨコ17.5cm）の3つのブロックに分かれている。このうち、①と③が接合する。さらに、追跡調査の結果、東京国立博物館所蔵の一片（タテ10.0cm、ヨコ12.2cm）が③と接合し、庇部付根の帯金となることが判明している。

　これらは、いずれも厚さ2mmの扁平な鉄板を用いており、曲屈する部分は叩き出しによっている。面覆い部は、天井板の左右に、それぞれ2枚ずつの鉄板を鋲留めすることによって製作されている。また、眼孔の前方約10cmの位置には、鉄板を内側から打ち出して膨らみをもたせた部分がある。鼻先部、庇部、頬当部は現在のところ未発見であるが、面覆い部の下端に2個一組の鋲が現存することから、革帯などを介して頬当部が垂下されていたことは確実とみられる。

2　他の出土例との比較

　将軍山古墳出土馬冑は、全体としては韓国福泉洞10号墳出土馬冑との共通性が強い。それは、天井板の幅が比較的狭いことをはじめ、断面形が台形を呈すること、面側部の鉄板が鼻先部では一段であるのに対して、眼孔付近では二段となっているため、その境界に段を生じていることなどを挙げることができよう。

　しかし、相違点として、福泉洞10号墳出土例では眼孔部が本体と頬当部とにまたがっているのに対して、将軍山古墳出土例では、眼孔は本体内に独立して設けられている点を見逃すことはできない。これはわが国大谷古墳出土例と共通する特徴である。また、馬冑を構成する剝板の枚数の検討では、福泉洞10号墳例の横断面での枚数は頬当を含めて計9枚、大谷古墳例では5枚で、将軍山古墳例の場合、一段下がりと推定される頬当を含めて7枚となる。技術史的には、天井板を幅広くとることによって剝板をへらす工夫が試みられたものとみられ、将軍山古墳例の天井板は福泉洞10号墳例と大谷古墳例との中間形態をとっている。福泉洞10号墳が5世紀中葉、大谷古墳が5世紀末の築造とされていることから、将軍山古墳出土の馬冑は5世紀後半の製作となる可能性が強いだろう。

3　将軍山古墳をめぐって

　馬冑を出土した将軍山古墳は、埼玉古墳群中の大型前方後円墳（全長102m）で、明治27年、横穴式石室が村人によって発掘され、多量の副葬品が出土した。主な出土品には、乳文鏡、素環鏡板付轡、金銅製心葉形鏡板付轡、鉄製鏡鐙、八角稜ナス形銅鈴、金銅製環頭大刀、銀装大刀、鉄鉾、金銅製三輪玉、水晶製三輪玉、挂甲、横剝板鋲留式衝角付冑、馬冑、蛇行状鉄器2、石製盤、銅鋺2、高台付有蓋銅鋺、ガラス小玉などがある。後年散逸したものも多く、耳飾や黄金製品の存在も考えられるので、副葬品の量と質は奈良県藤ノ木古墳などと比較しても遜色のないものといえよう。

　将軍山古墳の築造年代は馬具の型式、銅鋺を含む点、長脚二段三方透しの須恵器無蓋高杯の伴出する点、円筒埴輪の残存を綜合すると、6世紀後葉とみられる。関東地方の該期の前方後円墳としては、千葉県金鈴塚古墳（全長95m）、群馬県綿貫観音山古墳（全長97m）を凌駕する最大規模の前方後円墳といえる。

4　まとめ

　将軍山古墳の築造年代と馬冑の製作年代には約1世紀のギャップがある。馬冑の稀少性を勘案すると、伝世と考えるのが最も自然ではないだろうか。

　ところで、将軍山古墳からは、蛇行状鉄器が2点出土しているが、行田市酒巻14号墳から鞍橋の後に蛇行する器具をつけ、これに旗を挿入する馬形埴輪が出土するに及んで、蛇行状鉄器は寄生であることが動かしがたいこととなった。双楹塚古墳や三室塚古墳の騎馬人物壁画にみられるように、高句麗では、馬冑と寄生は本来セット関係にあることが知られるが、わが国はもちろん、韓国

図1 将軍山古墳出土の馬冑と想定復原図
（埼玉県立さきたま資料館提供，東京国立博物館承認）

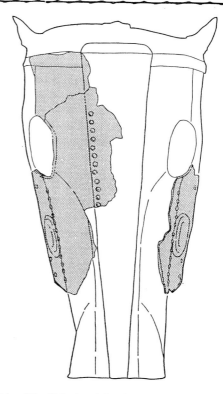

においても両者が伴出したのは将軍山古墳が初めてのことである。

両者の出土遺跡の分布を検討すると，半島では伽耶地域へそのほとんどが集中している。また，わが国では，蛇行状鉄器は半島への門戸で筑紫水軍の本拠地とみられる宗像郡に2例あるのをはじめとして，瀬戸内海沿岸の塔ノ尾古墳，岡山県山陽町穂崎に分布し，さらに紀ノ川河口の大谷古墳からは馬冑が出土している。大谷古墳は朝鮮半島と関りの深い紀氏一門の墳墓と目されている。また，塔心礎から蛇行状鉄器を出土した飛鳥寺は百済との関りの深い蘇我氏の氏寺である。このような分布からみれば，馬冑と蛇行状鉄器は瀬戸内航路を経由して，実際に朝鮮半島におもむいた人々が彼地から将来した可能性が高いように思われる。とすれば，将軍山古墳の被葬者も東国から派遣された統率者の一人であった可能性がある。

4〜5世紀代を通じて，半島の権益獲得を画策して軍事行動に積極的であった倭も，6世紀に至って，継体期に任那四県を百済に割譲せざるをえない状況となる。つついて任那復興を目論んだ近江毛野臣軍が磐井乱にはばまれて失敗し，欽明朝には，大伴金村の失脚を経て，ついに，新羅によって任那の官家は滅亡に至る。その後，蘇我馬子が実権を握ると，任那再興はかけごえのみの形骸化したものとなる。将軍山古墳の墓室内に父祖伝来の馬冑を埋めてしまったのも，このような時代背景を踏まえた上でのことであったかもしれない。

恐らく，馬冑は辛亥銘鉄剣に示されたように丈刀人首の家柄にあった埼玉（さきたま）の首長が官職とともに代々相伝し続けたものではなかっただろうか。

参考文献

金井塚良一「埼玉将軍山古墳の馬冑」『歴史手帖』17
　−9，1989
駒宮史朗『古代東国の武人たち』特別展図録，埼玉県
　立さきたま資料館，1989
太田博之『酒巻古墳群』行田市教育委員会，1988

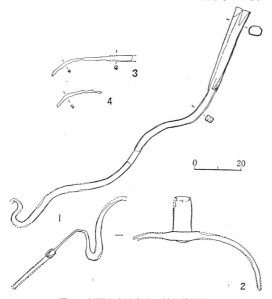

図2　将軍山古墳出土の蛇行状鉄器
（関義則「埼玉将軍山古墳出土の蛇行状鉄器」
埼玉県立博物館紀要，16，1989より引用）

初期の馬具の系譜————————

—国宝・伝丸山古墳出土の鞍金具から—

女子聖学院短期大学講師
■ 中山 清 隆
（なかやま・きよたか）

日本最古級の華麗な金銅製鞍金具は新羅系統の工人による作品らしい。当時の倭の支配層は，新羅の優秀な馬具にあこがれたのである

大阪府羽曳野市の誉田御廟山古墳（以下誉田山古墳と呼称）は古市古墳群中，最大の規模をもつ大古墳で，墳丘の体積では日本最大の前方後円墳といわれ，応神天皇陵墓に治定されている。

丸山古墳はその前方部外堤に接して築造された円墳（径45m，高6m）で，一般に誉田山古墳の陪塚とされている。嘉永5年(1852)に，この古墳から出土したと伝える遺物が，誉田八幡宮の所蔵となって保管されている（大阪府 1934）[1]。馬具類をはじめ，帯金具片・三角板革綴短甲片，鹿角製刀子，刀，鉄鏃などが一括して国宝に指定されている。とりわけ金銅製竜文透彫鞍金具二組はわが国最古の馬具の一つとして，その華麗な装飾性とともによく知られている。

本稿では，古くから著名な鞍金具についてあらためて検討し，系譜や問題点などを考えてみたいと思う。

1 金銅製竜文透彫鞍金具二組[2]

1号鞍（1号・2号の呼称は大阪府1934にしたがう）は，大きな逆U字形をなす通有の垂直鞍の形状をしめすが，2号鞍は，覆輪が強く屈曲し，背は低く，幅は上寛下狭で，下端の爪は鈍角をなす。

1号鞍，2号鞍とも竜文透彫の金銅板をもちいて，前輪・後輪の外面全体を覆い，海・磯金具を構成する。海金具の外縁には，金銅製の覆輪がはめられ，磯の両金具の間には細長い台形の洲浜金具（金銅製）が付くが，この金具には透彫は施されていない。

これらの板状金具は，相互に連接して地板に固定すべく，継手の部分に帯状金具をあて，その上から銅鋲によって密に留めている。その手法は，北野耕平氏のいう「重ね継手」である（北野1962）。2号鞍は，磯金具の洲浜形の外縁に鋲が打たれている。

1号鞍，2号鞍とも基本的なつくりは同じであるが，竜文透彫の形態に差異を認める。1号鞍，

2号鞍とも，鞍の中央をはさんで，走竜が，左右に向きあう姿で連続して配置されているが，2号鞍は復元部分が多く，配列がいまひとつ明確でない。透彫の竜文には，いわゆる蹴彫りで透彫に沿って細かな線刻がなされている。1号鞍と2号鞍の竜の四肢の細部をみると，1号鞍の足先の爪の表現が，三つに大きく広がるのに対し，2号鞍の爪の表現は，透彫によるのではなく，丁寧な蹴彫りによっており，かつ爪の方向が，同方向にそろっている。走竜というより，歩行する竜という方があたるだろう。韓国・伝慶尚北道高霊出土金銅製透彫鞍金具の爪の表現はこれを透彫にしたものと思われ，竜文の配列なども共通する。

全体的にみて，1号鞍の方が2号鞍より唐草文的なモチーフが加わり，配列も単純化されているけれども，2号鞍は，肢体，足先の爪など，1号鞍に比べ複雑で，古拙な表現であるといえよう。

千賀久氏は，竜文の比較から1号鞍の方が新しく，形態から規格品であろうとみた（千賀1982）。中村潤子氏は，2号鞍の磯金具の形状が，乗馬にそぐわないもので，鞍本体をつくる木工技術者がいなかったために，甲冑製作技術者らの技術によって，わが国で製作された"欠陥品"であるとの意見を提示されたが（中村1985），やや筆の走りすぎではなかろうか。金属工芸というものは，諸技術を総合して成り立つものであって，鞍本体の構造を考慮せず，つくりうるものではない。まして，高度な製作技術を必要とし，鍍金技術を駆使した金銅製馬具を，初期の段階でつくりえたかどうかも疑問である。むしろ，なにゆえに精巧な舶来品と欠陥国産品がひとところに埋納されたのかが説明されるべきであろう。鞍や鏃脚，居木など木質部分が不明な現状では，国産の欠陥品といいきる根拠に乏しいのである。

2号鞍は，竜文自体や当時のわが国の金銅製作技術の水準などから勘考して，舶載品とみてよく，非日常用の威儀物・威信財として，河内王権

中枢部の支配層が持ちえたものであろう。両鞍金具の先後関係については，竜文自体さまざまなヴァリエーションがあり，時期差ととらえうるのか截然としないが，覆輪の形態から，2号鞍がやや先行するものと考えておきたい。また2号鞍から1号鞍へ変化するというより，製作伝統の差とみる方が妥当のように思われる。

2 鞍金具の系統

　鞍金具そのものを編年的に位置づけることは難しいが，鞍橋の形状や轡鏡板などをもとに，製作の原郷（輸入元）を推定したいと思う。

　2号鞍金具の形態をみると，すでに説明したように，鞍橋外周の覆輪がつよく屈曲し，背が低く，幅は上寛下狭で，爪は純角をなす特異な形である。海の部分にくらべて，磯の部分が大きく，洲浜形のくりこみが深い点などに着目すると，中国安陽孝民屯晋墓（154号墓）の金銅製鞍金具に系譜を辿りうるものと思われる。孝民屯晋墓例は，磯の部分は残っていないが，おそらく木質で，居木に垂直にたてたいわゆる「後輪垂直鞍」であったとみられる。

　しかし，より近い形態の鞍金具が，旧小倉コレクションのなかに存する。伝慶尚南道山清郡丹城邑出土一括の中の金銅製透彫鞍金具[3]の残欠がそれである。磯の部分を欠き，海金具も大半は失われているが，覆輪は完全に残っている。丸山2号鞍とくらべ，山形のふくらみは弱いが，爪は純角で，よく似た特徴をしめす。しかも海の部分に双葉文の透彫があり，丸山古墳の方形鏡板の文様とほぼ同じであることが注目される。一般に轡の鏡板と杏葉の関係を例にとるまでもなく，馬装の文様は統一をはかったものと考えられるので，丸山古墳出土の二組の鞍金具には本来それぞれに対応する轡の鏡板があったものと推定される。とすれば，丸山古墳の鞍金具に対応しうる鏡板の文様や型式は，構造を同じくする新開1号墳出土の鉄地金銅張竜文透彫鏡板のようなものではなかったかと思う。丸山古墳の轡は，伝丹城出土鞍金具の型式と本来組み合わさるものとみたいのである。また竜文と双葉文は，福岡県月ノ岡古墳の帯金具に共在例があり，丸山古墳における鞍金具（竜文）と方形鏡板（双葉文）の共存関係は不自然でもない。当時伽耶の金工品は慶州の強い規制をうけていたとみるべきで，丹城邑の出土としても新羅製

である可能性は大きい（中山 1990）。

3 金銅透彫方形鏡板と双葉文について

　ここで鏡板の構造と文様をみておきたい。

　鉄地金銅張の方形鏡板は，台形の鏡板に大きな方形の，面繋につなぐ鉤金具がつく。鏡板の周囲には，2列2行の蹴彫りとその間に金銅鋲を等間隔にうち，波状列点文でうめている。鉤金具の周囲にも波状列点文をめぐらせて，金銅鋲を打っている。鏡板中央には衛先環を出して引手とつなぐ，たて長の方形孔があり，錆着によってはっきりしないが，衛留の金具（透彫板と共造りか）は横方向に付くことがわかる。左右相対する双葉文の透彫りが鉤金具（二列二段）と鏡板（三列三段）にほどこされており，文様にそって二列の細かい蹴彫り文様がみられる。

　とくに注目すべきは，鏡板と鉤金具の鉄地金銅板のつくりが，新開1号墳の竜文透彫鏡板と同巧であることである。すなわち，鉄板の上に金銅板をおき，さらに透彫のある金銅板を重ね，下の鉄板は周縁で上方に折り曲げ，上の金銅板を外から包むように留めるという構造をもつのである。大きな鉤金具で面繋と連結させることも両者は共通する。かかる鉤金具は，目下のところ東北アジアにも例がない。

　方形鏡板の双葉文は，日本および朝鮮半島に類例がある。日本では，新開1号墳の鋳板，福岡県月ノ岡古墳出土鋳板，奈良県新沢126号墳出土鋳板などの例が知られる。朝鮮半島での双葉文の例としては，旧小倉コレクション中の金銅製帯金具および伝慶尚南道山清郡丹城邑出土金銅製透彫鞍金具，李養璿コレクション[4]中の金銅冠帽などがあげられよう。丸山古墳出土品中には，新沢126号墳の双葉文の帯金具とよく類似した帯金具破片が含まれている。

　方形鏡板の型式は特異で，東アジアでの類例に接しえないが，双葉文から新羅での製作が想定されるし，立聞に対して衛留の金具が横方向につくなど，中国東北・高句麗系統の面繋構造の影響をうけ，新羅あるいはその影響下にあった伽耶の工人の手になる作品とひとまず考えておきたい。

　その他，歩揺付金具については，心棒と釣手の部分を共づくりにした半島製で新羅がその有力な製作地であることを指摘したことがある（中山ほか 1983）。

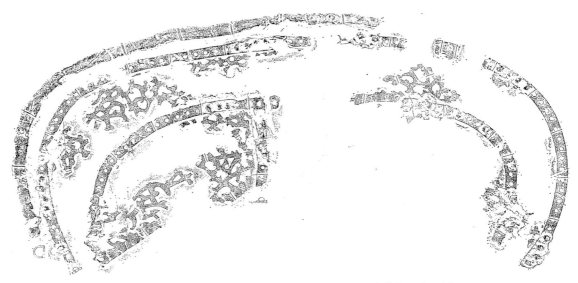

図1　伝大阪府丸山古墳出土金銅製竜文透彫鞍金具（2号鞍後輪）（S≒¼）

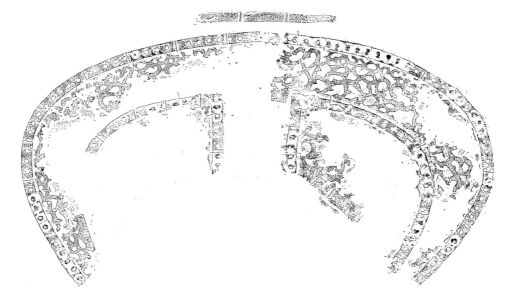

図2　伝大阪府丸山古墳出土金銅製竜文透彫鞍金具（2号鞍前輪）（S≒¼）
＜図1，2とも國學院大學神林淳雄資料より複写＞

復元前の2号鞍金具は大阪府報告の写真と神林資料の拓影では金具破片の配列位置が異なっている。神林資料の拓影は，誉田八幡宮所蔵の戦前の写真パネルの配置と同じである。現在の復元は，神林資料とほぼ同じ戦前の写真をもとにしているようだ。

4　丸山古墳と馬具の問題点

　丸山古墳は，おそらく粘土槨か木棺などの内部主体をもち，須恵器副葬以前の古墳と推定される。

　出土品は学術調査によるものではないから，馬具は，全部揃ったものではないということと，出土状態についてもまったくわからないという制約のもとで，研究対象としなければならないのである。鞍金具と轡の残欠からみて，本来の馬装は少なくとも3セット以上あったであろう。方形双葉文透彫鏡板が，いずれの鞍金具と組み合わさるのか難しいが，新開1号墳の鏡板の構造と合致していることは注目される。鞍金具（1号鞍）の形態の類似や新開1号墳の鐙の型式などを総合すると，5世紀前半はくだらないであろう。

　畿内では古墳の編年にあたって，喜田貞吉，小

林行雄氏以来，天皇陵を基準として，陪塚群の編年もそれとの関係において推定されてきた。

誉田山古墳が，文献上，4世紀末に実在したとされる応神天皇の陵墓とみる見解にしたがうならば，その陪塚とみなされている丸山古墳は，5世紀前半となり，七観古墳も上石津ミサンザイ古墳（現履中陵）の陪塚であるとみなして，やはり5世紀前半，長持山古墳は允恭陵の陪塚と想定して5世紀中葉と位置づけるわけである。このように『記紀』および『延喜式』の陵墓記載や文献史学の通説にしたがって，考古学界でも天皇陵に基準をあてて，中期古墳の年代考定をおこなってきたのが現状で，小野山節氏の馬具編年の年代根拠もかかる方法に基づいている。

川西宏幸氏が円筒埴輪の観察による古墳の編年観を提示（川西 1978・1979）して以来，古墳自体の編年には副葬品によるよりも有効な方法であることから，最近では，この方法をとる研究者が多くなっている。この編年観によれば，誉田山古墳は川西編年の第IV期，つまり5世紀中〜後葉となって，文献上の通説に基準をおく小野山編年とは約半世紀のズレを生じることになる。初期の馬具を出した七観古墳や新開古墳もほぼ第IV期平行であるから，小野山氏の馬具の編年観にも大きな影響を与える。いずれの方法がより真実に近いか，今後の検証が俟たれるのである。

丸山古墳が，ほんとうに誉田山古墳の陪塚なのかという問題である。誉田山古墳の外堤との位置関係が不自然に思えるのである。具体的に陪塚であるという根拠はあきらかでないが，積極的に肯定も否定もするところがなく，現状では通説にしたがうほかはない。丸山古墳は誉田山古墳の威容を背景にみるとそれほど目だたないが，大阪府域でも有数の大型円墳で，河内王権と深い関わりのある重要古墳であることは認めてよかろう。

ところで，誉田山古墳の後円部側の濠の外側から出土した馬形埴輪（誉田八幡宮蔵）の頭部に表現された轡をf字形鏡板付轡とみると円筒埴輪の川西編年とも矛盾せず，5世紀中〜後葉説の幅におさまるが，見方によっては，鑣轡とも考えられるので（千賀 1982），断案を残すのである。

丸山古墳出土品のなかに，鉄地金銅張のf字形あるいは楕円形鏡板の破片とおぼしきものと，別造りの壺形の引手壺とがある。両者は，おそらく一体のものであろう。ほかに方形と円形の環を接合させた形の別造りの引手壺があり，私は，これを新羅か新羅系伽耶の轡に特徴的な金具とみたが（中山 1990），二つの異なる引手壺の共存例はない。

丸山古墳の出土品がまちがいなく一括資料との前提にたてば，新羅系統の馬具とともに，5世紀の早い段階に百済・伽耶系統の馬具が将来されていた可能性もある。丸山古墳を誉田山古墳の確実な陪塚であるとして，想像たくましく推考すれば，誉田山古墳出土馬形埴輪の轡の表現は，f字形鏡板の，細みで強く屈曲した古式のイメージを忠実にうつしたものとみられなくもない。このばあい，一括品中の鉄地金銅張の鏡板残欠と壺形の引手壺は，補強材料となる。

要するに，丸山古墳のこれら一部の馬具残片と，誉田山古墳の馬形埴輪と円筒埴輪による編年観などから，両古墳の年代を5世紀中〜後葉とするか，丸山古墳の金銅鞍金具や轡の方形鏡板などと新開1号墳出土品との比較からこれを5世紀前葉とみて，誉田山古墳と分離して考えるかである。後者の立場をとるならば，鉄地金銅製の鏡板残欠と壺形の引手壺は，別の解釈が求められよう。

いずれにせよ，丸山古墳の馬具の轡には，新羅系統と百済系統の二組が含まれており，f字形鏡板付轡や楕円形鏡板付轡の日本への導入時期とも関わる問題を内包しているのである。

註

1) 大阪府（梅原末治）『大阪府史蹟名勝天然記念物調査報告』5，1934
   また梅原 1932 によると「是等の遺品は嘉永五年に應神帝陵正面にある陪塚丸山から出た明證の存する」（傍点筆者）として，後藤守一氏の伝応神陵出土説をしりぞけている。
2) 丸山古墳の馬具については，実物にあたった千賀久氏の記述（千賀1982）を参考にさせていただいた。
3) この鞍金具は，東博に寄贈のさい，貝製雲珠，釣鐘形杏葉などと一括して箱の中に入っていたという（早乙女雅博氏談）。筆者はこの鞍を形態上古いものと考えるが，以上のような経緯をふまえると，セット関係に疑問が残る。時期的に下るとしても両者は同じ技術上の系譜にあると考える。
4) 李養璿コレクションは大部分が，嶺南地方（慶尚南・北道）での蒐集品である。
   ※引用・参考文献は紙幅の都合で省いた。
   なお，筆者は，中晴世宮司のご厚意で1989年6月に丸山古墳の出土品を実見することができた。

画文帯神獣鏡の系譜

■ 時 雨 彰
東京都遺跡調査員

　5世紀後葉から6世紀前半の時期に原鏡をもとに范型をつくり鋳造した同型鏡がみられる。この同型鏡の分有関係をもとに古墳時代中期から後期頃の国際関係や倭国内の動向を探ってみたいと思う。

1　江田船山系鏡と埼玉稲荷山系鏡

　環状乳画文帯神獣鏡は，外区に画文帯（日・月の出游説話が主題）を廻らし，内区外側の半円方形帯の半円内に渦雲文を，方形内に「吾作明竟……」の銘文を陽彫するものが多い。内区は環状乳間に半肉彫で神仙像と瑞獣像を交互に配置しており，その図像は前漢末頃に流行した神仙讖緯思想にもとづく構図である。形式的には6乳の三神三獣式から8乳の四神四獣式へ，銘帯式から画文帯式へ変遷していく。紀年鏡から環状乳画文帯四神四獣鏡の製作は，後漢の永康元年（167年）頃に始まり，その後六朝時代の墳墓に副葬例が多い。中国江南地方に多く分布し，図像・銘文に表現された思想から方士系鋳工集団によって製作されたと考えられている。

　環状乳画文帯神獣鏡には，熊本県江田船山古墳と埼玉県稲荷山古墳で代表される2群の同型鏡がある。

　江田船山系鏡は方形内に1文字ずつ銘文を入れ，内区の瑞獣像の胴部は左向きが3体，右向きが1体で虎形の頭部は左向きで口に鉅を銜える。図像は肉厚の半肉彫で鋳上りは鈍い。同型鏡6面は熊本県国越古墳・江田船山古墳（口絵1）・迎平6号墳，宮崎県持田20号墳，福岡県山の神古墳，香川県津頭西（蛇塚）古墳で出土し，九州地方中部が分布の中心である。江田船山鏡の図像は模糊とした感があり，いずれかの江田船山系鏡から鋳型を製作し，踏み返された可能性がある。

　埼玉稲荷山系鏡は方形内に4文字ずつ銘文を入れ，環状乳は瑞獣像の肩・腰部の関節が崩れたものに鳥文をのせ瑞獣像には右向きの長胴の背に神仙像をのせ，振り返った獅子形の頭部は口に鉅を銜えている。千葉県大多喜町所在古墳，埼玉県稲荷山古墳（口絵2），群馬県八幡観音塚古墳，三重県波切塚原古墳，宮崎県山ノ坊古墳，（伝）福岡県京都郡（京都府藤井有隣館所蔵）などの同型鏡がある。藤井有隣館所蔵鏡は面径15.5cmで鋳上りがよく，大多喜鏡は面径15.4cmで外区鋸歯文に型崩れ痕が認められる。波切塚原鏡は周縁部の破損が著しく，最大部で面径15.3cmを測る。同一の鋳型で鋳造された同范鏡は面径も同じ計測値であるが，踏み返し鏡は約2％の縮

小鏡になり，波切塚原鏡が製作される過程で他の同型鏡から踏み返されたものとみられ，同時期に同一工房で鋳造されたとは考え難いが，両群の同型鏡は東晋・南宋期に江南地方で作製され，まとめて将来されたのであろう。

2　同型鏡の分布

　獣帯鏡には2種類の同型鏡のグループがある。その1つ山ノ坊古墳では半肉彫の七乳式獣文縁獣帯鏡（A群）が2面あるが，これと同型関係にあるのが宮崎県持田20号墳，江田船山古墳（口絵3），国越古墳，福岡県沖ノ島21号遺跡，三重県木の下古墳，愛知県笹原古墳，（伝）慶尚南道例である。これとは別の同型鏡が滋賀県三上山下古墳（2面），群馬県綿貫観音山古墳（口絵4），韓国公州市武寧王陵にある。綿貫観音山・八幡観音塚の両古墳は6世紀末頃の築造で大陸色の濃い副葬品で知られる。

　江田船山古墳の舶載鏡5面のうち，神人車馬画像鏡は藤井有隣館所蔵鏡，京都府トヅカ古墳鏡と，対置式画文帯神獣鏡（口絵5）は愛媛県金子山古墳鏡，兵庫県ヨセワ1号墳鏡と同型である。ヨセワ1号墳鏡は外区外側の唐草文が省略され三角縁に改鋳されていて，鋳型が補修可能な土製のものであったと考えられる。同向式画文帯神獣鏡（口絵6）の同型鏡は22面あり，宮崎県持田24・25号墳や栃木県雀宮牛塚古墳など広範囲に分布するが，獣帯鏡A群や江田船山・埼玉稲荷山系の画文帯神獣鏡の分布範囲と重なる。伊勢湾沿岸では7例が知られ，三重県の神前山古墳（3面），井田川茶臼山古墳（2面），鳥羽市八代神社所蔵鏡などがある。樋口隆康氏[1]は東国経営を祈願した雄略・欽明天皇が伊勢神宮造営事業に関与した豪族に配布したものと説明した。

　複数の同型鏡を共有する国越・江田船山古墳はともに有明湾沿岸にあって海上航路を確保し対外交渉に有利な地域である。江田船山古墳が保有する装身具[2]（耳飾・冠・冠帽・飾履）は百済製の可能性が高く，また銀象嵌銘鉄刀は埼玉稲荷山古墳出土の金象嵌銘鉄剣[3]の解読により雄略期に大和政権と深く関わっていたことを示している。江田船山の被葬者は大和政権と朝鮮半島を背景に台頭した豪族であり，周辺地域の豪族間では主導的立場にあった。

　関東地方では多摩川下流域の古墳群が5世紀後半に衰退したのに対して北武蔵では埼玉古墳群（最古級が稲荷山古墳）で武蔵最大規模の古墳が築造され，この頃関東では新興豪族が台頭し，勢力交代が行なわれたことを示している。同型鏡を出土した古墳は，墳形・墳丘規模・内部施設の構造・副葬品の内容に差があり，各地方で有力豪族が新興豪族の出現を契機にして周囲の豪族と新たに交流関係をもち同型鏡が分配されたと考えられる。

3　画文帯神獣鏡流入の契機

　4世紀から5世紀前半にみられる画文帯神獣鏡は，畿

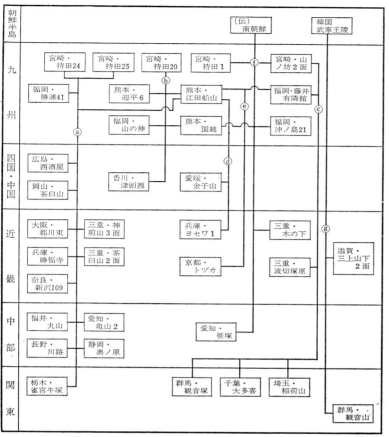

同型鏡分有関係図

ⓐ 同向式画文帯神獣鏡　ⓓ 対置式画文帯神獣鏡　ⓖ 獣文縁獣帯鏡（B群）
ⓑ 江田船山系環状乳画文帯神獣鏡　ⓔ 神人車馬画像鏡
ⓒ 埼玉稲荷山系環状乳画文帯神獣鏡　ⓕ 獣文縁獣帯鏡（A群）　（1984年3月：時雨作成）

6世紀の大和政権にとって朝鮮半島政策は重要な課題であった。

4　同型鏡分有の意義

渡来系氏族は大陸・半島の文化（文物・知識・技術）を基盤に勢力を拡大した。大和政権の勢力が及ばない地方では、大陸・半島の混乱状態や圧政を逃れてきた渡来系技術集団を豪族が独自に管理して文化の摂取を図った。このことで地方豪族は、経済力を蓄えて新興有力豪族に成長した。新興豪族の台頭で新たに地方豪族間で交流関係が生じて、地方では連合体制が形成された。畿内有力豪族は地方で編成された新体制を擁護することで地方豪族の掌握を図り、反大和勢力の監視、海上航路の確保、東国経営の基盤の確立、対朝鮮半島の防衛体制の確立を目的に同型鏡が分配されたのであろう。

5世紀に活発になった国際交渉が契機となって舶載された同型鏡は、渡来系文化を摂取して台頭した新興豪族の出現と新たに形成した豪族間の交流関係を示す資料であり、この社会情勢の変化が古墳時代を中期から後期に変革させる要因になったと考えられる[5]。

内・瀬戸内海沿岸・山梨県など畿内色の濃い古墳で舶載三角縁神獣鏡と伴出する例が多い。5世紀中頃の京都府久津川車塚古墳では仿製鏡[4]があり、福井県泰遠寺山古墳鏡は舶載の銘帯式環状乳六神六獣鏡で画仙像の表現は画像鏡に類似している。これらの画文帯神獣鏡には同型関係はない。3世紀頃に朝鮮半島を介して華北地方から将来され、4世紀に大和政権の中枢から地方豪族に配布されたものであろう。5世紀後半から6世紀前半の同型鏡は、義熙9年（413年）に始まる倭の五王と南朝の国際交渉が契機になり搬入されたのであろう。5世紀に交渉の対象が江南地方に移った背景には、4世紀に朝鮮半島で倭・百済と新羅・高句麗の対立、華北地方での五胡十六国の分裂を大和政権は避けて江南地方で建国した東晋・南宋に交渉を求めたためであり、新羅の援助で吉備上道臣田狭・筑紫国造磐井が反乱を蜂起したように5・

註

1) 樋口隆康「埼玉稲荷山古墳出土鏡をめぐって」『考古学メモワール』1980
2) 江田船山古墳編集委員会『江田船山古墳』1980
3) 埼玉県教育委員会・埼玉県文化財保護協会『埼玉県稲荷山古墳辛亥銘鉄剣修理報告書』1982では「獲加多支鹵」と解読し、「大泊瀬幼武天皇」に比定した。
4) 梅原末治『久津川古墳研究』1920、仿製画文帯神獣鏡は画文帯を内・外の2圏に分割し、瑞獣像は毛状の胴部である。
5) 時雨　彰「画文帯神獣鏡の研究」牟邪志，2，3，1989，1990

日本と朝鮮半島の鉄と鉄製品

広島県埋蔵文化財
調査センター
松井和幸
（まつい・かずゆき）

5世紀になると各種の鉄器が揃い，量的にも非常に多くなる。そし
て朝鮮半島と日本両地域の差は少なく一体化した発展がよみとれる

日本古代の鉄は独自に開発され，発展したものではない。それは，主として朝鮮半島から伝わってきた技術である。したがってわが国古代における鉄生産の解明には，朝鮮半島を主とした東アジア全体の中での流れをみる視点が必要である。

本稿の主題である日本の古墳時代と朝鮮三国時代に出土している多量の鉄と鉄製品をこの限られた紙幅の中で述べることは容易ではない。とりわけこの時代は，墳墓副葬鉄器が歴史上最も多かった時代であったためである。ここでは，鉄生産といくつかの鉄製農工具類に言及し，両地域における鉄生産の問題点を指摘するにとどめたい。

1 鉄生産

中国山地を中心とする西日本の古墳時代後期（6世紀後半）には箱型炉と呼ばれている製錬炉がいくつか確認されている。こうした炉は，砂鉄あるいは鉄鉱石を製鉄原料とし，鞴による送風をすでに行なっている。製錬炉は，1回の操業ごとに炉壁を破壊するため，炉の遺存状況は極めて悪い。したがって炉底部分のみから全体の構造を推定することになる。箱型炉は，製錬のみの炉なのか，鍛冶（精錬）も行なった可能性もあるのか，性格は不明の点が多い。出現の時期は，製錬滓の存在などから考えて5世紀前半頃と推定される。

製鉄原料としては，木炭も非常に重要な要素を占める。箱型炉に伴う炭窯は，初期には半地下式の横口付炭窯が存在する。

一方朝鮮半島では，古代の製錬炉の構造が確実に把握できる遺跡はまだ報告されていない。原三国時代の遺跡では，製鉄関連遺構がいくつか報告されているが，いずれも精錬ないし鍛冶関係の遺構と考えられる[1]。

西日本を中心に分布する箱型炉と半地下式の横口付炭窯は，当初から完成した姿をしており，朝鮮半島から5世紀前半頃に入ってきた技術と考えられる。炉の分布状況をみれば，古代国家の中心であった近畿地方および，良質な製鉄原料を産す

る中国地方にかけてまず分布したのであろう。

一方，弥生時代には，九州を中心として多量の鉄器が出土している。後期後半頃からは，鉄製摘鎌，方形鍬・鋤先など日本独特の鉄器も出現してくる。これらの鉄器類すべてが輸入鉄素材によって生産されていたのかどうか，『魏志』東夷伝弁辰の条にみえる鉄の記事とともに議論の多いところである。

弥生時代前期後半頃から九州では，鉄器の鍛冶加工が行なわれている。わが国では数百年間鍛冶技術のみで鉄の製錬技術を有しなかったと言えるのかどうか，今後に残された最も大きな検討課題の一つである。こうした問題の解決には，原三国あるいは三国時代の確実な製錬炉が報告され，その実体が解明される以外にはないであろう。朝鮮半島方面に起源を求められるのではないかと考えられる箱型炉よりさらに原始的な製錬炉が存在するかどうかも含めてである。

2 鉄製品

鋳造梯形斧——当該時期の朝鮮半島から日本にかけて特徴的な分布を示す鉄斧に，横断面が梯形をし，単合範で鋳造される梯形斧がある。戦国時代晩期には燕の長城地域に分布がみられ，原三国時代以降分布の中心は朝鮮半島南部から日本に移行し，墳墓からの出土が多くなる。梯形斧を5形式に分類した村上恭通によると，新しい時期のものは大型化し，袋部に鋳造時の充塡物が残存している例もあり，非実用化の過程をたどるという[2]。

出現の時期や，出土状況の類似性などから，葬送行為に用いるという両地域の共通性をうかがうことができる。

鍬・鋤先——長方形鉄板の両端を折り曲げ木質装着部とした平面方形と，U字形の刃先の内側にV字状断面の溝を有したU字形の二種類が存在する。前者は摘鎌とともに弥生時代後期に日本で独自に生産された鉄器である。後者は，三国時代の朝鮮半島から古墳時代の日本に分布がみられる。

5世紀前半頃に日本へ伝播してきた鉄器と考えられる[3]。岡山県金蔵山古墳副室内の盒1,4からは,方形鍬・鋤先と摘鎌,長方形の鎌がセットで出土している。大阪府野中アリ山古墳北施設では,方形鍬・鋤先と長方形の鎌と先端のとがる鎌が,奈良県大和第6号墳では方形鍬・鋤先と先端のとがる鎌が,大阪府野中古墳からは方形鍬・鋤先,U字形鍬・鋤先,摘鎌,先端のとがる鎌の出土がみられる。これらは5世紀前半から中葉前後の古墳である。

鉄鎌——長方形の鎌は,朝鮮半島では出土がみられないようである。方形鍬・鋤先とともに日本でつくられた鉄器の一つといえる。

一方,先端のとがる鉄鎌は朝鮮半島出土例と日本出土例には基部の折り曲げ方向が逆であるという一般的な特徴が認められる。鎌の刃部を下にして刃先部を左側に基部を右側に鎌を見た場合,日本の古墳時代出土例は大部分基部は手前(観察者側)に曲げられ(A類),朝鮮半島のものは向こう側へ曲げられている(B類)(図1)[4]。

韓国慶尚南道昌原三東洞(サムトンドン)遺跡など2〜3世紀代の遺跡では両者がみられるが,釜山市福泉洞(ポクチョンドン)遺跡(5世紀),慶尚南道礼安里(イエアンリ)古墳群(5〜7世紀)などは大部分B類のみ出土している。

日本の弥生時代に出土する鉄鎌は,大部分A類であるが,長崎県壱岐原(はる)の辻(つじ),唐神(からかみ)遺跡では両者がみられる。福岡県甘木市池の上墳墓群(4〜5世紀)では圧倒的にB類が多い。5世紀代に入ると長方形の鎌も先端部のとがる鎌も大部分A類である。ところが6世紀以後になると日本出土の鉄鎌にもB類のものが増加してくるようである。おそらく5世紀代に組織的に行なわれていた鍛冶技術がやがて各地で独自に発展していったことを示しているのではないだろうか。したがって前述5世紀代の古墳副葬品にみられる先端部のとがった鎌(A類)はわが国で製作された可能性が強いもの

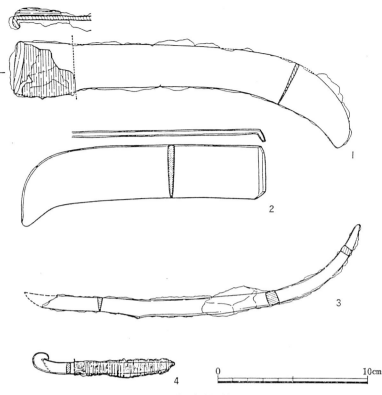

図1　日本と朝鮮の鉄器
1：B類鉄鎌(礼安里45号墳),　2：A類鉄鎌(野中アリ山古墳),
3：曲刀子(老圃洞33号墳),　4：蕨手刀子(野中アリ山古墳)

である。

蕨手刀子——朝鮮半島三国時代と日本の古墳時代とに共通してみられる。朝鮮半島では大邱市達城(タルソン)55号墳など数古墳で確認されているのみであるが,大阪府アリ山古墳では156本出土するなど日本の5世紀代の古墳からは,出土遺跡,数量とも多い。時代は5〜6世紀代にほぼ限られた出土をするようである[5]。

この刀子は,把は刀身と同じ鉄の共造りで,把端をとくに先細に加工して渦巻き形に巻き込み,早蕨に似た円形の頭部を作り出した鉄器である。釜山市老圃洞(ノボドン)遺跡33号墳(3世紀後半)や福岡県池の上墳墓群などからは,柄部が刃先と反対に曲げてつくられた曲刀子が出土しており,このような異形の刀子がその祖形と考えられる(図1)。

鍛冶具——鉄器製作に用いられる鉄鉗,鉄槌,鏨(たがね),鉄砧など鍛冶具も非常に特徴的な出土をする鉄器である。

朝鮮半島では,楽浪地域の貞柏洞(チョンベクドン)62,81号墳からは唐ばさみ形式の鉄鉗が出土している。三国時

69

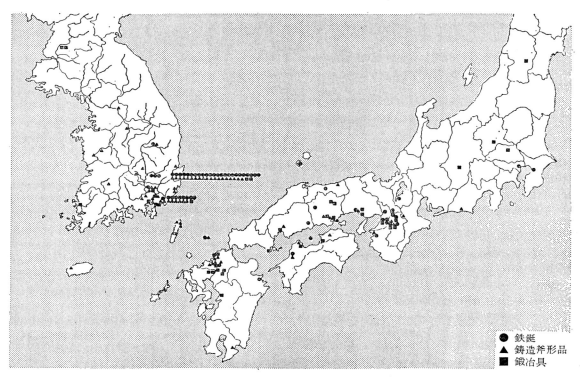

図2 鉄鋌・梯形斧・鍛冶具の分布（1遺跡1点）（東註7文献より）

代以降は，平行した2本の棒を1個の鋲でとめた西洋ばさみ形式の鉄鉗が出土する。出現の時期は，全羅南道社倉里(サチャンニ)遺跡などから4世紀頃と推定される。鉄槌は，茶戸里(タホリ)遺跡例など若干時期的にさかのぼる可能性もあるが，4世紀になると鉄鉗とともに鍛冶具の1つを構成するようになる。鉄槌の木柄の挿入孔は，穿孔斧の挿入孔にも共通するつくりである。

一方，日本での鍛冶具の出土は，福岡県古寺遺跡例を初現とし，以後5～6世紀代の古墳に副葬される例が多くなる。分布地域は九州から大之越(だいのこし)古墳にみられるように山形県までほぼ日本列島全域にひろがる[6]。

鍛冶具の分布は，三国時代の朝鮮半島と日本の古墳時代中期の鉄器製作技術がほとんど同じものであった可能性を示唆している。

鉄鋌(てってい)——中央部のくびれた長方形をなす鉄板で，両端は折返しなどによってその形態が整えられた鉄器であるが，やはり当該時期に特徴的な出土の仕方をする（図2）。東潮によると「出現の時期は，三国時代では5世紀初めであり，わが国には時を同じくして流入し，5世紀前半に出土している。5世紀中葉から後半にかけて，出土古墳の数も多く，出土例も多くなる。この現象は三国時代でも同様である。6世紀前半にくだるのは壺杆(ホウ)塚，銀鈴(ウルリョンチョン)塚などであり，6世紀後半には皆無の状況である。古墳時代では6世紀中葉前後の大和二塚で1枚のみ出土しているにすぎない。」といえる[7]。なお鉄鋌は，表面に残る縄紐の痕跡などから，2本の紐で結わえてまとめて副葬している例が多い。

個々の作りを詳細に見てみると，東のいう細形鉄鋌（長さ10～18cm，最小幅平均値が2cmを越えないもの）が，大，中，小型の鉄鋌の基本的単位となっているようである。つまり，ある程度大きさの目安となっている細形鉄鋌を鍛接して横幅，厚さを決めている。すなわち細形鉄鋌を一つの基礎単位としてそれを決められた枚数だけ鍛接することによって大・中・小三種類の鉄鋌を作り出しているのである。表面は鍛接痕や鉄槌の鍛打痕を残した雑なつくりであり，全体の大きさないし重量をそろえることに意味があったのである。製作時のこのような意図は，鉄鋌それぞれの大きさが鉄素材としての大きさの一つの単位を構成していたためではないであろうか。

3 まとめ

朝鮮半島三国時代と日本の古墳時代鉄器を主として農工具類を中心に特徴的なものをいくつか取り上げ，その出現の状況をみてきた。

わが国弥生時代から古墳時代にかけての鉄器製作における流れをみてみると，まず弥生時代前期（一部は縄紋時代晩期にさかのぼる）に鉄器のわが国への流入がはじまる。

次に前期後半から中期にかけて鉄鏃や鉇に始まって，長大な鉄戈にみられるような鍛冶加工がはじまる。このような鍛冶加工は，後期の方形鍬・鋤先，摘鎌，長方形鉄鎌などわが国独自の鉄器の生産が始まり一つのピークを迎える。この中心は北部九州である。当時作られた鉄器類を観察すれば，背後に鍛冶技術の限界性が多分にみとめられる。

同時にこの時期には，二条凸帯斧，やや遅れて4世紀後半から5世紀代には，梯形斧と，特徴的な鉄斧の流入がみられる。これらの鉄器類は弥生時代の延長上にある交易などによってもたらされた鉄器であろう。一部の長大な板状鉄斧にも同様なことがいえる。

ところが5世紀になると，U字形鍬・鋤先，鍛冶具，鉄鋋などが出現する。この時期の鉄器は量的にも非常に多い。分布の中心は畿内へと移る。朝鮮半島（とくに伽耶地域），日本に特徴的な鉄器類の出現時期などにはあまり差がなく，両地域の一体化した発展がみられる。

福岡県池ノ上墳墓群副葬の鉄器類は，鉄鎌の基部折り曲げ方向などから朝鮮半島製と考えられる。すなわち同墳墓そのものが渡来系の人々の墓であろう。4世紀後半〜5世紀初に，箱型炉にみられる鉄の製錬技術，横口付木炭窯，新たな鍛冶技術など，より発展した一つの鉄生産システムを供えた技術者の渡来がみられる。

このような技術者は，三国の成立に伴う混乱から逃避してきたのか，あるいはわが国からの積極的な招請によって渡ってきたのかは，今後の大きな課題である。

註
1) 潮見　浩『東アジアの初期鉄器文化』吉川弘文館，1982
2) 村上恭通「東アジアの二種の鋳造鉄斧をめぐって」たたら研究，29，1988
3) 松井和幸「日本古代の鉄製鍬・鋤先について」考古学雑誌，72—3，1987
4) A類を右利き用，B類を左利き用の鎌とする説がある（下記文献）。しかし右，左利きの差はあくまで片刃の刃先が証明されないと裏付けできない。
　橋口達也編『池の上墳墓群』甘木市教育委員会，1979
　中田　英「『左鎌』について」国学院大学考古資料館紀要，5，1989
5) 北野耕平「古墳時代中期における鉄器の二相」『三上次男博士喜寿記念論文集』考古編，平凡社，1985
6) 松井和幸「古代の鍛冶具」『児嶋隆人先生喜寿記念論文集　古文化論叢』1990
7) 東　潮「鉄鋋の基礎的研究」『考古学論攷』第12冊，橿原考古学研究所，1987

＜新刊紹介＞
『義昌茶戸里遺跡発掘進展報告』

　韓国茶戸里遺跡の発見が学界の大きな興奮を引き起こしたことは記憶に新しい。丸太をくり抜いた木棺とその下の小穴から，漆塗の鞘に把をつけた細形銅剣や漆鞘の鉄剣・環頭刀子，星雲鏡，五銖銭，小銅鐸，漆器筆などを納めた竹籠が腐ることなくそのままの姿をあらわしたのである。棺の周囲からは木製黒漆塗の高杯，漆塗の長弓，鉤形帯鉤，踏鋤，鉄斧，ガラス玉などが出土した。まさに中国や楽浪の漢墓をみる思いである。星雲鏡や五銖銭から前1世紀後半頃に比定され，慶州市朝陽洞遺跡と並ぶ原三国時代初期の重要遺跡である。埋葬の主体は日本でいう割竹形木棺で，胴長の甕棺墓もみられる。終末の無文土器と瓦質土器が共在している。

　朝鮮南部で当時長弓を用いていたことは新知見であり，農耕文銅器にも表現された踏鋤はタビと呼ばれる朝鮮特有のものである。漆器筆は筆墨用なのか漆塗用なのか検討を要しよう。ちなみに慶尚南道には漆の字のつく地名がいくつかある。

　茶戸里遺跡の遺構・遺物は漢・楽浪との交渉，さらに北部九州などとの関係を考えるうえで画期的な発見であり，弁韓（狗邪韓国）の地に展開した韓族支配層の文化をまざまざとみせてくれる。

　韓国考古美術研究所の機関誌『考古学誌』の創刊号に収められた報告が韓炳三氏や奈文研関係者の努力で九州大の皆さんの手によって邦訳され，原本とセットで，しこうしゃ図書販売（京都市東山区古門前通大和大路東入ル元町 368，Tel. 075-525-2445）から刊行された。カラー図版も多く，弥生文化や青銅器研究者はもちろん，一般研究者の必携書として推薦したい。読者はその質量を堪能されるであろう。
　　　　　　　　　　　　　　　　　　（中山清隆）

日本と朝鮮半島の鉄生産

――製鉄遺構を中心として――

新日鐵八幡技術研究部
大澤正己
（おおさわ・まさみ）

朝鮮半島における製鉄の始源は3世紀後半ごろと考えられ，
韓国側で日本の源流とみられる資料が最近増加してきている

1 日本の鉄生産

（1） 製鉄炉の検出

現在までのところ，列島での鉄の製錬（Smelting）を実証する遺構は，古墳時代前・中期のものは未確認である。製鉄炉遺構は古墳時代後期（6世紀後半以降）まで待たねばならない。この初現的製鉄炉は，箱形炉と呼ばれ，西日本を中心に検出されている[1]。その例は以下のようである。

福岡：コノリ池，野方新池（砂鉄），瀬戸（鉱石），広島：カナクロ谷（砂鉄と鉱石両方使用），戸の丸山（砂鉄），岡山：板井砂奥，大ノ奥，沖田奥（鉱石），大蔵池南（砂鉄），緑山（砂鉄），千引・かなくろ谷（鉱石），島根：今佐屋山（砂鉄），京都府：遠所O地区（砂鉄），滋賀：古橋（鉱石）。

箱形炉は，その多くが丘陵斜面をL字形に削平して，等高線に平行に炉を設置している。発掘された炉の上部構造はほとんど残存せず，炉床部とこれに付随する土壙などの検出にとどまる。

炉床部の平面形は，大体 1×0.5 m 程度で，焼土や木炭片と鉄滓の散布がみられる。炉高は廃棄炉壁から推定して 50～60 cm と考えられる。送風は，羽口を一切出土しない炉群は自然通風，羽口共伴は鞴設置の人工送風の可能性をもつという意見もあるが，まだ結論はでていない。

図1は，最近の調査例として京都府竹野郡弥栄町の遠所遺跡O地点で検出された最古級（6世紀後半）の製鉄遺構を示している。

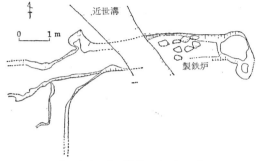

図1 遠所遺跡O地区製鉄炉 実測図（註5より）

図2 遠所遺跡J地区登り窯状炭窯

図3 遠所遺跡N地区補助燃焼孔（横口）付炭窯
（韓国検丹里遺跡検出窯跡と同タイプ）
＜図2・3は京都府埋蔵文化財調査研究センター提供＞

初現期の箱形の製鉄炉は，炉高が低く，防湿用の地下構造もさほど配慮がはらわれていない。当時の還元された鉄塊の多くは，一酸化炭素（COガス）との反応時間が短く，鉄中への炭素の拡散が少ないため，低炭素鋼系の軟鋼が主として生成さ

れる。したがって，鋭利な焼入れ効果を要求される刃物（武具）や農・工具の製作にあたっては，浸炭処理が必要となる[2]。さらに，低・高炭素鋼を用いて合せ鍛えを施すにも別に高炭素鋼（共析鋼クラス C : 0.77％前後）が要求される。古墳時代の大陸側に依存した鉄素材は，これら高炭素鋼もしくは銑鉄ではなかったろうか。慶州や伽耶地域で出土例の増加した鉄鋌のうち，中型以上のものは高炭素鋼素材であった公算が大きい[3]。

なお，列島で熱処理効果のあがる高炭素鋼や鋳物用銑鉄の量産が可能となるのは，8世紀前半以降に炉体に長い還元帯をもつ半地下式竪形炉の操業技術の導入からとみられる。こちらは関東地方を中心にその周辺まで技術が浸透しており，初期段階では高炭素鋼を中心に，9世紀以降になると送風を強力にして，鋳造用の銑鉄が製錬される。竪形炉にともなって獣脚鋳型が出土するのは，これらの現象を裏づける。また，竪形炉で銑鉄の還元をねらいながら失敗品が生成し，これを廃棄したと考えられる例も認められる[4]。

（2） 製鉄炉検出以前の鉄生産の可能性

製鉄炉の実例は6世紀後半以降である。これより遡る時期の製鉄炉の可能性をさぐれば，既述した遠所遺跡の J，P 地区が挙げられる。6世紀後半ないしそれ以前に位置づけられる炭窯と多量の鉄滓が出土している。製鉄炉は確認されていないが，この時期にも製鉄炉の存在が想定できるかもしれない[5]。

この遠所遺跡 J 地区出土鉄滓は，塩基性（赤目系）砂鉄を原料とした製錬滓である。図4の①に示すように，鉱物組成はウルボスピネル（Ulvöspinel : $2FeO \cdot TiO_2$）を晶出し，二酸化チタン（TiO_2）を18.5％含有する[6]。

さらに鉄製錬の開始時期を繰り上げることはできないのであろうか。福岡県北九州市所在，潤崎遺跡2号祭祀土壙出土の鉄滓は5世紀後半の砂鉄製錬滓と発表した経緯がある[7]。これに対して精錬鍛冶滓（大鍛冶滓）という見方[8]や，推定年代に対する見解の相違もあり[9]，今後の検討課題となっている。5世紀代の製錬は今後の遺跡調査に托された問題といえよう。

以上のように鉄生産の開始時期は，5世紀代まで遡らせることは問題が多い。しかし5世紀代は，朝鮮半島から多くの各種技術集団の渡来があっただろう。そのなかで陶質土器（須恵器）生産に伴う登り窯による焼成技術の伝播のあったことは見逃せない。この技術は，製鉄原料にとって欠かせない還元剤の木炭製造技術にかかわるからである。わが国での製鉄開始時期と須恵器生産の開始は，ほぼ時を同じくするという考え方も捨てがたい。

列島の古墳時代前・中期には，鉄生産（大量製錬）までの実力はなく，鉄素材をもっぱら大陸からの輸入にたよっていた。この時期の製鉄遺跡といえば，鉄器製作の鍛冶工房が圧倒的に多い。表1には，国内の4・5世紀に属する鍛冶工房を掲げた。南は福岡県から北は宮城県まで，大陸より搬入された鉱石系鉄素材をもとに各種の鉄器が製作されたと考えられる。出土鉄滓の鉱物組成は，図4の④に示すようにヴスタイト（Wüstite : FeO）主体の鍛錬鍛冶滓（小鍛冶滓）の晶癖を呈するものである。

2 朝鮮半島南部の鉄生産

朝鮮半島南部では，3世紀中頃より陶質土器の

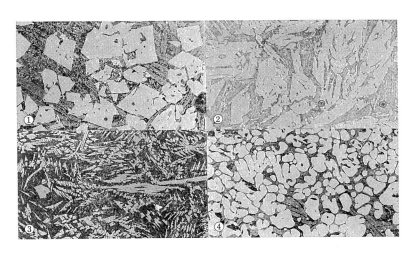

図4 鉄滓の鉱物組成（倍率×100）
①遠所遺跡 J 地区出土砂鉄製錬滓
Ulvöspinel : $2FeO \cdot TiO_2$ TiO_2 : 18.5％ 6 C 後半もしくはそれ以前
②古橋遺跡 鉱石製錬滓
箱形炉 Fayalite : $2FeO \cdot SiO_2$
TiO_2 : 0.53％ 6 C 末
③林遺跡 砂鉄製錬滓（鋳鉄製錬）
半地下式竪形炉 Pseudo brookite : Fe_2TiO_5 鋳型共伴
TiO_2 : 23.2％ 11 C 後半〜12 C 後半
④博多59次遺跡 鉱石系鍛錬鍛冶滓
鍛冶炉 Wüstite : FeO
TiO_2 : 0.13％ 4 C 前半
慶州市隍城洞遺跡出土製錬滓の鉱物組成は②，鍛冶滓の組織は④に近似する。

表1　古墳時代前・中期の鉱石系鍛錬鍛冶滓出土例 （遺跡の ＊印は未報告分。鉱物組成はいずれも Wüstite＋Fayalite）

遺跡名	所在地	推定時期	羽口出土状況	鍛冶炉検出	化学組成（%）			
					Total Fe	CaO	TiO$_2$	Cu
博多59次*	福岡県福岡市	4 C初	有	有	59.5	1.09	0.13	0.040
松木	福岡県那珂川町	4 C中頃			48.8	3.95	0.11	0.004
松木A	福岡県那珂川町	5 C前半			45.9	3.99	0.15	0.016
野坂一町間*	福岡県宗像市	5 C中頃			43.7	1.85	0.30	0.010
小戸*	兵庫県川西市	4 C後半	有		41.3〜54.3	0.7〜1.37	0.15〜0.24	0.016〜0.079
雨流	兵庫県三原町	5 C中葉	〃		39.4〜67.0	0.9〜2.14	0.14〜0.18	0.039〜0.19
大県	大阪府柏原市	5 C末〜6 C	〃	有	53〜66	0.32〜1.53	0.083〜0.27	0.003〜0.007
大和川今池	〃 松原市	5 C前半			47	1.14	0.84	0.005
土師27−1	〃 堺市	5 C後半			27.8〜42.7	1.9〜3.8	0.18〜0.37	0.012〜0.020
陵南北	〃 堺市	〃		有	46〜55	0.59〜2.0	0.23〜2.1	0.019〜0.043
森*	〃 交野市	5 C後〜6 C前	有	〃	51.29	3.34	0.41	0.001
長瀬高浜*	鳥取県羽合町	4 C末〜5 C初			57.7	4.44	0.14	0.008
行人塚	埼玉県江南町	5 C初〜中	高坏脚転用羽口	有	44.0〜62.0	2.8〜5.7	0.23〜0.51	0.006〜0.010
御蔵山中	〃 大宮市	5 C中葉	〃	〃	34.0〜62.0	2.7〜8.8	0.54〜1.29	0.008〜0.063
御蔵台	〃 大宮市	5 C中葉			49.0〜57.0	3.70〜6.0	0.40〜0.59	0.010〜0.026
中山	千葉県四街道市	5 C前半	高坏脚転用羽口	有	49.0〜63.0	0.42〜2.1	0.20〜0.58	0.005〜0.065
南小泉*	宮城県仙台市	5 C中頃	有	有	56.5	1.98	0.12	0.002
永作*	福島県郡山市	5 C後半	〃	有	39.0〜53.0	1.4〜2.4	0.24〜0.44	0.013〜0.030

生産が開始され，鉄器の増産と大型化傾向が見受けられる。5世紀中頃には甲冑や馬具，大量の武器が古墳の副葬品として認められる。例えば釜山市東萊福泉洞（トンネ ボクチョンドン）古墳群出土の鉄鋌や鉄器をみれば，その量の多さと，鉄をアメ細工のように精巧に加工した高度の鍛冶技術に驚嘆させられる。

しかし，これら大量の鉄素材を供給した製鉄遺跡を追求しようとすると，今しばらく待たねばならない。朝鮮の製錬跡の調査は，現在緒についたばかりで今後に期待する部分が大きい。管見での限られた情報の中から朝鮮での鉄生産の動向を伺う資料を表2に示した。

表2　朝鮮の鉄生産の動向[10]

遺跡名	遺構	出土遺物	推定時期	所在地
隍城洞	製鉄炉，溶解炉，精錬・鍛錬鍛冶炉	各種鉄滓，湯玉，斧形品鋳型，大口径羽口	4〜5 C	慶州市
県洞	木槨墓	鉄滓（2 kg以上の大塊）中型鉄鋌，鉄器多数	5 C代	義昌郡
北亭里	横口式石室墳	鍛冶具（金槌，鉄鉗）	5 C	梁山郡
検丹里	窯跡2基（全長10m，横口6個付）	斧形品推定（5.5cm 幅の工具痕あり）	B C 5 C以降〜（A D 6 C？）	蔚州郡

隍城洞（ホアンソンドン）遺跡（『釜山日報』の1990年7月21日付記事による）は4〜5世紀の製鉄一貫体制のとられた遺跡である。製鉄工程の流れを示すと表3のようになる。

表3　隍城洞遺跡製鉄工程の想定

第 1 工程	第 2 工程	第 3 工程
製　錬 ──	→溶解（鋳造） →精錬鍛冶 ────	─鍛錬鍛冶

第1工程は，鉄鉱石（磁鉄鉱）を木炭でもって還元する製錬の製鉄炉がある。第2工程は，2つの工程に分れる。その一つは，還元鉄のうち，高炭素系の銑鉄（炭素量：1.7％以上）を，斧形品鋳造用として溶解する鋳鉄溶解炉がある。二つ目の流れは，低炭素系の還元鉄塊の成分調整を行ない，鍛造用鉄素材を供する精錬鍛冶（大鍛冶）工程である。さらに第3工程として鉄器製作の鍛錬鍛冶（小鍛冶）が存在する。

筆者らは1990年6月と8月に現地へ赴き，発掘担当者と遺跡の性格について意見の交換を行なった。また，出土鉄滓と小鉄塊は，国立慶州博物館の依頼により，分析調査を実施している[11]。いずれにしろ，朝鮮半島南部では4〜5世紀に製鉄が

行なわれ，鋳造と鍛造の両工程が存在した事実が明確となった。

県洞遺跡供献鉄滓と梁山北亭里古墳の鍛冶具副葬例は朝鮮では初めてである。鉄滓は製錬滓の可能性が強いと伝え聞く。日本では古墳供献鉄滓の事例が約200例，鍛冶具の副葬例が36例[12]あり，その源流と考えられる朝鮮側の資料が今回検出されたのは喜ばしい限りである。

検丹里遺跡から検出された窯は，窯外消火法の採用できる補助燃焼孔（横口）付の窯である。この補助燃焼孔（横口）の開閉いかんによっては多様な木炭の製造が可能となるかもしれない。白炭は発熱量が高く，銑鉄溶解炉用に適し，黒炭はＣＯガスの発生が多く製鉄還元用として好ましい。検丹里遺跡の一帯は花崗岩のバイラン（風化）土壌地帯で砂鉄が賦存する。遺跡周辺のどこかに製鉄遺跡の存在が予想される。今後の探査に期待したい。

日本では古代製鉄関連の炭窯として，遠所遺跡でみられたような補助燃焼孔（横口）付炭窯と登り窯状の黒炭炭窯とが，6世紀後半より検出されている（図3）。

今回紹介した4件の韓国側の鉄生産関連遺跡は，いずれも日本の製鉄の源流につながる遺構と推定される。今後は，これらの各遺構を日韓両国の研究者で比較検討していけば一層の学問的発展があると信ずる次第である。

3　まとめ

列島での鉄生産の開始時期は，5世紀代まで遡る可能性をもつと考えられるが，まだその実証は難しい。6世紀後半以降の製鉄は確実であるが，この時点では，生成鉄は低炭素鋼主体で鋳造用銑鉄までの製造はおぼつかないと思われる。

朝鮮半島での製鉄の始源は，陶質土器の焼成技術から考えて3世紀後半までは遡りうるであろう。4〜5世紀代には，すでに鋳造と鍛造の両工程が存在していたことが隍城洞の例で実証された。朝鮮半島においても製鉄原料は，鉄鉱石と砂鉄がともに使用されたと考えたい[13]。

なお，製鉄炉から離れるが，茶戸里遺跡（B.C.1世紀後半から）の鉄器（小型鉄戈や板状鉄斧の鍛造品，中子入鋳造鉄斧など）でみられるように，韓国南部地域独自の鉄器が出現する時期にすでに製鉄が行なわれていた可能性も充分考えられるので，この点の詰めも必要となってくる[14]。

註
1）拙稿「日本古代製錬遺構出土鉄滓の金属学的調査」たたら研究，29，1988 に各遺跡調査の文献を述べている。その後の追加調査例を以下に記す。①拙稿「瀬戸遺跡出土製鉄関連遺物の金属学的調査」『瀬戸遺跡』福岡県岡垣町教育委員会，1990，②角田徳幸「島根県今佐屋山遺跡の古墳時代製鉄遺構」たたら研究，30，1989，③拙稿「遠所遺跡出土関連遺物の金属学的調査」京都府埋蔵文化財調査研究センターへの提出回答。

2）拙稿「古代の鉄―鉄国産化の始源と鉄塊の問題を中心に」『在来技術の伝統と継承』（国立歴史民俗博物館研究発表資料）1988

3）拙稿「古墳出土鉄滓からみた古代製鉄」たたら研究会編『日本製鉄史論』1983，137頁記載の鉄鋌の炭素含有量参照。花鬘2号鉄鋌：C 0.69〜0.86％，下山古墳鉄鋌：C 0.42％，陶器千塚鉄鋌：C 0.5％，大和6号墳鉄鋌：C 0.71％などある。

4）新潟県真木山遺跡B地点出土鉄塊や埼玉県猿貝北遺跡出土鉄塊，石川県林遺跡出土例あり（ただし真木山遺跡からは鋳型の出土はなかった）。

5）京都府埋蔵文化財調査研究センター「遠所遺跡群Ⅱ」（京埋セ現地説明会資料 No. 90―04）1990

6）拙稿前掲註 1）―③

7）拙稿「潤崎遺跡祭祀土壙出土鉄滓の金属学的調査」『潤崎遺跡』北九州市教育文化事業団埋蔵文化財調査室，1986
拙稿「長野A遺跡出土の鉄滓・小鉄塊の金属学的調査」『長野A遺跡3』北九州市教育文化事業団埋蔵文化財調査室，1987

8）佐々木稔氏からの批判「古代鉄生産の検討」古代を考える，36，1984の討論以来，今日まで続いている。

9）1990年3月10日の国立歴史民俗博物館での発表「列島における鉄生産の始源をめぐって」でいろいろな発言があった。

10）(1)隍城洞遺跡：釜山日報(1990.7.21)(2)県洞遺跡：昌原大学博物館の金亨坤氏および広島大学大学院李南珪氏の通訳ご教示。(3)の梁山北亭里遺跡は釜山日報(1990.7.18)による。(4)の検丹里遺跡は，全玉年「蔚州検丹里環濠遺跡発掘報告」『第4回九州―釜山考古学合同研究会発表資料』九州大学文学部考古学研究室(1990.7.15)などにもとづく。

11）拙稿「慶州市隍城洞遺跡出土の鉄滓と小鉄塊の金属学的調査」国立慶州博物館への中間回答。

12）拙稿 3）の発表時点ではいわゆる古墳供献鉄滓は150例であったが追加例を加えると200例以上となる。鍛冶具出土例は34例が36例となった。

13）李朝時代の製鉄遺跡の一部の墨房里遺跡（金海郡上東久面）では砂鉄製錬滓の存在が明らかになった。また検丹里遺跡内の自然堆積砂鉄の顕微鏡組織と分析データは釜山大学校博物館の全玉年氏へ提出している。

14）李健茂ほか「義昌茶戸里発掘進展報告(1)」考古学誌，第1輯，国立中央博物館，1989

＜謝辞＞　表1＊印未報告分のデータは各担当教育委員会の了解のもとに掲載させていただいた。ここに厚くお礼申し上げます。

日本と朝鮮半島の金工品

同志社大学講師
中村潤子
（なかむら・じゅんこ）

金工品は中期前半（第1次導入期）に新羅・伽耶経由で日本に入り，
中期後半（第2次導入期）には百済・伽耶を経由した可能性が高い

日本の古墳出土の金属製品の加工技術には鋳造・鍛造・鋲留め・透かし彫り・鏨彫り・鍍金・象嵌・細線細工・細金細工・鑞付けなどがあり，さまざまに組み合わせて使われる（表1）。鋳造・鍛造技術は弥生時代にすでに日本列島内に定着していたが，鋲留め以下の技術が定着するのは古墳時代中期（およそ5世紀代）以降である。

ここでは，鋲留め・細線細工などの技術とその製品を中心に，日本列島への伝来と定着を簡単に整理した後，朝鮮半島南部地域の金工品の整理を試みたい。

1　日本列島内の金工品とその製作技術

前期に遡る高度な加工技術の金工品には，福岡県一貴山銚子塚古墳の方格規矩鏡（鍍金），奈良県の新山古墳の帯金具（鍍金・鋲留め・透かし彫り・鏨彫り），東大寺山古墳の「中平」年銘大刀（金線象嵌）などがある[1]。

金工品については，舶載品か，日本列島内の製品か，を判断することは容易ではない。しかし，日本列島内から出土する遺物において，日本列島以外の地域とは異なった変化の過程が跡付けられるものについては，その製作技術の日本列島内への伝来・定着と日本列島内で製作された器物の存在が認められよう。このような観点に立てば，先の前期古墳出土品は日本列島以外からの舶載品とすることができる。

古墳時代中期には，帯金具のほか耳飾り・冠などの金属製装身具や鞍・鐙・轡・杏葉などの馬具が出現し，鉄製甲冑も多数作られるなど，金工品の出土例が飛躍的に増える。

北野耕平氏は，中期前半に甲冑の出土数が大阪府を中心に急増する背景として，大阪府古市古墳群の鞍塚古墳出土の鉄製鞍金具を日本製とし，その鞍金具に見られる鉄板を鋲（リベット）で綴じ付ける鋲留め技術が馬具の製作技術の一つとして日

表1　古墳時代中期の金工品とその製作技術の例

主要な出土遺物　　金工技術	鍍金(銀)	透かし彫り	文様表現法		鋲留め	細工		鎖		鑞付け	象嵌
			平彫り	半肉彫り		細線	細金	兵庫	コイル状		
（第1次導入期の舶載品）											
大阪・七観古墳　帯金具1組	○	○	○		○						
奈良・五条猫塚古墳　帯金具1組	○	○	○		○						
滋賀・新開1号墳　馬具(轡ほか)	○	○	○		○						
奈良・新沢126号墳　帯金具1組	○	○	○		○						
垂飾付耳飾り1対						○	○	○	○	○	
（第1次導入期以降の国産品）											
滋賀・新開1号墳　帯金具1組	○	○	○		○						
甲冑　4組		○									
大阪・河内野中古墳　青の三尾鉄3点	○		○								
福井・二本松山古墳　甲冑1組	○				○						
前立式冠2点?	○		○		○	○歩揺の脚					
（第2次導入期の舶載品）											
熊本・江田船山古墳　馬具(轡ほか)	○			○	○						
垂飾付耳飾り2対						○	○			○	○ガラス
冠帽　1点	○		○		○						
和歌山・大谷古墳　馬具(轡・杏葉ほか)	○			○	○						
垂飾付耳飾り1対						○	○			○	
帯金具　数点	○			○	○						
（第2次導入期以降の国産品）											
埼玉・埼玉稲荷山古墳　馬具	○				○						
帯金具1組	○	○			○						
辛亥年銘鉄剣			△タガネ彫り、象嵌用	△象嵌用							○金

本に導入され，それが甲冑の製作に応用された結果，甲冑の大量生産が可能になったと考えた[2]。

一方，小野山節氏は，中期はもっぱら輸入の馬具に頼った時期とし[3]，さらにその馬具を「古式」と「新式」の二つに分けて，その違いを製作時期および製作場所の違いに起因するものと考えたが[4]，鞍塚古墳の鞍金具は小野山氏の言う「古式」馬具に属している。

私は「古式」馬具には装飾性の乏しいものが多いこと，「古式」馬具が日本で作り続けられていた痕跡がないこと，の2点から鞍塚古墳の鞍金具も輸入品と考えるが，北野氏の指摘通り「古式」の馬具類が輸入された時期に鋲留め技術が日本に導入されたと見られ，さらに，多くの甲冑資料により，鋲留め技術とともに鍍金・透かし彫り・鏨彫り技術が導入されていたことも認められる。

この「古式」馬具の出現と同時に，馬具と同じ製作技術で作られた帯金具も現われるが，日本列島内の製品としては滋賀県新開1号墳の粗雑な透かし彫り帯金具が挙げられる程度である。一方，奈良県橿原市新沢126号墳ではこの時期のものとしては日本で唯一の耳飾りが出ているが[5]，これはコイル状鎖を持つ耳飾りとしても今のところ日本で唯一のものであるので[6]，耳飾り製作技術がこの時期に日本列島内に導入された気配はない。

「新式」馬具である扁円剣尾（剣菱）形杏葉と f字形鏡板・空豆形楕円形鏡板[7]のセットは大阪府長持山古墳・和歌山市大谷古墳から出ており，ほぼ同時期のものとして熊本県江田船山古墳・福井県十善ノ森古墳の馬具が挙げられるが，これらの鞍・鐙・鏡板・杏葉などは徐々に形を変じながら後の6世紀代の古墳から引き続き出土し，中期後半以降，「新式」馬具を原形とした馬具類が作り続けられていたことが確認される。この現象はこの時期から馬具を用いて馬に乗ることが本格的に行なわれ始めたことを示すものである。

「新式」馬具やそれと伴出する金工品の中で注目されるのが，大谷古墳・江田船山古墳・京都市穀塚古墳などの鏡板・杏葉や帯金具類に見られる半肉彫り（薄肉彫り）の細工である。製作技術には彫金と鋳造が混在しており，半肉彫り風の表現が重要視されていたようだ。埼玉県稲荷山古墳の帯金具[8]には穀塚古墳のものに似た龍文状の文様と綾杉文が表わされているが，太い鏨による線彫りというすでに甲冑製作で使われていた金工技術を

応用して，半肉彫り風に表わしたものであって，数少ない日本での模倣品の一つと考えている。この帯金具の存在は，半肉彫り風表現の銅製品の製作技術が導入されなかったことを示している[9]。

ただ，「新式」馬具とともに現われる逆水滴形（中央に円文を持つものも多い）垂下飾を持つ耳飾りは，これ以降，馬具と同様に日本列島内での変遷を辿ることができ，兵庫鎖や細線・細粒を鑞付けするなどの技術がこの時期に日本列島内に定着したことが想定される。

このように整理してみると，「古式」「新式」それぞれの馬具の導入とともに，新たな金工細工の製品がもたらされており，それに伴い新たな技術が導入されていること，その導入の内容において両者の間には大きな違いが存在していることがわかる。ここでは，この二つの時期が，中期の前半のある時期と後半のある時期，というように比較的限定されているという考えに基づき[10]，それぞれを第1次導入期・第2次導入期とした上で，朝鮮半島における同種の遺物の状況を見ていこう。

2　朝鮮半島南部の金工品と金工技術

朝鮮半島でも三国時代以前に青銅器や鉄器の鋳造・鍛造が行なわれていたが，鋲留め・鍍金・透かし彫り・細線細工・細金細工・鑞付けなどの技術が楽浪・帯方郡域以外の朝鮮半島南部一帯に定着していた様子はない。しかし，三国時代になると新羅・百済・伽耶の古墳からはさまざまな金工品が多く出土する[11]。

次に比較的研究の進んでいる新羅地域を中心に，朝鮮半島南部における金工品の伝来と金工技術の導入状況を見てみよう。

新羅　新羅の王都，慶州にある新羅古墳の中で最も古い時期の墳墓，と長らく言われてきたのが皇南洞109号墳の第3・4槨（第3槨が主槨，第4槨は副槨）であった[12]。ここから出た馬具中，木心鉄板張鐙は日本の新開1号墳の鐙（第1次導入期）に類似し，鞍金具も小野山氏が「古式」とした岐阜県中八幡古墳出土鞍金具によく似ており，日本の第1次導入期とほぼ同じ時期に，新羅の慶州地域で鋲留めの製品が使われていたことが確認できよう。初期の新羅墳墓の調査例は極めて少ないとはいえ，九政洞3号墳から出た短甲は縦矧板革綴式のもので，鋲留め技術を駆使したものではなく，日本の第1次導入期に遡る鋲留め技術の導入は今

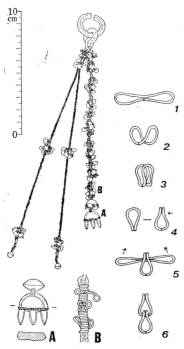

新沢126号墳・耳飾りと兵庫鎖模式図
（A・Bは部分拡大図）＜日本＞

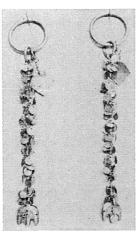

慶州校洞・耳飾り
（長さ13cm）＜新羅＞

皇南大塚南墳・垂飾
（長さ33cm）＜新羅＞

図1　日本と朝鮮半島の金工品

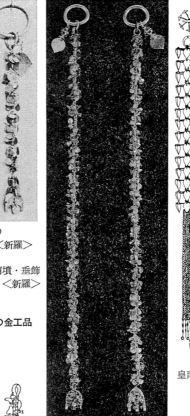

皇南大塚北墳・垂飾
＜新羅＞

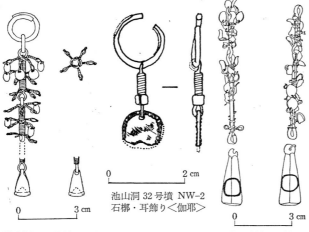

池山洞45号墳第3石槨
耳飾り＜伽耶＞

池山洞32号墳 NW-2
石槨・耳飾り＜伽耶＞

笠店里古墳1号墳・
耳飾り＜百済＞

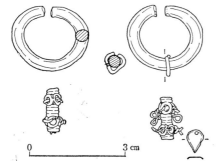

礼安里58号墳・耳飾り＜伽耶＞

のところ確認できていない。

　皇南洞109号墳第3・4槨の耳飾りは金環を2個連結した簡単なものであったが、最も古い時期の冠を出土した慶州校洞廃古墳の1対の垂飾付の耳飾り（冠の垂飾か）は[13]、コイル状鎖の先に日本の新沢126号墳の耳飾りの先端飾を簡略化した三叉形先端飾を付けたものであった。皇南大塚南墳の冠垂飾（耳飾りか）もコイル状鎖と三叉形先端飾を持ち、切り合い関係から皇南大塚南墳に遅れることが確実で南墳被葬者の妻の墓と推定される皇南大塚北墳からは、コイル状鎖に三叉形先端飾を持つものとコイル状鎖の先に兵庫鎖を4本垂らして各々に三叉形を打ち出した先端飾を付けたものの二対の冠垂飾が出土した。これらの先端飾を形状と製作技術の精粗から比較すると、新沢126号墳例・慶州校洞廃古墳例・皇南大塚南墳例・同北墳の2例となり、慶州出土のこれら垂飾類が、新沢126号墳出土の耳飾りかその同類の耳飾りを原形とし、漸

表2　古墳時代中期の金工品とその製作技術の導入と定着

技術の導入と定着 ＼ 金工技術	鍍金(銀)	透かし彫り	文様表現法		鋲留め	細工		鎖		鑞付け	象嵌	馬具
			平彫り	半肉彫り		細線	細金	兵庫	コイル状			
第1次導入期の金工品 その後の技術の定着 第2次導入期の金工品 その後の技術の定着	●	●	●	●	●	●	●	●	●	●	●	●

次，若干の形態変化を生じさせつつ，製作が続けられていたことを示している。また，コイル状鎖は慶州地域の古墳の多くから出土している。このような現象の背景には，長い金線を作る技術の上にコイル状に巻いて強力でかつ装飾的な鎖を作るというアイデアをもとにした細工技術の存在が想定され，それを欲した人々や社会の存在と，それに応じ得た技術者の存在つまり工人の流入を含めた技術の導入を示唆している[14]。

　新羅の帯金具は極めて均質な様相を呈するが，皇南大塚南墳からは例外的な龍文透彫帯金具が出土した。奈良県五条 猫 塚 古 墳・大阪府七観古墳（第1次導入期）帯金具の龍文と似ているが，日本の金銅製帯金具は列点文や毛彫りで龍文の細部を表現するが，皇南大塚南墳の銀製帯金具は龍文の唐草文への転化が顕著で列点文も毛彫りもなく，製作技術の粗雑化が認められ，それは先述の耳飾りや冠垂飾に見られる現象と一致する。

　日本の第2次導入期の遺物には半肉彫りの装飾があるが，新羅の場合，慶州の皇南大塚北墳や飾履塚の遺物に半肉彫りがあり，馬目順一氏は飾履塚の半肉彫り文様の杏葉をその形状から扁円剣尾（剣菱）形の古い一群に近いものとされた[15]。可能性としては，第2次導入期と同じ時期に新羅においても新たな動きがあったことは充分に想定できるが，日本の場合と同様，半肉彫りの製作技術の定着は難しかったと見え，個人コレクションや出土地の不確実な資料を除けば，管見の限り，半肉彫り製品は発掘品中では他に確認できていない。

　伽耶　釜山市東莱区の福泉洞古墳群では，10号墳（11号墳の副槨）および22号墳の鐙が慶州109号墳第3・4槨の鐙と共通性を持つが，10号墳の短甲はこの地域独特の特徴を具えており，11号墳の樹木状立ち飾りを鋲留めした金銅製冠は慶州校洞廃古墳の冠によく似ていながら独自性も具えている。また，陝川郡では玉田42号墳から慶州皇南洞109号墳第3・4槨や新開1号墳の鞍金具によく似た形状の鞍金具が出土している。

　大伽耶の王族の墓と推定される高霊郡池山洞古墳群の第32号墳からは，福井県松岡町二本松山古墳の冠に似た前立式冠と日本では第1次導入期以降に見られる横矧板鋲留の短甲・衝角付冑が出土する一方，独特の馬具類も出土している。第32号墳に遅れる第44号墳主石室から出土した五鈴付扁円剣尾（剣菱）形杏葉は，五鈴の点は大谷古墳（第2次導入期）の杏葉に，本体の形状は第2次導入期に続く普及期の杏葉に類似し，日本製の可能性が高いが，これ以外の馬具類はこの地域特有の形状を呈している。

　以上のような現象は，第1次導入期と同じ時期に，伽耶地域に鋲留め・鍍金の技術がもたらされてこの地域に根付いたこと，それらの技術とともに馬を乗用に活用するための馬具の製作が始まったことを示している。

　また，装身具は新羅ほど金属製装飾品で飾り立てる風習はなく，全般に質素であるが，池山洞や金海礼安里の古墳でコイル状鎖の耳飾りが見られる。池山洞32号墳 NW-2 石槨の耳飾りは新羅のものとは製作が異なるが，45号墳第3石槨のものは新羅製の可能性がある。伽耶地域にはコイル状鎖の製作技術は導入されたが，大きな発展はしなかったようだ。

　百済　372年の百済の東晋への初めての朝貢が，371年の楽浪・帯方両郡の故地（遺民居住地）の領有を背景に行なわれたとの推定が可能ならば[16]，この遺民居住地に受け継がれていた金象嵌などの諸技術が領有とともに百済に導入された可能性も想定できる。石上神社の七支刀を百済製とし，その製作年「泰和四年」を領有の2年前の東晋太和四年（369年）とする説が有力だが，当時の百済に象嵌技術が定着していたとする資料は確認しえていない。

　百済古墳は盗掘が激しく全体にその内容が明確ではないが，年代の明らかな資料として公州市武寧王陵（王525年埋葬，王妃529年埋葬）があり，王と王妃の飾履や帯金具によって，6世紀第1四半

世紀に鋲留め技法が定着していたことが認められる。しかし，コイル状鎖は，王妃の首飾りの銅線の先端の巻き込みが技術的にもっとも近い程度で，王や王妃の耳飾りに見られないことが注目される。全羅北道益山郡笠店里古墳群出土のコイル状鎖の耳飾りは池山洞45号墳3号石槨のものに極めて似ており[17]，これも新羅製の可能性を否定できない。武寧王陵にないということは，コイル状鎖については製品も製作技術もほとんど百済には伝わらなかったことを示していよう。

3 日本列島と朝鮮半島の金工品

以上を整理すると，日本の第1次導入期の諸遺物・諸現象は新羅・伽耶地域と密接な関係を持ち，その動きが新羅経由であったことが想定される。三者はともに新たな品物を受け入れ，鋲留めなどの新たな技術を導入したが，日本では導入しなかった馬具の製作技術（その背景には乗用としての馬の活用がある）は新羅・伽耶に定着し，とくに新羅は耳飾り類を代表とする装身具類の製作技術も大いに取り入れた。

第2次導入期は金工技術の面では明確ではないが，伽耶地域や百済南部地域では日本の馬具の類似品が出土し，日本の江田船山古墳の冠帽の類似品も伽耶の玉田23号墳・礦溪堤ア A号墳で出土していたが，百済の笠店里古墳群の冠帽はその中でもとくによく似ていて，第2次導入期の動きが百済・伽耶地域を経由した可能性が高い[18]。

第2次導入期の耳飾りにはコイル状鎖はないが，百済でコイル状鎖を製作した形跡が見られないことも，この推測の消極的な裏付けの一つとなりうるだろう。

以上，紙数の関係と筆者の力量不足で，金工技術の中の鋲留めとコイル状鎖を中心とする記述にとどまり，各地域の様相の捉え方についても，極めて大胆に単純化した，図式的な論述となった。個々の実情はそれほど簡単なものではないが，一つの見通しとしてあえて提示する次第である。

註

1) 古墳や出土品関連の文献は紙数の関係上，割愛する。ご寛恕いただきたい。
2) 北野耕平「中期古墳の副葬品とその技術史的意義」『近畿古文化論攷』橿原考古学研究所，1963
3) 小野山節「馬具と乗馬の風習」『世界考古学大系』

Ⅲ，平凡社，1959
4) 小野山節「日本発見の初期の馬具」考古学雑誌，52—2，1966
5) 帯金具が伝大阪府丸山古墳出土の帯金具とほとんど同じである。千賀　久「誉田丸山古墳の馬具について」『同志社大学考古学シリーズⅠ　考古学と古代史』1982
6) 佐賀県南山古墳の耳飾りは歩揺の取付け部がコイル状をなすが，全体に新羅・伽耶のものに近く，舶載品であろう。日本の垂飾付耳飾りの集成には野上丈助「日本出土の垂飾付耳飾について」『藤澤一夫先生古稀記念　古文化論叢』1983がある。
7) 楕円形鏡板のうち，長辺の一方が内側へえぐれているものをとくにこう呼んで区別したい。
8) 町田章氏は帯金具の中でも古いものとされる（「帯金具の分類」『埼玉稲荷山古墳』埼玉県教育委員会，1980）が，龍文の状況から見ても従いがたい。
9) 環頭大刀の柄部によく見られる，木などに金属板を被せてたり，型にはめて打ち出したりしたものについてはこの限りではないが，その詳細については今回は見送りたい。
10) 中村潤子「新沢126号墳と初現期の馬具」『同志社大学考古学シリーズⅡ　考古学と移住・移動』1985
11) 朝鮮半島の遺跡の文献などは，東　潮・田中俊明『韓国の古代遺跡』1 新羅篇，1988，2 百済・伽耶篇，1989，中央公論社，とその巻末のリストを参照されたい。
12) 同一墳丘の上部に重なって第1・2槨が築かれ，埋葬施設と副葬品の先後関係を確認できる貴重な例であり，多くの研究者が言及している。註 11) 参照
13) 岡内三真「慶州発見の新羅初期金冠」考古学ジャーナル，78，1973
14) 中村潤子「耳飾りをつけた貴人」『同志社大学考古学シリーズⅣ　考古学と技術』1988
15) 馬目順一「慶州飾履塚古新羅墓の研究」『古代探叢』1980
16) 中村潤子「高句麗壁画古墳と楽浪の故地」『同志社大学考古学シリーズⅢ　考古学と地域文化』1987
17) 最近，報告書が刊行された。『益山笠店里古墳発掘調査報告書』韓国文化財研究所，1989
18) 忠清北道清州市の新鳳洞古墳群からは古そうな馬具が出土しており，全羅北道井邑郡雲鶴里C号墳からも金銅製帯金具が出土している。両者とも日本の第1次導入期に近い時期の可能性が高く，第1次導入期の動きが百済をも巻き込んだものである可能性があるが，その痕跡は新羅や伽耶ほど顕著ではない。なお，全榮来氏は雲鶴里古墳群を，百済の南遷以前の先住民の墓と見ている（「井邑雲鶴里古墳」『全北遺蹟調査報告3』1974）。

〝前方後円〟形の積石塚
―朝鮮・雲坪里，松岩里古墳群―

■ 全 浩 天
朝鮮歴史考古学研究家

雲坪里4地区6号墓，松岩里1地区33号墓，45号墓，56号墓，88号墓，106号墓，蓮舞里2号墓[1]は，最近，発掘調査された高句麗積石塚であるが，方台形を基本とする高句麗積石塚とは異なった形態を示していることによって注目されている。筆者は昨年これら鴨緑江中流の積石塚について観察する機会を得た。

1 雲坪里4地区6号墓の円丘と方形部

慈江道の江界市から渭原江の流れにそって下り，大嶺山と把撥嶺を越えると楚山郡楚山邑に至る。その西側，鴨緑江左岸に高句麗積石塚が数十基を単位にして約200基が群集している。とくに注目されるのは，雲坪里4地区6号墓である（図2）。

4地区6号墓は，円形（正しくは卵形）の主丘と方形部からなっている。その方形部は極めて低く，墳丘というよりは，石を厚く敷きつめた感じである。全長22.5 mで，方形部の石は，床土を叩きしめた上に敷かれている。円丘中央の墳頂下附近で墓槨が確認され，高さ5 cmの小銅鐸，錆ついた刀子，鉸具，鉄釘，灰色の瓦片，壺の破片などが出土した[2]。

この積石塚は無基壇積石塚であるが，その円丘と方形部は，一体となって構築されていることに留意したい。この方形部の機能は，主丘である円丘に葬られた被葬者を弔い祭る祭祀の場であることは一目瞭然である。雲坪里4地区6号墓の円丘と方形部の形態は，日本の前方後

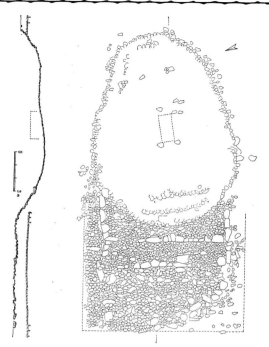

図2 慈江道楚山郡雲坪里4地区6号墓（前方後円形）

円墳の前方後円形に類似していると言うことができよう。

2 松岩里積石塚群の〝前方後円（方）形〟

江界市の中心部を貫流する禿魯江にそそぐ従城江をさか上って梨嶺峠を越えると，鴨緑江の支流である慈城江のほとりの慈城邑に至るが，この慈城附近に展開しているのが松岩里古墳群である。吉林省集安の対岸に位置する満浦市から松岩里地区にかけて深貴里古墳群，魯南里古墳群，豊清里古墳群，延山里古墳群，照牙里古墳群，西海里古墳群，松岩里古墳群などの高句麗時代の古墳群が集中的に分布している。松岩里古墳群は，このような地理歴史的背景のなかで鴨緑江と慈城江との合流点近くの柳介川西岸に集中している。そこには河原石，自然塊石，山砂利によって築かれた積石塚が多い。この地域の積石塚については，一部すでに報告されている[3]。このうちの松岩里1号墓，2号墓，3号墓についての記述は，今日，〝前方後円（方）形〟積石塚として再検討されている積石塚である[4]。

今回，改めて調査された松岩里積石塚群のなかで雲坪里4地区6号墓と同様な円丘と方形部から成っている積石塚は，松岩里1地区33号墓，88号墓，106号墓であった。33号墓は全長約13.5 m，88号墓は全長約16 m，106号墓は全長約24 mで，現在のところ，円丘と方形部をもつ高句麗積石塚では最長である。これらの積石塚は，いずれも円丘が主丘で，墳頂下附近に石槨の埋葬施設をもつが，方形部が非常に低い。しかも，その円丘と方形

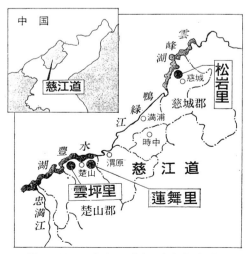

図1 雲坪里，松岩里，蓮舞里古墳群の位置

部は一体的に築かれており，円丘墳頂は平坦である。

ところで，松岩里1地区45号墓と56号墓は，方墳が2基接続しているように見える。しかし，この積石塚も一体的に同時築造されたものと判断され，一方の方丘が主丘で，その墳頂下附近に石槨の埋葬施設をもつが，他方は低い方形部をなしている。45号墓は全長約20.5m，56号墓は全長約18mである。

以上の点を綜合してみるならば，前述した松岩里1地区33号墓，88号墓，106号墓は〝前方後円形〟を示すが，45号墓や56号墓は，いわゆる〝前方後方形〟の形態をもっていると言うことができる。

このことは，高句麗積石塚を築いた人々が，〝前方後円（方）形〟という墳墓を目的意識的に築造したということ，即ち，そうした葬送思想を持っていたと結論づけてよい。高い山や丘陵を利用して築くのではなく，広い平地や河原に築造している事実は，〝前方後円形〟として具象化する強烈な衝動，要求，思想が存在していたことを示す。また，その前方部の機能と役割を見るならば，それは後円丘からの未発達の張り出しや突出部というものではなく，最初から円丘に葬られた被葬者の霊を弔う葬送祭祀の場として築かれていたことを語っている。

3　異なるアプローチと方法的視点を

〝前方後円（方）形〟高句麗積石塚の築造年代について，朱栄憲，李定男氏らは筆者との検討会で，雲坪里や一連の〝前方後円（方）形〟墳墓で発見された土器片，灰色瓦片，鉄釘，鉄片などの副葬品と当該の墳墓が，無基壇積石塚に属するという点から紀元前後は下らないと述べている。このことは，墳丘の前に長方形の祭壇施設をもつ吉林省集安県五道嶺溝門墓（高句麗積石塚）[5]から出土した紀元前3世紀の初期の細形銅短剣，銅矛，多鈕細文鏡からも裏書きされよう。

雲坪里や松岩里の〝前方後円（方）形〟積石塚の築造年代は，弥生時代最末期の奈良県桜井市纒向石塚や千葉県市原市神門4号墓，5号墓などに見られる前方後円形墳墓に先行し，それらに関わる始源的な形態をプリミティブに示しているのではないかという問題が提起される。前方後円墳の基本的な形態は，弥生時代の墳丘墓の発達の結果，日本列島内で形成されたものであり，円丘部に墓道としての張り出し部が付設された形態を祖形とする解釈[6]は不動のようである。しかし，円形周溝墓から発達していった確たる方形部の存在はなく，その上，〝前方後円（方）形〟高句麗積石塚という新たな存在を考慮するならば，従来のアプローチとは異なる方法的視点が要請される。

初期の高句麗積石塚が多様な形態をもっていることは，〝前方後円（方）形〟を出現させただけでなく，〝四

隅突出形〟という特殊な墳丘を生みだしていることでも明らかである。1988年に発見された慈江道楚山郡蓮舞里2号墓は，〝四隅突出形〟積石塚として確認された朝鮮最初の例である[7]。筆者は，このような〝四隅突出形〟の積石塚は，突然出現したのではなく，慈江道の豊清里古墳群，魯南里南坡洞古墳群，西海里第2古墳群，遼寧省高力墓子村古墳群の四隅を意識した積石塚を母胎として生まれたのではないかという仮説を提出したことがあった[8]。

山陰地方を中心に発見された四隅突出墓30数基の四隅突出部の源が，方形周溝墓・方形低墳丘墓にあるとして広島県宗祐池遺跡などの弥生時代中期の墳丘墓の四隅に小さな突起があることがあげられている[9]。しかし，こうした「突起」や「突出部」なるものを設定するという思想なり，配石，列石，貼石などによって墓を覆う願望・価値観は四隅突出型墓や前方後円形と高句麗積石塚が無関係ではないと考える。

日本列島の前方後円（方）墳や四隅突出型墳墓が弥生文化の中で生まれたという思考は，朝鮮半島や中国にそれらの祖形となりうる，あるいは類似する遺跡が未確認であったことと関連している。〝前方後円（方）形〟〝四隅突出形〟高句麗積石塚の存在は，朝鮮半島からの影響をどこまで認めるか[10]。東アジアからの視点が不可欠である。

註
1)　雲坪里，蓮舞里および松岩里は朝鮮民主主義人民共和国慈江道にあり，雲坪里，蓮舞里は楚山郡に，松岩里は慈城郡に属する。
2)　李定男「雲坪里高句麗古墳群第4地区積石塚発掘報告」朝鮮考古研究，1990—1
3)　鄭燦永「慈城郡照牙里，西海里，法洞里，松岩里高句麗古墳発掘報告」『考古学資料第3集　各地遺跡整理報告』1963
4)　曺喜勝『初期朝日関係研究（上）』社会科学出版社，1988
5)　吉林省集安県文物管理所「集安発現青銅短剣墓」考古，1981—5
6)　近藤義郎「前方後円墳の成立」『慶祝松崎寿和先生六十三歳論文集—考古論集』1977，都出比呂志「前方後円墳出現期の社会」考古学ジャーナル，164，1979
7)　李定男「慈江道楚山郡蓮舞里2号墓発掘中間報告」朝鮮考古研究，1989—4
8)　全浩天「古代における出雲と朝鮮の文化交流」『環日本海（東海）松江国際シンポジウム報告書』1987
9)　都出比呂志「前方後円墳の誕生」『古代を考える古墳』吉川弘文館，1989
10)　姜仁求『舞妓山と長鼓山』（測量調査報告書1987）では全羅南道海南郡の長鼓山古墳の築造年代が，AD 400年前後であるとしているから日本の前方後円墳の祖形になることはできない。

最近出土の
えぞ族長墓副葬品から

■ 伊藤玄三
法政大学教授

図1　丹後平15号墳出土の獅噛式環頭（シンポジウム資料より）

　近年の東北・北海道では、7～8世紀頃の出土遺物の中に幾つか注目すべき新発見が加えられている。中には、年代上で予想外にさかのぼるのではないかと思われる青森県八戸市丹後平15号墳出土の獅噛式環頭大刀把頭（口絵参照）などもあり、早い時期から遺物の伝播があったことが推測できる例がある。また、北海道余市町大川遺跡出土の青銅製銙帯金具の例などがあり、やはり8世紀代の確実な資料とみられる遺物の分布を北海道で跡づけることができる。これらの発見は、日本の東北部への文化伝播のあり方を少なからず考えさせるものがある。

1　獅噛式環頭大刀把頭

　まず第一にとりあげたいのは、獅噛式環頭大刀把頭の例[1]である。出土地は、前述の如く青森県八戸市の馬淵川下流域に位置している。昭和62年の発掘調査によって24基の墳墓が発見された。その第15号は、直径13.3mをはかり、最も規模が大きく、主体部からも方頭大刀・土師器高坏・勾玉・切子玉・ガラス玉などが出土しており、問題の獅噛式把頭は周堀から鉄鏃・轡・土師器・須恵器などとともに見出された。把頭は、金銅製の三累環の中央に獣面を配するもので、極めて整った表現をもっている。すでに紹介されたところでも知られるように、おそらく朝鮮半島製で、6世紀にもさかのぼるものかといわれている。

　この獅噛式環頭大刀把頭の出土は、東北地方の、しかも青森県地域にまで及ぶ範囲にこの種の遺物が伝わっているのかと驚かされるものがあった。それと同時に、出土状況や伴出遺物との関連も問題はないかと思わしめた。確かに、出土墳墓は、従来「末期古墳」とも称してきたものであるが、近来この種古墳中には幾つかの構造上の類型があることが指摘されるようになってきているし、中には7世紀後半に十分さかのぼる時期の土師器などの出土が指摘されるものがあり、年代的な幅があることが明らかになりつつある。そして、多くは小規模墳墓であるために墳丘が失なわれたりしているが、周堀の調査によって墳形・規模が確認されつつあり、その周堀内からかなりの遺物が発見されることが注目されている。その出土状況の中には、主体部の盗掘や破壊の折の流入品とも考えられるものも含まれるが、時には埋葬儀礼に際しての供献を推測させる配置を示すものもあるとされている。この例では、周堀からの発見という課題は残るが、主体部からも方頭大刀が見出されており、若干時期をさかのぼらせて考えて良いものがあろう。それにしても、この獅噛式環頭大刀把頭は、より古い時期となり、場合によっては1世紀程の隔たりが生ずる。勿論、個々の遺物自体の問題を考えれば、個別的に古い年代のものが伝播してきていても不都合な事はなく、新しい時期の墳墓にそれらが納められているケースも時折みられるところである。その意味では、遺物と遺構の狭義の整合性が絶対的条件とはならないであろう。ただ、この丹後平古墳群にはより時期的にさかのぼるものがあり、群自体の年代幅を考慮させるものがあることがわかるし、その墳墓群造営集団にはより古い段階で獅噛式環頭などを入手できる機会をもっていた可能性があったことを推測させるものがある。

2　衝角付冑と挂甲小札

　次にあげたいのは、岩手県盛岡市上田蝦夷森古墳群出土の衝角付冑の例[2]である（口絵参照）。直径5m前後の小規模墳で、主体部は土坑と伝えられている。ここから横矧板鋲留衝角付冑と鎖状錫製品が発見されている。冑は、衝角部が短い点などに若干特異なものがあるといわれるが、供伴するとみられる土器から7世紀前半から中頃までにさかのぼるとみられている。

　この衝角付冑の東北北部での出土も、その種の遺物の発見としては注目すべきものであろう。「作り」の差異の課題などはあろうが、年代上でも優に7世紀にさかのぼらせて考えて良いものであろう。この場合にも、確かに従来みてきた「末期古墳」の年代観からすればかなりさかのぼるものがある。しかも、伴出関係が想定される土師器などとの関連でも年代遡上の可能性が強いとなれば、単純に遺物例を遊離して把えることはできないであ

83

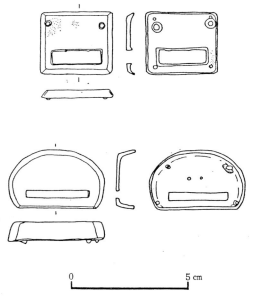

図2　大川遺跡出土の銙帯金具（註6より）

ろう。やはり，「末期古墳」の中にはかなりさかのぼる例があろうとみることが妥当となる。

鉄製品という点では，昨年岩手県二戸郡一戸町御所野古墳群の21号墳[3]において挂甲小札が約50点程発見された（口絵参照）。出土位置が周堀であるという点では丹後平古墳群例などを想起させるが，その他にも鉄斧・土師器が発見されている。時期的には8世紀後半代とみているようであるが，今後注意していく必要があろう。因みに，過日送っていただいた宮城県石巻市湊五松山洞窟遺跡報告例[4]では，横矧板鋲留衝角付冑や挂甲小札と思われるものが発見されており，圭頭大刀なども伴出している。具体的な対比は問題があるとしても，隣接県における出土例として注目されるところである。このような甲冑・大刀などの東北北部への伝播の背景は，従来のような単純な蝦夷住地観とは異なるものであり，その具体的な内容の分析と脈絡の解明が必要となる。

3　和銅開珎と銙帯金具

さらに述べておきたいのは，8世紀代の年代資料として重要とみている和同開珎と銙帯金具の出土例の拡大がある。和同開珎例は，岩手県宮戸市長根Ⅰ遺跡122号墳出土品[5]である（口絵参照）。斜面に作られた小墳丘からの発見であるが，やはり，簡素な土坑から見出されている。この墳墓群からの出土品から考えても，ほぼ8世紀を中心とする年代とみられる「末期古墳」である。ところで，これまで和同開珎が発見されていた墳墓は，内陸部の北上川流域であり，花巻市熊野堂古墳群例などが著名である。すなわち，三陸海岸部での発見例は知られていなかったし，この時期の墳墓群も不明であった。今回のこの長根122号墳発見例は，その意味では不明であった三陸海岸部での8世紀代の遺物の確実な存在と，この地域もまた，その当時の墳墓造営集団の活躍の広範さを示す点で例外ではなかったことをおしえることになった。とかく荒海の海岸部は慮外とされがちであったと思うが，陸路は当然として，海路も十分視野に入れて考えていくべきものがあるように推測できる。そして，その海路の延長上には北海道の問題がある。

北海道では，すでに千歳市恵庭において和同開珎の出土は伝えられていたが，さらに銙帯金具が余市町大川遺跡[6]で発見された（口絵参照）。大川遺跡の例では，1セットであるかは疑問であるが，紛うかたなき巡方と丸鞆の計2点が1遺跡で出土している。ただし，この遺跡例は包含層中である点で墳墓例との差異があるけれども，同じ包含層中から2点も発見されていることは注目すべきことであろう。あるいは近傍に墳墓などでもあったのではなかったかと推測される。ともあれ，この銙帯金具も8世紀の年代資料として有力なものとみられるし，それが余市町で明らかになったことは，近年知見の多くなった同時期の土師器などとの関連でも極めて注目すべきものである。すでに，8世紀代の資料も含まれているとみられてきた墳墓や住居跡資料に確実さを与えるものというべきである。かつて，礼文島から鹿角製刀装具（鞘尾）が発見されたことがあったが，幾度か古墳時代の遺物の伝来があったことが推測された。いま8世紀代においては，より明確に文化伝播の例証が指摘できるようになったわけである。

このような北海道のあり方も，その経路となる東北地方の様相が先述のようであるとすれば当然であろう。「末期古墳」も，青森県ではいまや津軽平野でも知られるようになっており，東津軽郡尾上町原古墳群などもその類例といえる。ある意味では，これらの様相は東北・北海道の文化自体の再検討を必要とするものというべきであろう。

註
1) 坂川　進『丹後平古墳発掘調査概報』（八戸市埋蔵文化財調査報告書第24集）1988
2) 盛岡市教育委員会の調査。本号口絵参照。筆者は未だ実見の機会を得ていない。
3) 岩手県一戸町教育委員会『御所野遺跡—平成元年度現地説明会資料—』1989
4) 三宅宗議・茂木好光編『五松山洞窟遺跡』（石巻市文化財調査報告書第3集）1988
5) 光井文行・玉川英喜『長根Ⅰ遺跡』（岩手県埋蔵文化財発掘調査概報）1988
6) 北海道余市町教育委員会『1989年度大川遺跡発掘調査概報』1990

特集 ● 古墳時代の日本と中国・朝鮮

日本と朝鮮の古代政治組織
──「部制」を中心に──

岐阜大学助教授　早川万年
（はやかわ・まんねん）

古代朝鮮三国の部が支配層の「部」であったのに対し、日本の場合は支配対象を明確に把握するために、「部」が用いられた

　日本における古墳時代は、国家形成の時代であったことはいうまでもないが、古代国家の確立過程において、国際的契機または外来的要素が大きかったことも近年深く認識されているところである。今日知ることのできる律令の規定に、中国のそれの影響が大きく認められるのも、アジアに君臨する大帝国の国家体制自体に影響されてのことである。このような意味で、基本的には日本列島に孤立していたといってよいヤマト政権も、直接的な人の交流に依るところも含め、近隣諸国の状況をある程度、知り得ていた。本稿で取り上げる律令制以前の政治組織も、部民制の場合からわかるように、やはり古代朝鮮の制度の影響を無視するわけにはゆかない。

　周知のように古代朝鮮の諸国は、相互に複雑な関係を持ちながら、それぞれ独自性を有する政治組織を形成した。それは、日本の場合よりも早くに、かなり整った体制を作り上げていたようである。ただ、残念なことに古代朝鮮諸国の政治組織をうかがうには、こんにちあまりにも史料が不足している。日本の場合も、律令制以前の政治組織は不明な部分が大きく、また研究者によっても理解が異なっているので、それら両者の比較はかなり困難な作業となる。けれども、政治組織といういわば現実の制度の場合は、文献上の語句の類同、相違といったレベルを離れ、実際に機能、運営されていたことを前提として考察されねばならない。その点で、共通の語句が見えるから共通の制度があったと簡単に結論づけることは、さしあたって避けねばならず、支配の実態面から総合的に検討する必要がある。ここに取り上げる「部」

の制度は、律令制以前の古代日本において、支配の根幹に関わる問題である。「部」としてヤマト政権が掌握するのが、地方の民衆にまで及ぶからである。また、古代朝鮮では、政治組織を考える上において、官位制とならんでやはり「部」制が基本的な問題となる。以下においては、この「部」の制を軸に、古代朝鮮、日本の支配の実態について小考を試みたい。

1　「部」の起源に関わる諸研究

　古代日本の「部」の起源に関しては、周知の通り津田左右吉の見解が通説となっている。津田は「上代の部の研究」において、漢語としての「部」を国語のトモ（伴）に当てはめて用いるようになったのは、「朝廷の記録を掌っていた百済の帰化人が、その本国の習慣を適用したものであろう」と述べている[1]。そして『周書』の百済伝を引き、穀部、肉部、馬部、刀部、木部などが見えることから、官司上の分掌を「部」としたものであって、中国の官制に由来するらしいことも指摘している。このような百済の部制を津田は、民衆の一団を称したものと理解し、この点では日本と百済の部は同じであって、百済の五部のような、都城の人民に対する行政区画の場合でも、民衆の一団を指していることに変わりはないとする。

　このような、百済の制が日本に取り入れられたとする見解は、その後、井上光貞、平野邦雄氏らに受け継がれたが、百済の「部」制をどう理解するかという問題と、日本にいつどのようなかたちで用いられるに至ったのかという点で、議論されることになった。百済の部制の理解についてはの

ちにふれるとして，従来のいわば通説的理解における，百済の官司制を日本の品部の前提と見做す立場からすれば，およそそれとは異なり，中国，古代朝鮮の部制を基本的には地方行政区画としたうえで，日本の部制も同様の視点から捉えるべきとされたのが菊地康明氏である[2]。

菊地氏は，中国では古来辺境地域に州県と並んで，行政区画として部を置く例が数多く見出されることから，州県制を施行する以前に，その地域における従来の地縁的共同体を通じて支配する組織形態を「部」制と理解し，日本の場合も「部は先ず何よりも律令制の国郡制成立以前の地方行政区画であった」とされる。氏は葛飾郡大島郷戸籍に見られる孔王部の場合のように，ある地域がひとつの部によって成り立っている傾向を部の本来の形態と推測されているのである。

これとは別に，山尾幸久氏は百済の制を取り入れたとする通説を批判し，津田は部という称呼を取り入れたとはいっているものの，制度が採用されたとまでは考えていないとしたうえで，百済の部司制を5世紀末という時点で日本が採用した事実は認められず，およそ6世紀末に「部（べ）が人間のくみわけ，また地域の区分の意味をもって日本語化し」てゆき，ついで特定の族的集団，村落的区域を示すようになるとされている[3]。山尾氏は，部のことばが使われるようになったのを6世紀のなかごろとし，もと百済においては，計画的に区分けされた政治的・軍事的組織を指していたのが日本で表記，呼称に用いられたとされる。要するに，いわゆる部民制なる支配形態を，律令制以前の実質的な政治組織としては否定的に見做されたのである。

これらの論説からしても，時期的な問題についてはともかくとしても，「部」の名称を百済から受け入れ，政治組織として運用する方向にあったことは認められよう。たしかに，古代国家形成の過程を通じて，長らく百済と日本は密接な関係を有しており，このような影響を想定することは十分可能である。そこで改めて検討しなくてはならないのが，百済ひいては古代朝鮮における「部」の実態である。

2 古代朝鮮の「部」について

古代朝鮮における「部」を考えるには，百済や新羅よりも早くに部の制を取り入れた高句麗にま

ず注目しなくてはならない。百済にしてみても，当然この北方の大国の政治組織の影響を受けていたはずである。

高句麗の「部」はふつう，「五部」として史料に登場する。その実態については多くの議論のあるところで，にわかに結論を得難いが，『隋書』高麗伝に「有内評外評五部褥薩」とある点にまず注目したい。褥薩とは都督に等しく，軍政官とみなしてよい。文中の内評，外評，五部の相互の関係，およびそれらとこの褥薩との関連はよくわからない。近年の武田幸男氏の研究では，五部は王都だけの区分であるとの見解が示されているが[4]，末松保和氏，山尾幸久氏らは，政治的軍事的な部族組織の性格を有することを主張されている[5]。

また，『幹苑』註所引「魏略」および「高麗記」によると，五部は五族と言い換えられており，それらは「皆貴人之族」であるとする。そして内部・北部・東部・南部・西部の名称があり，内部は王宗であるけれども，列は東部の下であるとする。内部以下の五部には，それぞれ黄部・黒部・青部・赤部・白部などの別称が見られ，北部を後部，東部を左部あるいは上部，南部を前部，西部を右部ともいうとある。

このような五部についての説明からすれば，これらの「部」は，五行思想に対応したきわめて観念的な区分を示しており，しかも東西南北をそのまま部としていることからも明らかなように，地域区画を念頭に置いているようである。これがただの観念的な国土観ではなくして，実際に部称を冠した人名が見られることは，いくつかの史料に散見するところである。例えば矢沢利彦氏は『旧唐書』高麗伝と『冊府元亀』帝王部に見られる高句麗の将の名に，一方は北部とあり他方に後部とあることを指摘し，前述の高句麗の部称の区別が，実際に認められる徴証とされた[6]。

すると，高句麗の五部は，一方で思弁的な国土（あるいは王畿）の区画の要素があるとともに，実際の集団構成としても機能しており，それが族的な区分の下に支配層を形成していたことになる。このような形態は，新羅や百済においても基本的には共通しており，新羅の「六部」（梁部・沙梁部・牟梁部・本彼部・漢岐部・習比部）の場合もやはり，王都における貴族集団を指したものと思われる。ただし，それが血縁集団であることがその本

来的な性格であったかどうかというと，どうもそうではないようである。たとえば，『三国遺事』巻一，新羅始祖赫居世王のくだりに，六部の祖は天から降ったとし，後に六姓を王より賜わったとあるのと同時に，辰韓の地には古く六村があり，この六村が六部に対応するとの記述が見られる。このような，六村（六部）という地域認識は，『三国史記』などにも散見する。三品彰英氏などは六部の「部」を，地縁共同体としての自然村落と理解されている[7]。

新羅の六部の制は，原初的には二・三の地域的政治勢力であったかもしれないが[8]，のちには王京の地域区画として，王京以外の地域に住む人々を区分する役割をはたすに至る。およそ6世紀段階において，このような部の制度の定着をみたといってよい。これに対して百済の場合は，やはり高句麗の部制の影響を受けつつ，新羅よりもやや早く「五部」の組織を形成していたようである。

『周書』百済伝によると，都下には万家あってそれを五部に分け，上部・前部・中部・下部・後部といい，それぞれ兵五百人を統率するとある。また，『幹苑』所引「括地志」にも，王の都する所の城内は五部と為す，とあるので，この「部」は王都の区分を表わしていることがわかる。したがって，高句麗の五部とその名称および実態において，かなり近接しているように感じられる。けれども，百済の部について出発点となる研究を行なった今西龍氏によると，高句麗の部は，相互の尊卑を示すなど部族集団としての実質を有していたのに対し，百済の部名は所在地を表示するにすぎず，のちには行政区画としての意義のみ残存することになったとされている[9]。百済の場合の部は，その下に「巷」の組織をもち，五部がそれぞれ五巷を有していたとされる。それが『周書』，また「括地志」にあるように，兵団を構成する単位となっていた。また，地方にも五部に対応して五方があり，いわば軍管区の性格を有していた。したがって，百済は軍事上，行政上の単位としての部によって，王都と地方をそれぞれ五つに分け，かなり徹底した地域区画を設けていたといえよう。

3 古代日本の「部」について

以上に対して，古代日本の部はどのように考えられるのであろうか。周知の通り，部民制の研究を大きく進め，今日の通説的見解となっているのは井上光貞，平野邦雄氏らの研究である。井上光貞「部民の研究」においては，部民の類型を品部，屯倉・田荘の民，子代・名代と部曲の三つに分け，なかでも品部を官司制への展開の基礎として考察の重点とされている[10]。このような視点は平野氏にも基本的に受け継がれており，部民制が貢納民としての「ベ」の制度としてでなく，官司に上番する「トモ」の制度として出発したこと，そしてこのような品部・番上型が部民制の原型であるとの氏の見解[11]は，やはり古代日本における官司制の出発点としての「部」理解を示している。したがって，百済からの「部」制の輸入についても，『周書』百済伝に見えるような，中央官司を構成する内官，外官の「部」を取り入れたとされる。

このように理解した場合，前節において概観してきたような高句麗に始まる「部」の制度の影響は，はたしてどう考えられるのであろうか。『日本書紀』の外交関係記事を分析するまでもなく，ヤマト政権と百済は長年にわたる深い関わりを有していた。そのなかで，中央官制の「部」は一応受容されたと見做されるとしても，百済の国家体制の根幹を形成し，軍事的動員を前提とした行政区画たる「部」は，ヤマト政権の体制にはうかがうことができないようである。そもそも高句麗や百済に見られたような理念的な支配体制が設けられた形跡が認められないのである。

古代日本の「部」の場合，部民制の研究の出発点において，類型区分がなされたことに示されるように，一見じつに数多くのさまざまな名称の部が史料にあらわれている。そのなかで，性格的に百済の内官に共通する品部に分類される部にしてみても，百済と同じ部の名称は有していないようである。これに対して，名代子代，部曲などの場合の多くは職掌を部の名称にしておらず，その点で百済の内官・外官とは性格を異にする。また，部の名称の雑多さからしても，百済や高句麗の五部に見られる統一的，かつ明確な名称とは大きな違いがある。8世紀の文書史料などに多く見られる部称を有する人名は，いわゆる名代子代に含まれるものが少なくないと考えられるが，それらはたとえば孔王部（アナホベ，穴穂皇子すなわち安康天皇の名に由来するとされる），刑部（オサカベ，允恭天皇妃忍坂之大中津比売の名に由来），建部（タケルベ，景行天皇皇子倭建命の名に由来）などのように，天

皇，后妃，皇子女などの名に拠るとの理解がすでに『記紀』編纂の段階でなされている[12]。そのため，固有名によって解釈されるさまざまな「部」が見られる結果となった。このような部のありかたは，一面では高句麗の五部にうかがわれたような族的構成に近似するようである。けれども高句麗の場合は王畿を中心とする支配層の組織であったのに対し，古代日本の部は支配対象のかなりの部分を占める。また，人名の実例を見てみても朝鮮の場合は，「北部褥薩高延寿，南部褥薩高恵真」（『旧唐書』巻199上東夷高麗伝），「崔致遠，字孤雲，王京沙梁部人也」（『三国史記』巻46列伝），「前部木刕不麻甲背」（『日本書紀』継体天皇10年5月条），「下部修徳嫡徳孫」（『日本書紀』安閑天皇元年5月条）などとあるのは支配層の人物たちであって，欽明天皇紀に多く見られる百済人の名前も部称とともに官職を帯びている。

ところが古代日本の場合は，名代子代に関する『記紀』の記述からして明らかなように，上番あるいは貢納といったかたちで奉仕を行なうべく「部」が設けられているのであって，この点で部はまさしく「民」であり，「ヤマトの王権に掌握された人民を指す」[13]ということになる。

4 おわりに

政治組織という点では，部の制度とともに官位制の問題，すなわち支配層の序列形成に注目する必要がある。朝鮮三国は，この点では日本よりもかなり早く政治組織の基盤を作り上げていたといってよい。部制に見られたような理念的な統治体制も，このような基盤と並行していたのである。6世紀までの日本の場合は，やはりそれほどに整った政治組織は想定しがたい。がしかし，実際に部の制を用いているのは事実である。ただそこに，すでに述べてきたような性格上の相違が生じた。その理由は，部を取り入れた段階における統治の実態が，朝鮮の部制とそぐわなかったにもかかわらず，部の形式を受け入れた結果であろう。古代朝鮮の部は支配層の「部」であったのに対し，日本の場合は支配対象の把握を明確にするものとしての「部」であったのである。

註
1) 津田左右吉「上代の部の研究」『日本上代史の研究』岩波書店（津田左右吉全集第3巻所収，1963）
2) 菊地康明「部民に関する一試論」歴史学研究，324, 1967。なお中国の部との関わりについては，西本昌弘「トモ・トモノヲに関する一考察」続日本紀研究，217, 1981参照。
3) 山尾幸久「七世紀前半期の国家権力」日本史研究，163, 1976
4) 武田幸男「六世紀における朝鮮三国の国家体制」『東アジア世界における日本古代史講座』4，学生社，1980
5) 末松保和「朝鮮三国・高麗の軍事組織」『青丘史草』第一所収，1965，山尾幸久「朝鮮三国の軍区組織」朝鮮史研究会編『古代朝鮮と日本』所収，龍渓書舎，1974
6) 矢沢利彦「高句麗の五部について」埼玉大学紀要人文・社会科学編3, 1954
7) 三品彰英「骨品制社会」『古代史講座』7所収，学生社，1963
8) 末松保和「新羅六部考」『新羅史の諸問題』所収，東洋文庫，1954
9) 今西龍「百済五方五部考」『百済史研究』所収，国書刊行会，1970復刊，金哲埈『韓国古代国家発達史』（武田幸男・浜田耕策訳，学生社，1979）89頁においても，高句麗の影響よりも中国の楽浪・帯方郡の影響が大きいとされている。
10) 井上光貞「部民の研究」『日本古代史の諸問題』所収，思索社，1972復刊
11) 平野邦雄『大化前代社会組織の研究』82頁，吉川弘文館，1969
12) 名代子代の名称については，早川万年「名代子代の研究」『古代中世の政治と地域社会』所収，雄山閣，1986
13) 狩野久「部民制再考」『文化財論叢』所収，1983

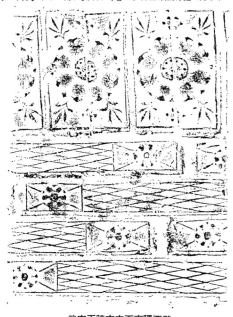

武寧王陵玄室西南隅西壁
（松井忠春氏手拓）

大嶋郷推定地の遺跡調査
下総国大嶋郷関連遺跡

水滴出土状況（柴又帝釈天遺跡）

発掘調査風景（柴又帝釈天遺跡）

今まで謎に包まれていた下総国葛飾郡大嶋郷がようやく姿を現わしてきた。東京都葛飾区における最近の調査では、柴又・奥戸地区で戸籍が作成された奈良時代の遺構・遺物が多く発見されている。とくに水滴や巡方、そして大規模な掘立柱式建物など、大嶋郷をこれから研究する上で興味深い資料を数多く出土している。

構　成／谷口　榮
写真提供／葛飾区教育委員会

奈良時代の井戸跡（柴又帝釈天遺跡）

下総国大嶋郷関連遺跡

掘立柱式建物跡
（古録天遺跡。既設管による撹乱と調査区の制限により建物の想定は難しい）

奈良・平安時代の溝跡（本郷遺跡。手前に木樋が検出された）

木樋設置状況（本郷遺跡）

鉈尾出土状況（鬼塚遺跡）

●最近の発掘から

下総国葛飾郡大嶋郷の調査——大嶋郷推定地の遺跡調査

谷口 榮 東京都葛飾区教育委員会

葛飾区は東京都の東端に位置し江戸川を境に千葉県と接しており，地理的には武蔵野台地と下総台地の間に広がる東京低地と呼ばれる低地帯にある。

葛飾区や南に接する江戸川区は古くから正倉院に保管されている「養老5年（721）下総国葛飾郡大嶋郷戸籍」に記載されている大嶋郷の推定地とされてきた。

従来の研究は，家族構成など戸籍の内容が主体的に進められてきた。大嶋郷の甲和里・仲村里・嶋俣里の位置については，甲和＝江戸川区小岩・嶋俣＝葛飾区柴又・仲村＝不明と地名の転訛を拠りどころとしたもので，戸籍に記載されている人々が生活をした物的証拠を欠いていた。しかし低地帯に所在する遺跡の調査例は極めて少なく，この問題についての研究も考古学側からは積極的には展開されなかった。

最近になって葛飾区内に所在する遺跡の調査が行なわれるようになり，奈良・平安時代の資料が充実し，大嶋郷に関する問題も含め，東京低地の古代を研究する上でいくつかの注目すべき発見がなされてきた。

まだ研究の端緒に着いたばかりで不十分ではあるが，最近の調査成果の一端を紹介したい。

1 柴又地区の調査

柴又帝釈天遺跡 柴又の帝釈天として映画などで親しまれている題経寺を中心として分布する遺跡で，1989年度までに5地点の調査を行なっている。

柴又7丁目7番第1地点では，奈良・平安時代の馬歯を出土した土坑1基を含め6基の土坑と溝1条が検出されている。遺物は，溝から土師器甕や須恵器の甕・杯・蓋のほか，東京都内でも類例が僅少な水滴が出土している。遺構外からは判読不明ではあるが9世紀ごろの須恵器杯に墨書されたものが1点出土している。

柴又7丁目7番第2地点からは，木組みの井戸跡が発見されている。井戸内からは須恵器の長頸壺や杯，漆器の皿が出土しており注目される。長頸壺は故意に口縁部と底部を欠損させたものを埋置した状態で発見されていることから，井戸埋めに際して儀礼行為を行なっていることが窺える。この井戸は長頸壺の年代から8世紀前半頃のものと判断される。このほか遺構内や遺構外から8世紀の良好な資料が出土している。

古録天遺跡 柴又微高地の西側に立地する遺跡で，古録天遺跡の東側に接して古録天東遺跡が位置する。柴又1・3丁目先区道地点と柴又1丁目28番地から良好な資料が出土している。

柴又1・3丁目先区道地点は，道路改良工事にともなって調査が行なわれたもので，出土資料は古録天遺跡と古録天東遺跡にまたがるものもあるので便宜的に一括して紹介する。奈良・平安時代で注目される遺構は，掘立柱式建物群の発見である。柱穴には直径50cm前後のものと80cm前後の大型のものがあるが，調査面積が狭いため建物の想定は難しい。同じ頃の遺構としては溝や井戸などがあるが，馬頭を埋納した土坑の存在も注意されよう。遺物は，土師器・須恵器・灰釉陶器のほかに1点ではあるが緑釉陶器も出土している。須恵器の中には南比企産に混じって常陸辺りで生産されたものも多く見受けられる。墨書土器も3点出土しており，1点ではあるが9世紀頃の土師器杯の底に「角」と判読できるものがある。他には，奈良時代頃の銅製の巡方も出土している。

柴又1丁目28番地点では，2間×2間の総柱の掘立柱式建物が発見されている。

2 奥戸地区の調査

鬼塚遺跡 区下水道の工事に先立って調査を行なったところ，奈良時代前半の井戸跡や奈良・平安時代ごろの掘立柱式建物と思われる柱穴などが発見された。井戸は直径1.4mほどの円形を呈するもので，井戸の上部から土師器甕や復元可能な杯が纏まって出土し，その傍らには牛と思われる下顎骨が出土しており，柴又帝釈天遺跡同様井戸埋めの際に儀礼行為を行なっているものと思われる。遺構外からは，平安時代頃の石製の鉈尾が出土している。

本郷遺跡 奥戸3丁目11番地点からは，奈良・平安時代の溝1条と土坑や畑跡と思われるものが出土している。なかでも1号溝には水量を調節するための木樋が設置されており，溝内からは須恵器と馬歯が多量に出土している。復元された2個体の須恵器はいずれも細かく砕かれており，意図的に馬と一緒に溝に投げ込んだものと推測される。

都下水道の調査では，奈良時代の掘立柱式建物と思われる柱穴や平安時代の土坑・竪穴状遺構などが出土している。

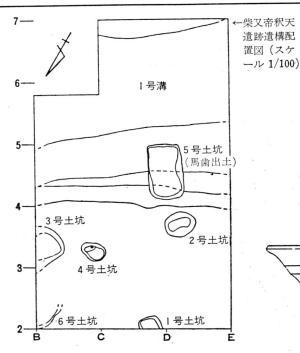
←柴又帝釈天遺跡遺構配置図（スケール1/100）

巡方（古録天遺跡）

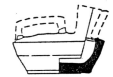
水滴（柴又帝釈天遺跡）

墨書土器（柴又帝釈天遺跡）
（いずれもスケール1/2）

3　まとめと今後の課題

　大嶋郷内の様子については低地帯に占地していることから，一般的な集落とは異なった様相をしているのではないかと考えるむきもあった。しかし，古録天遺跡や鬼塚遺跡からは掘立柱式建物の存在が認められているし，まだ奈良時代の確実な竪穴住居は確認されていないが，古墳時代の竪穴住居が古録天遺跡や本郷遺跡などで発見されていることから，台地上の遺跡と同様に竪穴住居と掘立柱式建物によって構成されていたものと思われる。

　調査件数が少ないことと調査面積も限られているので，ひとつの微高地上に同一時期の竪穴住居や掘立柱建物がどれだけ築かれていたかは知る事はできないが，遺跡の分布や調査状況から察して，ひとつの微高地上に集中して集落が営まれて里を形成するのではなくて，微高地上に営まれたいくつかの集落が集まって里を形成していたと考えたほうが妥当であろう。

　各里の位置については，私見を参照されたいが（谷口1990），今まで不明だった仲村里については，従来の甲和＝小岩・嶋俣＝柴又との説に従えば，2つの地域の間に位置する奥戸地区の遺跡群の存在が注意される。里名の起こりが甲和と嶋俣の間にあることからつけられた可能性は充分考えられることで，考古学資料からも戸籍作成時期に集落が営まれていた事は明らかであり，仲村里の推定地の有力候補と考えられる。

　大嶋郷の範囲は考古学資料と微高地の分布から，現状では北側は葛飾区金町・柴又，東は江戸川，西側は葛飾区立石・奥戸，南側は海岸線までの地域を大嶋郷の範囲として想定できよう。また，奈良時代の確実な考古学資料が発見されていない葛飾区金町以北，西亀有・堀切，墨田区墨田・向島・江戸川区平井にも微高地が形成されていることから，今後の調査の進展によって考古学資料が発見されればこれらの地域を含めた範囲が大嶋郷の範囲として考えられ，ほぼ後の時代に成立する葛西御厨の範囲と同じ広がりを示している可能性もある。

　大嶋郷ではどのような生業が営まれていたのであろうか。東京低地では，弥生時代後期から古墳時代後期にかけて管状土錘を用いた網漁が盛んに行なわれてきた。農耕も古くから行なわれていたようで，葛飾区葛西城跡からは古墳時代前期頃の畑跡と思われる溝列が発見されている。奈良時代になると，葛飾区内の遺跡では牛馬の出土が目立ち，牛馬を用いた儀礼行為も多く認められるようになる。このような儀礼行為や牛馬の出土は農耕行為と密接な繋がりを示すもので，この時代から網漁は衰退してしまうことを考え合わせると，大嶋郷では牛馬を用いた農耕が主体的に行なわれていたものと理解される。

　また，古録天遺跡から発見された大規模な掘立柱式建物群の存在は，柴又に郷家・駅家・館などの下級官衙との関連も考慮されるところで今後の検討を要しよう。柴又帝釈天遺跡から出土した水滴や漆器皿なども遺跡の性格を考える上で興味深い資料といえよう。

　先にも述べたようにようやく調査件数も増え，次第に大嶋郷に関連する考古学資料が増加してきたところで，考古学資料の検討はまだまだ充分ではない。今後に期するところが大きい。

連載講座
縄紋時代史
7. 縄紋土器の型式（2）

北海道大学助教授
林　謙作

「型式」について，とくに「型式」の意味をどのように解釈すべきか考えるまえに，縄紋土器そのものの変遷の過程を観察してみることにしよう。

1. 縄紋土器のすがた

縄紋土器は，文字どおり千変万化の変化をしめている。古い時期（たとえば隆起線紋土器）と新しい時期（たとえば突帯紋土器や亀ヶ岡式土器）のもの，あるいはおなじ時期でも日本列島の南北の端では，とても一つの「文化」の産物とは思えないほどのちがいがある。多くの縄紋土器は，地紋に縄紋をつけている。しかし日本列島のすべての地域で縄紋を地紋としていた時期はかぎられるし，縄紋土器の成立とともに縄紋の技法ができあがっているわけでもない。「ロクロを使わぬ素焼きの土器」という以外には，「縄紋土器」に共通する要素などあげられない，といっても言い過ぎではないだろう。

にもかかわらず，われわれが縄紋土器は「地方によっても年代によっても截然と分かち得ない一体の土器」である，と感じていることも否定できない。この意識は一面では，これまでの研究の歴史，そこで作りあげられてきた視野の範囲や問題のとらえかたと結びついたイメージの産物であることは否定できない。しかし，この「イメージ」が，われわれの観察の対象そのものとまったく無縁なものでもないことも事実である。

われわれが「縄紋土器」とよんでいる土器は，年代とともにめまぐるしく変化している。そのうえに，変化の方向やテンポもすべての地域で一律ではない。縄紋土器の変化の道筋は，決して一筋道ではなく，曲がりくねった回り道だらけなのだ。しかし，回り道だらけであるにしても，縄紋土器が変化してきた道筋を大まかにとらえることができないわけではない。草創期から前期にかけての土器の底の変遷，押型紋の問題，さらに器種の分化の問題をとりあげ，説明してみよう。

2. 縄紋土器の変遷

2-1. 平底土器の定着

尖底土器のあるなしが，早期・前期を区別するきめてになる，という意見はかなりながいあいだ支配的だった。尖底と平底のちがいを，捲上げから輪積みへ成形技法が進歩した結果だ，と説明しようとした人もいた[1]。しかし，このような単純な説明はもはや今日では通用しなくなっている。

草創期前葉の隆起線紋土器の底部には，長崎・泉福寺洞穴の「豆粒紋土器」や東京・ナスナ原の

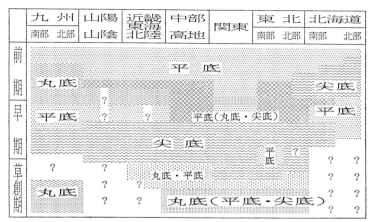

表1　草創期〜前期の土器の底部の変遷

ような丸底，長野・石小屋や青森・表館のような尖底にちかい丸底，神奈川・上野上層のような平底など，さまざまな変化があり，一様ではない。青森・大平山元の資料は，隆起線紋土器以前の長者久保・神子柴文化の時期にも平底土器があったことをしめしている。

　草創期の後葉になると，関東地方では平底土器は姿をけし，撚糸紋土器の中ごろには尖底が圧倒的に多くなる。ほかの地域では，関東地方の撚糸紋土器にあたる時期の土器がまだ見つかっていないので，おなじ動きが起こっているのかどうか，まだわからない。草創期中葉には丸底・平底が共存することが多く[2]，関東地方もその例外ではない。関東以外の地域の草創期後葉には，平底ばかりの型式，あるいは平底と丸底をふくむ型式がひろがっているのだろう（表1）。

　早期前葉から中葉にかけて，押型紋土器・沈線（貝殻）紋土器の分布圏がひろがるとともに，九州から本州までの地域では尖底土器の全盛期となる。しかし中葉のうちに，関東地方には丸底があらわれる。そのころ九州・北海道（東北部）には平底の型式がひろがり，後葉の型式にもうけつがれていく。これとはべつに，関東地方でも条痕紋土器の後半に平底があらわれる。

　早期末から前期はじめにかけて，中部高地・関東・東北では，平底・丸底・尖底がいり混じる。しだいに平底が主流を占めるようになるが，関東地方の関山式のように安定したものから，仙台湾沿岸の桂島式の丸底にタガをまわした不安定なものまでさまざまで，一様ではない。九州の押型紋の末期には平底があらわれ，轟式には平底と丸底があるが，それにつづく曽畑式や，山陽地方から北陸に分布する羽島下層2式は，すべて丸底である。羽島下層式につづく北白川下層1式には，平底も丸底もある。東北地方北部から北海道では平底は少なく，丸底・尖底が主流となる。前期中葉になると，九州と本州の土器はすべて平底になるが，北海道では尖底あるいは丸底の土器がつづいており，前期の後葉になって，ようやく日本列島全域に平底の型式がひろがる。

　平底土器が定着するまで，なぜこのような回り道を通っているのだろうか。おそらく土器の底の形一つにしても，たとえば成形の技術といった，ただひとつの条件で決まるわけではないからだろう。関東地方の撚糸紋土器の場合を例として，説明してみよう。実験による裏付はまだ十分ではないが，丸底や尖底の土器は，煮炊きにもちいた場合火のまわり（熱効率）が平底よりもよい，という。関東地方の後期後葉の土器でも，煮炊きにもちいる深鉢は，尖底にちかい形になっているし，松島湾の製塩土器も平底から尖底に変化する。煮炊きのときの熱効率のよさが，関東地方の草創期後葉に尖底が普及する一つの理由となっていることはたしかだろう。尖底土器が普及してゆく時期は，土器の消費が（したがって生産も）きわだってふえる時期でもある。焼き損じが少ない上に，できあがった土器の焼き締まりもよい，という条件も尖底が普及する一つの理由となっている，と考えるべきだろう。煮炊きにもちいる施設のつくりも，土器の形と無縁ではないはずである。草創期後葉の礫群，あるいは木組みの枠のなかに灰を盛った一種の囲炉裏などは，丸底・尖底の土器で煮炊きするにふさわしい施設だといえる[3]。

　関東地方の撚糸紋土器の例一つをとってみても，尖底が普及する理由は単純なものではなく，さまざまな条件がかさなっているようである。自然条件や歴史的な伝統のちがったところでは，またべつの理由で土器の形が決まっているだろう。

2-2.　地紋としての押型紋

　土器の底の形は，土器を作る人々の選択の余地が装飾や紋様にくらべれば限られているはずである。にもかかわらず，草創期から前期までの土器の底部の変遷は，決して単純なものではなかった。土器を作る人々の選択の余地が大きいはずの装飾や紋様の動きもみておく必要がある。草創期から晩期まで，あるいは日本列島の北から南まで比較できる要素として，押型紋をとりあげることにする。

　押型紋は，縄紋や撚糸紋とおなじく地紋であって，紋様とは区別しておく必要がある。脇道にそれるが，地紋と紋様の区別に触れておこう。縄紋土器の地紋には，このほかに条痕[4]がある。いうまでもなく，条痕紋は原体を引きずり，縄紋・撚糸紋・押型紋は原体を転がしている。このほか，土器の表面に転がす原体には，植物の穂（北海道・前期）・魚の脊椎（北海道および関東・前期）・巻貝（本州西南部・後期）などをもちいる場合もあるが，分布範囲も時期も限られている。縄紋土器の地紋は，原体を転がしたものが主流となっている。原体を転がして地紋をつける技法は，かならずしも

縄紋土器に特有のものではないが，種類の多いことは，ほかに例がない。

原体をどのように刻むかによって，押型紋の図柄はあらかじめ決まる。縄紋・撚糸紋の場合もおなじことで，地紋の図柄は，原体のつくりによって，施紋する前から決まっているわけである[5]。図柄に変化をつけようとすれば，何種類かの原体を使うか，原体の転がし方・押しつけ方を変えるしか方法がない。原体の作りがそのまま図柄にうつしだされているものを「地紋」，原体の作りに縛られぬものを「紋様」（「手描き紋様」といえば意味がもっとはっきりするだろう）として区別することにしよう。稲田孝司の，「施文具形態文様」と「方位形態文様」の区別も，ほぼこれとおなじ意味である。稲田も指摘しているように[6]，前期中葉の竹管紋の発達を境として，地紋がめだつ段階と，地紋に文様がかさなる段階を区別することができる。

縄紋土器の模様を，このように区別しようとすれば，草創期前葉の隆起線紋と，中葉の多縄紋・爪形紋のあいだにも一線をひかねばならない。隆起線紋は粘土の紐や粒を貼りつけて意匠を表現するのだから，（少なくとも理屈のうえでは）図柄を自由に表現することができる。しかし多縄紋や爪形紋には，さきに述べたように図柄に変化をつけるうえでの制限がある。草創期中葉の多縄紋土器には，この条件のもとで口縁部では原体を押しつけ胴部では原体を転がし，紋様と地紋を区別しようとする。金子直行は，多縄紋土器・爪形紋土器にかざりの多い土器・少ない土器の区別があることを指摘している[7]。このような例は草創期後葉の多縄紋土器（＝撚糸紋土器）のはじめまで残るが，まもなく原体を転がす方向の違いにおきかわってしまう。古い時期の押型紋の帯状施紋は，このような動きのなかから生まれてくる。正確な意味での紋様をつけない，という押型紋土器の特徴は，撚糸紋土器の模様とおなじもので，草創期後葉の伝統をひいている。

脇道にそれるが，地紋というものがどのような意味をもつのか，ここで考えてみよう。縄紋土器にはなぜ縄紋がついているのか，実用的な意味があるのか，かざりなのか，長いあいだ議論がつづいている。近ごろでは，かざりだという考えが有力になってきている。つまり縄紋土器の地紋は，中国の新石器時代の粗製土器（灰陶・印紋陶）や日本の弥生時代後期の甕，古墳時代の須恵器などの叩目とはちがって，土器を叩き締める作業の副産物ではなく，実用的な目的や効果はもっていない，という[8]。おそらくこの考えに間違いはないだろう。その一方，なぜ地紋と紋様を重ねてまで模様を表現するのか，という疑問もわいてくる。九州の曽畑式や市来式には地紋がないし，後期後葉から晩期になると九州や本州西南部の精製土器にも地紋はない。手描き模様や突起があれば，かざりとしては十分だ，これらの型式の土器を作った人々はそう考えていたに違いない。

成形や器面の仕上げが終わったところで，地紋をつける。手描き模様もある場合には，地紋をつけてから手描き模様を描いている。この流れから，地紋というものの意味を，つぎのように解釈することができるのではなかろうか。土器作りは，なまの状態で自然界のなかにある物資に手をくわえ，人間の社会のなかにとりこむ。器面の仕上げが終わったところで，なまの粘土は土器となり，自然の世界から人間の社会にうつる。縄紋土器の地紋は，この区切りをしめし，人間の使う器物としての生命を吹き込むという意味をもっていたのだろう[9]。このような解釈が成りたつとすれば，地紋のあるなし・つける地紋の種類は，土器を作った人々が新しい器物を社会のなかにとりこむときの意識の違いを反映している，といえるだろう。

押型紋土器は関東・東北では早期中葉，本州の中部高地から西の地域でも後葉には終末をむかえる。九州では，本州よりもはるかに長く，平底のヤトコロ式（早期後葉）・胴にくびれのはいる石清水式（前期前葉？）をへて，前期中葉の手向山式まで押型紋の系譜をたどることができる。九州には，ほかの地域で地紋に手描き模様をかさねて模様を表現する手法が定着したのちにも，草創期後葉とおなじ，地紋だけをもちいて模様を表現する手法が残っている。さきに土器の底の変遷で観察したとおなじく，つよい地域的な特色のあらわれである。さきに述べたような解釈をあてはめれば，九州のなかの押型紋土器と，塞ノ神式・曽畑式などの型式，あるいは九州の外の地域の型式の違いを，それらの土器を作った人々の意識のちがいとしてとらえることができるだろう。

北日本にも，奇妙な押型紋がある。北海道では温根湯式とよばれる繊維をふくむ尖底の押型紋，神居式・多寄式などとよばれる繊維をふくまぬ平

底の押型紋がある[10]。いずれも確実な年代はわからない。とくに，多寄式には，丸棒ではなく，彫刻した板で叩いたものもある。この手法はほかの型式との系統はまったくたどれない。かといって，大陸にも類例のない奇妙な代物である。本州では，青森・野口貝塚で前期初頭の土器にともなって，口縁部に山形押型紋をつけた土器が出土している[11]。前期後葉の岩手・塩ヶ森には，樹枝状の押型紋がある[12]。蒲原平野の北部にも，晩期中葉に山形押型紋を地紋とした土器がある[13]。

佐原眞は，早期中葉の田戸上層式と後期後葉の安行2式の紋様が似ているのは，昔の土器のかけらに目をつけた人々が，古い紋様を復活させたからだ，と考えている[14]。蒲原平野の押型紋も，このような例だといえるかもしれない。しかしいまのところ，この考えを証明する手段はない。土器のかざりやかたちがどのようにして受け継がれていたのか，具体的に説明できるところまで，研究は進んでいない。

図1　静岡・仲道A遺跡出土の平底鉢
（縮尺約 1/7，註15による）

2-3.　器形と器種の分化

新潟・室谷洞穴の片口にちかい注口土器は，さまざまな土器の用途のうち，かぎられた目的にふさわしいかたちの作りわけの最古の例の一つである。室谷とほぼおなじ時期の静岡・仲道Aには，尖底あるいは丸底の深鉢のほかに，平底の鉢（図1）もある[15]。長野・増野川子石の深鉢と鉢（いずれも丸底?）は，後葉の例である。草創期中葉には，用途によるかたちの作りわけ——ひろい意味の器種分化——がはじまっている，といえる。

用途に応じた大小のサイズや細部の特徴の作りわけは，草創期前葉にははじまっている。神奈川・花見山の隆起線紋土器はその一例である。器形の分化は，すでに草創期にはじまっている。しかしいずれもかたちの作りわけにとどまり，かざりを使いわけるまでにはなっていない。かたちの作りわけにとどまる場合を一次的器形分化，かざりも使いわけ，用途のちがいを強調している場合を，二次的器形分化とよぶことにしよう。草創期の一次的器形分化は押型紋土器にうけつがれ，二次的器形分化はI文様帯をそなえた沈線(貝殻)紋土器の出現とともにはじまる。

関東地方の沈線(貝殻)紋土器や条痕紋土器には深鉢のほかに鉢もあらわれ，器種分化のきざしがあらわれるが，数はきわめて少なく，安定した要素とみることはできない。確実な器種分化は，前期前葉の深い器種・浅い器種（深鉢と鉢・浅鉢）の分離にはじまる。この動きは，はじめに関東地方の関山式，ややおくれて近畿地方の羽島下層2式や北白川下層1式にあらわれる。

関山式の浅い器種の比率はあまり高くなく，黒浜式になるとさらに低下する。ただし，口縁の内彎するものや鍔付など，この時期からはじまる浅鉢の新しい器形は諸磯式にひきつがれてゆく。本州西南部に分布する羽島下層2式には，すでに頸部がつよくくびれる波状口縁の丸底鉢がある[16]。これとはべつに，北白川下層1b式には平底の鉢があらわれ，2a式になって普及する（表2）。

関山・北白川下層いずれの場合も，浅い器種がわかれるのと同時に深鉢の器形も多様になり，波状縁と平縁・口頸部のくびれや胴のふくらみの有無などによって5～6種類の器形にわかれる。関山式では，片口をつけたものもあらわれ，北白川下層式では有紋・無紋の区別がきわだち，後・晩期になってはっきりする精製・粗製にちかい区別が成立していたことをしめしている。関東の型式では地紋の種類が多く，この区別がはっきりしないが，手描き模様のあるなしで区別をつけることはできる。

諸磯b式（とくに中段階，図2）になると，さらにあたらしい動きがはじまる。鉢類のほかに，きわめてまれではあるが壺も姿をあらわす。黒浜式にはじまり，諸磯a・bとつづく浅鉢は，上半分が異様なほどつよく張りだし，紋様帯を二段にかさねたもの（図2—5・6）があらわれる[17]。これほど極端なかたちではないが，上半分が強くすぼまる浅鉢もあり，両方とも口端に細い穴をいくつもあけていることが多い。この種の浅鉢は，諸磯式の分布圏に普遍的なひろがりを見せているが，ひとつの遺跡からでる数は決して多くはない。福

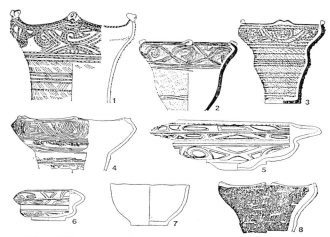

図2 諸磯b式の組成（1：千葉・北前，2：茨城・浮島貝ヶ窪，3：神奈川・折本，4・7・8：埼玉・東光寺裏，5・6：長野・丸山）（縮尺約1/9，註17による）

井・鳥浜貝塚や山形・押出など，諸磯式の分布圏の外にある遺跡までじかに運ばれるか，あるいは周辺の地域でつくったコピーが持ち込まれている。押出のこの種の土器にはすべて漆が塗ってあり，漆で紋様を描いたものもある。紋様だけではなく，かたちのうえでも実用を離れたかざりの要素がつよいことも無視できない。このような器種を，「派生器種」とよぶことにしよう。

器種・器形の分化にむかう動きは，関東と近畿でとくに活発で，ほかの地域ではあまりめだたない。北海道・東北北部のように，器種分化の動きがまったく起こらない地域もある[18]。北海道の縄紋尖底土器や東北北部の円筒下層式では，大小の作りわけがある程度で，器形の分化さえめだたない。仙台湾沿岸の大木式の諸型式やそのまわりの共通する要素のめだつ土器（大木系土器）の分布圏でも，鉢・浅鉢は皆無ではないが，器種として定着しているとはいえない。九州の轟・曽畑などの型式にも鉢と深鉢の区別はあり，曽畑式には壺に近いかたちのものもある。しかし，かざりの多い土器・少ない土器の区別が明らかでなく，一次的器形分化と区別しにくい（表2）。

関東・中部高地でも，五領ヶ台式の時期になると，派生器種はいったん途絶え，ふたたびあらわれるのは，中期中葉の関東地方の勝坂式，中部高地の新道式・曽利式の時期である。吊手・有孔鍔付・台付鉢などが，この時期の派生器種である。吊手土器はおそらくマツリの時にもちいるランプだろう。有孔鍔付土器は果実酒を作る道具だという意見もある。具体的な用途はともかく，これらの器種が日常生活のなかの必要とはなれた，特別の用途をもっていることは，

(1) 分布範囲は広いが，出土例は多くない。
(2) したがって日常生活のなかで破損—補充をくりかえすような目的にもちいたものとは考えられない。
(3) 諸磯b式の浅鉢のように，ほかの型式の分布圏まで，本場からの搬入品，あるいは周辺の地域で作ったコピーが運ばれている。

などの根拠から説明できるだろう。小杉康は(3)に注目し，これらの派生器種が「威信財」として交換の対象となっていた，と考えている[19]。

中期の派生器種の一次的な分布は，諸磯b式の特殊な浅鉢のひろがりとほぼかさなる。この地域——西関東の勝坂，中部高地の新道・曽利などの型式は，浮紋・沈紋をたくみに組み合わせた立体的な紋様で飾られている。これに人面など具象的な表現をふくむ把手がくわわって，個性的な作品のようにみえる。しかし，立体的な紋様や把手などの要素をはずしてみると，これらの型式の土器のかたちは意外に変化にとぼしく，型にはまっている。とくにひとつの器種のなかの器形の変化の幅がせまい。この地域の中期中葉の土器——とくに深鉢は，前期後葉から中期初頭の変化に富んだかたちが淘汰をうけており，それなりに完成したものといえるだろう。

土器のかたち（とりわけ深鉢）のバラエティーという点からみれば，むしろ西関東・中部高地をはずれた地域の型式のほうが多様になる，といえるかもしれない。大木8b式（とくに分布圏のはずれに近い地域のもの）のように，土器のかたちの規格がかたまらず，おなじ器形のなかのバラツキが大きい，というだけの場合もある。しかし近畿地方の後期後半の醍醐3式のように，船元式・里木2式などの系統をひく器形とともに，あたらしくキャリパー形もとりこまれ，深鉢の顔ぶれが一段とにぎやかになっているという例もある。

中期には，さきにあげた派生器種とも日常什器ともちがった用途の土器がある。中部高地より北の地域に分布する窓付の器台とか，東北地方南部に分布する小型のキャリパー形深鉢を本体とした

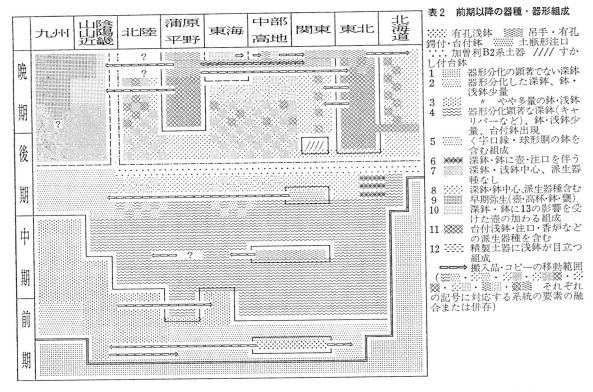

表2 前期以降の器種・器形組成

注口などである。器台は中部・関東・東北南部でそれぞれ変化をしめすが，3個の窓がつき，台として使っているときにはみえぬはずの内側に紋様をつける，という特徴は変わらない。注口付キャリパーは，器形・紋様さらに素地の調合まで，判で押したように似ている。しかもその分布は，仙台平野や村山盆地など，典型的な大木8b式の分布圏のそとには及んでいない。

　キャリパー形深鉢は本州の中期の土器を代表する要素だといえる。各地のキャリパー形深鉢には，器台とおなじようにそれぞれの地域での変更や修正の跡がのこされている。しかし，基本となるかたちは似通っている。その点でキャリパー形深鉢は器台とおなじ仲間で，中期の土器にみられる地域をこえた共通性をあらわしている。注口付キャリパーには，これと反対にきわめてつよい地域的な個性があらわれている（派生器種は，このふたつとはまた違った分布をしめしている）。この点で中期の土器は，それ以後の時期の土器とおなじような地域性が，はじめて表面にあらわれている，といえるだろう。中期中葉のキャリパー形深鉢とそれにともなう紋様が各地にひろがった結果，きわめて広い地域の諸型式に共通する要素がそなわり，いわば各地域の型式に共通する基盤を準備することになった。後期にはいっておなじ役割をはたすのは，前葉での西日本の縁帯紋土器，中葉での東日本の加曽利B系土器である。縁帯紋土器は九州から本州西南部に分布し，東海・北陸地方までひろがっている。この土器の特徴の一つとなるく字口縁の鉢は，後期中葉になるとほかの器種にももちいられるようになり，この地域の共通の器形の一つとなって，細部の修正をうけながら晩期までつづく。縁帯紋土器の器種・器形は，本州西南部から九州にわたる地域の後・晩期のものの原型となっており，西日本に固有の後・晩期の土器の特徴ができあがる素地はこの時期に準備されていた，といえる。

　一方，関東・中部高地から北の地域の中期の鉢・浅鉢は，大型あるいは中型のもので，数も多くはなかった。後期前葉になると，これらの地域でも小型の鉢・浅鉢の数が多くなる。これも縁帯紋土器の器種組成の影響がおよんだ結果だろう。

　広い意味の加曽利B系土器には，
(1) 地域的なかたよりなしに広い範囲に分布する要素
(2) おなじく広い範囲には分布するが，地域的なかたよりの顕著な要素
(3) 本来の分布圏から外には出ない要素

図3 埼玉・寿能の加曽利B2式土器（縮尺1/9，註21による）

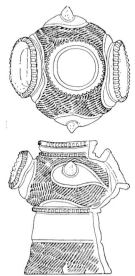

図4 北海道・忍路土場の窓付台鉢（縮尺1/6，註23による）

の三種類の要素がある。安孫子昭二の指摘するように，加曽利B系土器の広域にわたる分布という通説は，この三種類の要素の系統や分布範囲の吟味がたりない面があった[20]。埼玉・寿能の資料（図3）[21]にもとづいて説明してみよう。

図3のうち，1は北陸にも北海道にも分布している。2は蒲原平野から東北地方，さらに北海道まで分布しており，北陸にはいると比較的まれになる。東北地方に分布の中心があるという事情を考えにいれれば，比較的かたよりの少ない部類だろう。3・4は東海・中部高地から北陸まで分布するが，東北・蒲原平野には類例がない。関東から西・南にひろがっており，地域的なかたよりのある部類といえる。5はこれとうりふたつの土器が東京・大森貝塚から出ており，6とともに関東の加曽利B2を代表するタイプである。しかし，これらのタイプは東京湾沿岸や東関東以外の地域にはまったく分布していない。もっとも地域性のつよいタイプである。いわゆる加曽利B系土器の分布圏，そしてそのなかの個々の型式の中身にも，分布の範囲も起源もまちまちな要素が，いくつも畳みこまれている，というのが実情だろう[22]。

この前後の時期には環状土器や双口土器，窓付台鉢，底に近い部分に孔をあけた胴長の壺，あるいは鳥形土器など形のかわった土器があらわれる。これらの「異形土器」は，分布の範囲や中心が一致するわけではないが，関東・蒲原平野以北の地域に多い。なかでも，窓付台鉢は関東地方から北海道まで，画一的な形のものが分布している（図4）[23]。全面にヘラミガキを掛けた注口も，これとおなじような分布をしめしている。注口は別として，窓付台鉢などは，少なくとも東日本の各地で出土している例が（少なくとも考古学の立場から観察したところでは）搬入品ではなく，かといってコピーでもない，という点が前期・中期の派生器種とは違っている。この判断が正しいとすれば，中部高地の事情はまだはっきりしないが，北海道・東北・蒲原平野・関東の各地域の住民が，共通の約束事にしたがって，これらの用途のかぎられた土器を作っていたことになる。おなじ形の土器にはおなじような用途があったのだろう。とすればこれらの地域の住民は派生器種が登場する機会——マツリも共有していた，と考えることができるだろう。ことあるごとにマツリを開き，それをきっかけとして頻繁な交流をたもっていた地域の住民が，おなじ形の派生器種を作っていたのだろう。

異形土器は，ほとんどすべて後期のうちに姿を消してしまう。ただ一つの例外は窓付台鉢で，後期末から晩期にかけて香炉形土器に変化する。ただしこの変化が起きるのは，窓付台鉢を作りはじめた関東でなく，二次的な分布圏のなかの東北である。注口も興味深いコースをたどっている。もともと鉢が特別な形に変化した注口が，後期中葉には壺に近い形になる。ここまでは，本州西南部までほぼ足並みがそろっており，東北地方では後期後葉にも注口は壺とおなじ形になっている。ところが，関東地方では安行2式の時期になると，先祖返りしたように，鉢を本体にした注口があらわれ，土瓶形・壺形の注口は姿を消してしまう。後期から晩期にかけて，後期中葉にはまとまりを見せていた東日本の各地の土器に，地域ごとの個性がつよくあらわれるようになる。さきに触れたように，東日本全体をひとつのすがたで覆っているようにみえる加曽利B系土器も，異系統・異方向の要素を包みこんでいる。後期後葉から晩期初

99

頭に目だってくる地域性は，異質なもののあらわ
れではなく，潜伏していたものが顔を出したまで
のことだろう。それはともかく，本州西南部から
九州の各地では，地域性が強くなる傾向は目につ
かない。この地域性の強弱・派生器種に代表され
る器種組成の差は，東日本と西日本の晩期の土器
の違いとじかに結びついている。

3. まとめ

器種・器形に目をむけて，縄紋土器の変遷をた
どってみた。山内清男は，縄紋土器の変遷を「口
頸部文様帯は早期に遡り……，前期に続き……，
単独に加えられるが前期には下方に文様の出現が
見られ……中期前半においても単独に……または
下方に別の文様帯を伴って……出現する（中略）。
また上部下部の文様帯は後期および晩期において
分化を続けている」[24]とまとめている。私がいま
まで述べたことも，この枠の外に出るものではな
いし，出るはずもない。

ただひとつ，縄紋土器が決して一系統のもので
はない，ということは強調しておきたい。われわ
れの目にうつる「一体性」の由来をたどれば，縄
紋土器の型式が交流をたもっていた地域社会の産
物だという事実，それと型式の「系統」を逐次た
どる，という山内の仮説と方法にゆきつく。

註
1) 八幡一郎「原始文化の遺物・縄文式時代」p.140,
146（『新修日本文化史大系』1：136-213，誠文堂新
光社，1938）
2) 多縄紋土器には平底の例が多く，爪形紋土器には
丸底（まれに尖底）が多い，といえるがはっきりと
区別できるわけではない。
3) 礫群のなかに据えた尖底土器は，神奈川・夏島貝
塚の例が有名である。今村啓爾は，東京天文台遺跡
の稲荷台期の竪穴を観察し，囲炉裏のような施設が
あったものと推定している。
杉原荘介・芹沢長介「神奈川県夏島における縄文
文化初頭の貝塚の研究」pp.29-30（『明治大学考古
学研究室研究報告』2，1957）
今村啓爾「総括」pp.287-88（吉田　格編『東京
天文台構内遺跡』281-90，1983）
4) 貝をもちいたもの，木片をもちいたもののほか，
撚糸文や押型紋の原体を転がさずに引きずったもの
もある。横山浩一は刷毛目や櫛目の原体も木片であ
ることをつきとめた。
横山浩一「刷毛目調整工具に関する基礎的実験」
pp.5-18（『九州文化史研究所紀要』23：1-24，
1978）
5) 条痕紋は，原体の動きをかえて自由な図柄を表現

することができる。この点で地紋とも手描き模様と
もつかぬ性質がある。
6) 稲田孝司「縄文土器文様発達史・素描（上）」pp.
9-10（『考古学研究』72：9-25，1972）
7) 金子直行「押圧縄文土器と回転縄文土器」p.31,
33（『埼玉考古』24：24-33，1988）
8) 新井司郎や後藤和民は，土器の表面積が大きくな
り，熱効率がよくなる，と指摘している。
新井司郎『縄文土器の技法』pp.146-48（中央公
論美術出版，1971）
後藤和民『縄文土器を作る』pp.158-60（中央公
論社，1970）
9) 住居の建て前・船霊の安置などの儀礼は，このよ
うな習俗が現代まで残されている例だろう。
10) 児玉作左衛門・大場利夫「北見国温根湯遺跡の発
掘について」（『北方文化研究報告』11：75-145，1956)
佐藤忠雄『多寄』（士別市教育委員会，1960）
11) 岡本　勇ほか「青森県野口貝塚の調査」（『ムゼイ
オン』11：21-23，1964）
12) 調査中に資料を見せていただいたが，報告書（『岩
手県埋蔵文化財調査報告』31）には記載がない。
13) 石川日出志ほか「村尻遺跡Ⅰ」pp.106-11（『新発
田市文化財調査報告』3，1981）
14) 佐原　眞「縄文土器Ⅱ」p.49（『日本の原始美術』
2，講談社，1977）
15) 漆畑　稔ほか「仲道A遺跡」p.297（『大仁町埋蔵
文化財調査報告』3，1986）
16) 網谷克彦「北白川下層式土器」p.202（加藤晋平・
藤本　強・小林達雄編『縄文文化の研究』3：201-
10，雄山閣，1982）
17) 今村啓爾「諸磯式土器」pp.215-16（同上・211-23)
18) 早期後葉の東釧路3式などに鉢があらわれるが，
系統的に発達しない。
19) 小杉　康「縄文時代の時期区分と縄文文化のダイ
ナミックス」pp.115-17（『駿台史学』73：99-124，
1988）
20) 野口義麿・安孫子昭二「磨消縄文の世界」pp.133
-34（野口編『縄文土器大成』3：130-35，講談社，
1981）
21) 埼玉県教育委員会編『寿能泥炭層遺跡調査報告・
人工遺物総括編』1982
22) 山内清男ほか「図版解説」p.178（山内清男編
『日本原始美術』1：174-88，1964，講談社）
23) 北海道埋蔵文化財センター「忍路土場遺跡」2
（『北海道埋蔵文化財センター埋蔵文化財調査報告』
1990）
24) 註22）に同じ

書評

国分直一 監修
国領 駿・小早川成博 編

盃状穴考 その呪術的造形の追跡

慶友社
A5判 186頁
3,600円 1990年5月刊

「盃状穴」とは聞きなれない言葉である。それは盃状の石の窪みのことで「人類が旧石器時代以来，岩や石に，多くは何らかの意味をもたせて，刻みこんだ単純な造形を指す」という。その言葉は Cup mark の訳で，一に女性のシンボルとみられる性穴を意味するともいう。しかしその実態はきわめて多岐にわたり，年代や地域的分布もさまざまである。本書はこうした謎の遺構・遺物ともいうべき盃状穴に焦点をおき，国の内外をとわず自由な立場の人たちが執筆した16論文を1冊にまとめたものである。

まず，わが国で盃状穴のことが初めてとりあげられ，その意味の探索がはじまったのは昭和55年5月，山口市神田山の第1号石棺が発見されて以来のことである。それは箱式石棺の蓋石に直径2～3cmの盃状穴がならんでいた。おそらく何か祈りながら穿けたのだろうという。このような例は福岡県三雲における弥生前期の支石墓の上石や，韓国京畿道琵南里の支石墓6基にも検出されたという（中村徹也「盃状穴覚え書」）。こうした盃状穴についての呪術習俗はスウェーデンにもあり，「病気の子どもを治すため，その子をやわらかい獣脂に充たされた盃状穴のある石の上におく」ことによって悪霊をなだめ，子供の生命力を恢復させるための儀式を行なうという（国分直一「盃状穴の系統とその象徴的意味」）。

年代は下降するがこうした盃状穴は長崎県島原市津町の水蝕石とよばれる猿田彦明神の碑や，近隣の多比羅八幡境内の燈籠桿石や笠石にもみられる。調査者はこれらを吾妻町剣柄神社の手水石の窪み穴群や，男根？の表現とともに，竜神信仰との関係を説く。そして島原市熊野神社の石祠に表現された，蛇に処女を捧げる犠牲信仰の図？と称する彫刻は，そのルーツが中国雲南の「ワ族」の信仰系列にもとめられるという（柚木伸一「水蝕呪石と盃状穴」）が，その理由は明らかでない。

また，下関市彦島には大正13年に発見された謎の岩刻画があり，これは韓国蔚州郡川前里や高霊邑良田里における岩刻画との関係が考えられ，いずれの壁画にも女性シンボルとしての盃状穴がみられるという（国分直一「盃状穴と岩刻画」）。

さらに盃状穴が集中的に分布する兵庫県播磨地方の例を紹介して，全国の盃状穴を三つに大別し「①一義的盃穴。すなわち縄文・弥生・古墳時代にわたる。」「②二義的盃穴（前半）律令時代から江戸前期。」「③二義的盃穴（後半）幕藩時代から明治大正時代に穿たれたもので，神社・仏閣の常夜燈・手水鉢・石段・基壇などに最も多い。」とくに①には縄文時代の発火具とも，石器製作具ともいわれ，堅果の打割具ともいわれる「くぼみ石」または「蜂ノ巣石」をあげている。②の事例には山形市元木の平安時代後期に建立された鳥居の石柱にみられるおびただしい窪み穴や，宮城県多賀城碑左側面下の窪み穴，群馬県多胡碑の傍にある石などがあげられている。③には「子供たちの草搗き遊び場」における「とりもちを作った」搗き穴や「よもぎを搗いた」穴などについて，体験者の談話を紹介しながらも，果たしてそれらの話が真実かどうか疑義があるという（三浦孝一「盃状穴考」）。

その他に大分県国東半島では真木大堂の燈明石や，大応寺の十二燈石・燈籠石などに12個の盃状穴がならぶのは十二支を象徴したもので，三光寺の手洗鉢に7穴が不規則にならぶのは北斗信仰をあらわすとなす。それらは道教と関係があると説いている（小早川成博「盃状穴と道教の干支信仰」）が，根拠は明らかでない。さらに末尾には韓半島先史時代の性穴（黄龍渾）やインドネシアの再生・子授け信仰（松浦宣秀），パレスチナ先史文化のカップマーク（藤井純夫）など，直接間接に関係あるものもないものも収録され，将来研究の資料としている。

このように盃状穴は先史時代から現代まで，きわめて長い年代幅があり，分布にも限界がもとめ難い。また穿穴目的も一律ではなく，中には明らかに自然現象の穴もある。それだけに謎が多く，興味一入なものがある。そのせいか多くの人がこれを呪術的なものとなし，中には考えすぎて空想に走った説も少なくない。それにしても盃状穴の謎解きは，意外に単純なものかもしれない。

一例だが私の育った熊本県球磨地方では，10歳ぐらいまでの女の子が爪を赤く染める光景を何度か見たことがある。彼女たちはホウセンカの花を摘み，これにカタバミの葉とアカネの根を加え，お地蔵さまの土台石（天保二年銘）にあけた窪みにいれ，棒状の石で搗きつぶしていた。これにミョーバンを加え，柿の葉に包んでくさらせる。これを小指から順に爪に押し当て包帯し，一夜を越すと爪は美しく染まっていた。彼女たちはこれをツマグレとよんでいた。本書はこうした謎解きのヒントをもとめる手引書としてはまことに興味深いものがある。

（乙益重隆）

書評

坂詰秀一 著
歴史考古学の視角と実践
雄山閣出版
A5判 298頁
3,500円 1990年5月刊

 歴史研究で，文書史料に主な基礎をおく研究法が19世紀になり急速に進展し「歴史学」を確立させた。歴史学で扱う史料（資料）のうち文字史料以外の材料は「資料」として取り扱う形が主流を占めることになったのである。このため「歴史」という用語自体も文字史料の存在する時空の範囲に限られるという錯覚がおこり，文字のない石器時代などは，歴史以前＝先史と呼称されるようになり，文献史料の明らかに残存する時代以後を「歴史時代」と区分した。しかし「歴史考古学」の呼称は，とくに表立って使われることもなく，強いていえば，歴史時代の考古学，というように述べられていた。明治15年開館の帝室博物館（いまの東博）の初期は，前代の好古の風をなお残しながら科学へ近づける努力が見られる過渡期とも理解できる。

 さて，本書の著者坂詰秀一氏が，考古学全般からやがてその対象を「歴史考古学」に絞って活躍されていることは，広く知られている。立正大学での師，久保常晴氏の許で師の歩んだ道を進んでおられる。ただ久保氏の活動した時代は，調査などは一部を除いて，通常手弁当方式であって「歴史考古学」という呼称がまだ十分安定している時期ではなかった。それが坂詰氏をふるい立たせることにもなったともいえる。

 坂詰氏は本書の中で，まず明治33年（1900）より大正2年（1913）にかけての神籠石論争，続く法隆寺再建非再建論争をあげ，「この二つの論争は，歴史考古学が考古学界のみならず広く歴史学界において市民権を獲得していく一つの具体的過程としてきわめて重要であった」と述べる。昭和に入って，大津京関係の崇福寺跡・南滋賀廃寺，さらに藤原宮跡と古代寺院址の発掘調査，別に石田茂作氏による飛鳥寺院址研究，さらに法隆寺再建論を裏付けた若草伽藍址発掘調査など，古代都城跡・寺院跡の発掘調査が実施され，技術的にも著しく前進したのであった。この間，昭和12年に『日本歴史考古学』が後藤守一氏によって著わされた。内容は第一章服飾から第九章墳墓に至る歴史考古の範囲と思われるものの大概を網羅した大冊であり，歴史考古学が一応のまとまりをもって学界に位置を占めたことの宣言とみても良いものであった。

 坂詰氏は，本書並びに本書に先行する『歴史考古学の構想と展開』（雄山閣考古学選書14，昭52）において，歴史考古学への道程と展開を述べるとともに，斯学の現状をご自身の体験及び知見をもって語っている。前書において，国府をはじめ古代集落遺跡を述べ，窯業遺跡から古代における生産関係の一部に触れ，さらに仏教遺跡，神道関係の遺跡を語る。本書では，氏が数多く当面した東日本各地の窯業遺跡について事例をあげて説き，その成果を分析して，立地，技術の面さらに製品の需給関係から果たした役割りに及んでいる。ことに武蔵国分寺については，当該寺址出土瓦と武蔵の国各地に在った瓦窯の製品とを対比し，中でも文字瓦による諸家の報告・論考の総括を試みている。

 歴史考古学に含まれる対象はかなり複雑多岐にわたるものである。その多様のものが種別に研究されてきたのであるが，これらを縦の時代相として究明する方法と横にして地域の様相として捕える方法がとられてきた。これらの成果はやがて総合されて「人の歴史」となる。古代についてはすでにエジプト，アッシリア，ギリシャなどがそれぞれの分野を確立して研究されている。日本における「古代」は，これらに較べれば異質の展開を示しているので意見としては尊重されるが，今後の課題でもある。

 これに対して「中世考古学」が論ぜられ，近世・近代の考古学も主張されるようになった。これは，人の心の余裕が過去の歴史への回想，その実証としての文化財の尊重がもたらしたものともいえよう。ことに埋蔵文化財については開発開拓による破壊がすべてを無にするほどのすさまじさであるので，その対応が急がれ，発掘調査の規模が面的に拡大されたことなどにもよるのである。本書では，これらについてもその発生（提唱）から具体的事例をあげて述べてある。その中には，英国で40年程前に提唱され，日本でも賛同する学者，有識者のいる「産業考古学」さらには最近の市街地改造によって破壊される遺跡ことに旧江戸朱引線内の江戸遺跡を対象とする発掘調査（江戸考古学という言葉はまだなじまないが），特殊なものとしては沖縄における「戦跡考古学」までが取り上げられている。

 さらに本書では第三章に「地域考古学の実践」を加え，氏が調査の総括を担当する府中市の武蔵国府・国庁の事例をあげてその展望を語り，『続日本後紀』の天長10年（833）5月条の「武蔵国の多摩入間の郡界に悲田院を設けた」をあげて多摩の平安時代を説くなど「地域」の解明を述べている。

 仏跡研究とともに歴史考古学の確立を念じている坂詰氏の精進が生んだ本書である。　（滝口　宏）

書評

濱田耕作 訳
ミハエリス氏美術考古學發見史

雄山閣出版
A5判 714頁
16,000円 1990年4月刊

ドイツの古典考古学者，アドルフ・ミハエリス（1835〜1910）の労著『美術考古學發見史』が覆刻された。巷間の求めに応じて，すでに覆刻されたグスターフ・オスカル・アウグスチン・モンテリウス（1843〜1921）の『考古學研究法』と同じく濱田耕作の訳業の一つとして知られていたものである。

19世紀の後半より20世紀の前半にかけて輩出した西欧の名だたる考古学者の著作は「日本考古学の父」とも称されている濱田によって，あいついでわが考古学界に紹介されたが，なかでも，学史を要括した前書と研究法を説いた後書の翻訳の出版は，当時，日本考古学の確立にむけて奮闘していた少壮の考古学研究者に歓迎され，大きな影響をあたえるところとなった。

すでに古典的名著の類に入った両書ではあるが，その内容は基本的には考古学研究の基礎知識が盛られたものとして間然とするところがない。わが考古学界において濱田の訳書が依然として多くの研究者に読まれ続けていることは指摘するまでのこともないであろう。

かかる両書の覆刻は，ともに濱田の高弟，角田文衞の解題が付けられてのお眼みえであるが，それは訳者を恩師として敬慕する角田が解題を担当したというよりも，現在，角田を措いて両書の解題を果すのに相応しい人物が見当らない，と理解すべきであろう。濱田の意のもとに古典考古学の研学を本場に赴いて直接に積んだ角田こそ，両書の価値を充分に感得し，両書の現在的意義をもっともよく知っている学者といえよう。

本書は，初版の『19世紀の考古學的諸發見』（1905）の改題再版である『美術考古學的發見の一世紀』（1908）を底本として訳出されたものであるというが，著書が「考古学とは美術考古学を意味する」という態度を終始つらぬいていることもあって「当初から19世紀末に至るまでの西方古典考古学の研究史を叙述したもの」（解題）であった。

人類の誕生より現代にいたる人類の歴史をトータルに構築することの可能な唯一の科学，と理解されている考古学は，現在，細分化の傾向が著しく，それを展望するとき百花繚乱さに眼を見張るのである。

かかる諸考古学のなかにあって，最もオーソドックスな分野の一つは，ギリシャ・ローマの研究を主目的とする古典考古学であるといえよう。考古学を学ぶ者にとって，まずヨーロッパの古典考古学の研究史と方法の理解が求められていることも当然であろう。

古典考古学の200年余に及ぶ学史の要諦を体系化した本書は，学史の認識に最も適当なものであるといえよう。

著者は「第19世紀に於いて成功した多くの科学のうち，考古学も亦た其一に数へらる可きである」との理解によって，18世紀の末までにいたる関連の知見を整理している。しかる後に，19世紀代における美術考古学的な発見について展望しているが，「美術的性質を発揮することのない単なる文化的産物は，ただ時を之に言及するに止め」また「記銘学」「古泉及び宝石彫刻」については発見にふさわしいものが見当らない，との見地より論及することを避けている。一見識であろう。しかし，著者の美術考古学の概念に入る発見については委曲を尽して解説を加えている。それは，古代の都市・墓地・絵画・彫刻にいたっているが，一方，「先史時代」の研究についても触れることを忘れていない。本書が，とかく美術考古学分野にのみ片寄った記述であるかの感をうけるが，トムゼンの3時期法，ラボックの旧石器時代，さらにはハルシュタットの文化についても述べている。その意味では，考古学史としての選述ともいえるであろう。

考古学にとって第19世紀は黄金の世紀であった。その1世紀間における幾多の重要な発見について碩学がまとめた本書の価値は，きわめて高い。訳者濱田の見識に敬意を表するにやぶさかではない。

濱田は該博な西欧考古学の知識のもとに『通論考古學』を書いた。『通考』のさきに『通考』なく，『通考』のあとに『通考』なし，と評価されている考古学の最良の入門テキストを執筆した濱田にとって，学史として本書を訳出し，ついで研究法としてモンテリウスの型式論を訳出して，わが考古学界に共通の糧をおくることは，わが国唯一の考古学講座をもった京都大学の考古学教授としての責務であったのであろう。

濱田近して半世紀が過ぎたいま『通論考古學』『考古學研究法』（いずれも1984年覆刻，雄山閣出版）についで本書が覆刻されたが，この3冊が現下のわが考古学界にとって，きわめて有用であると判断した角田文衞の慧眼によってここに実現するところとなったことを喜びたい。

（坂詰秀一）

論文展望

（敬称略　五十音順）
（選定委員）

石野博信
岩崎卓也
坂詰秀一
永峯光一

白石浩之

旧石器時代の石斧
—関東地方を中心として—

考古学雑誌　75巻3号
p. 1～p. 23

旧石器時代の石斧は，1960年代後半の月見野遺跡群や野川遺跡の大規模な調査以後，約2200年前に降下した姶良 Tn 火山灰の下位の立川ローム層最下底面から多く検出されている。

該期の石斧は，その属性を知ることが大事である。それを要約すると，①石材は在地のものが多い。関東地方では砂岩が目立つ。②素材は礫と剝片よりなり，原材を分割，割取った横長剝片を多く用いる。③断面は縦断面が「く」の字形，横断面が凸レンズ形，菱形。④加工は周辺調整と面的調整があり，共に礫面を大きく残す。⑤刃部は曲刃，凸刃（尖刃・偏刃），直刃形態があり，曲刃が卓越する。⑥基部形態は尖基，円基，平基よりなる。尖基は撥形，円基は楕円形がよく対応する。⑦形態は短冊形，楕円形（細身・幅広），撥形よりなる。⑧研磨は刃部を中心に施される。全面磨製は少ない。⑨遺存状態は完形品が多く，刃部片だけの例が次ぐ。⑩出土状態は遺跡内に半製品で持ち込まれる。また複数の石斧が一遺跡から出土する。⑪砥石を固定し，石斧を研磨した可能性がある。

武蔵野台地では武蔵台遺跡，高井戸東遺跡，鈴木遺跡で石斧が層位的に出土している。北関東地方や下総台地の石斧も武蔵野台地の層位的出土例に準拠し，しかも北関東地方では中部ローム層からも認められ，後期旧石器時代の石斧に脈絡がありそうである。

かくて石斧は楕円形（細身）・短冊形から楕円形（幅広），撥形へと形態が推移し，大形から小形化，石材の多様化へと変容する。

中期から後期旧石器時代の石斧は，打製から局部磨製と打製へと変化する。このことは木材を伐採・加工するための道具として機能アップされたものであり，環境の変化に相乗して，多用されたものであろう。

（白石浩之）

山本典幸

記号としての土器

國學院大學考古学資料館紀要　6輯
p. 16～p. 26

縄文土器には，世界の民族的事例や主として前期以降の土器様式の形態，文様などの特徴から，間接的ではあるが表示義（実用性や本来的かつ第一義的な意味）だけでなく共示義（象徴的意味）が備わっていると考える。本稿は，土器を記号表現と記号内容との結びつきから成り立つ記号として捉えることから，とくに象徴的意味がいかなる仕組みのもと土器属性に表現され，維持されていったのかを解き明かす。そのプロセスとして，土器製作者の土器実体化過程やその反復行為のもつ意義，単位集団内でのあり方，土器の機能的側面との関係などをまず仮説提示することから始める。

土器製作者は，無意識的に蓄積された「イメージ・ファイル」から対象や対象を志向するその仕方を集団規範にのっとって意識の中に思い浮かべ，その心像を具体的に粘土の上にデザインするといった一回性の土器実体化過程で複数の土器を作る。この繰り返しによって，わずかな差異をもつが親縁性の強い一群の土器を作り続けることができる。この場合の集団規範とは各個人の枠を越え，単位集団構成員間に潜在する動的かつ脱中心的なものであり，集団構成員にとって共通であるが，他からは弁別される象徴性によって規定されるといった性格を有する。この象徴性と集団構成員との係わり方によって，土器はイメージ段階と完成段階に相違が生じつつも，焼成行為を受け，使用に供されることになる。

また，土器を記号として捉えることは土器の機能を考察することにも繋がる。そして，製作時のみに係わるといった条件付きで，実用的機能と象徴的機能の二つを推測する。とくに象徴的機能の中で伝達機能の概念や性質，表出機能との諸関係などを究明することが類似土器，土器属性の空間的広がりを惹起させた要因と類似性の実態を説明する上で大きな意義をもつ。

（山本典幸）

寺沢　薫

青銅器の副葬と王墓の形成

古代学研究　121号
p. 1～p. 35

弥生時代の青銅器の副葬を墓地構造と関連的に把え，その発達段階を特定個人の台頭，ひいては階級形成の段階的進行として把える研究はすでに九州を中心とした先学のすぐれた分析がある。しかし，地域的な発展差の等閑視，共同体内外の重層的な関係性認識の稀薄性，他地方との比較検討に及ばなかったために九州以外の研究者（とりわけ近畿）からその事実が正当に評価されないという不幸な状況があった。

小論はまず宇木汲田遺跡，飯森・吉武遺跡，東小田遺跡群，二塚山遺跡，吉野ヶ里遺跡，立岩遺跡，そして最も階級的進行をみた

三雲と須玖岡本の副葬類型・墓地類型を骨子としてとりあげ，両者の連関性を地域ごとにあきらかにし，かつ時代を追った北部九州各地域（村落―小共同体―大共同体―大共同体群―「国」連合）の重層的な動態を整理する。その上で北部九州弥生社会が前期末以降，外的国家とも呼べる枠組を越えて熾烈な闘斗を繰り返し，より高レベルの重層的な階級関係を中期末をピークに作りあげたことを，傍系家族をも包括する墳丘墓形成，副葬A型，特定個人墓Bの出現によって確認する。

これに対して近畿では直系家族墓としての方形周溝墓が終始展開し，加美遺跡，田能遺跡，勝部遺跡，瓜生堂遺跡といった中期末の大形方形墓も北部九州の影響をうけた特定傍系家族墓として出現するものの，副葬類型は低く，特定家族墓Bを出ない大共同体レベルの墓でしかない。かつて，多くの畿内優越論者によって説かれた，北九州副葬品の宝器・私有財認識，畿内の農業共同体規制力の強さと社会構造面での優位性ひいては政治的結合力の強さといった根拠の乏しい仮説は大いに再検討を迫られることになろう。副題にもあるように小論は北部九州と近畿の階級形成の特質と差を考える第1編ともいうべきものであり，さらに各地域に即したマクロ的分析（青銅器埋納・生産・所有とセツルメントの問題）にも迫りたい。　　　　　　　　（寺沢　薫）

高木恭二・渡辺一徳

石棺研究への一提言

―阿蘇石の誤認と
ピンク石石棺の系譜―

古代文化　42巻1号
p. 21～p. 32

奈良と大阪の境にある二上山に産する石材を用いて造られたと考えられている石棺のうち，ピンク色を帯びた石棺は二上山ピンク石製家形石棺と呼ばれ，畿内を中心として西日本地域に9例知られている。今回判明した1例を加えれば，岡山県1，大阪府2，奈良県6，滋賀県1という分布を示す。

1974年に提唱されたこの石棺の呼称は，産地比定のための石棺材分析鑑定の根拠となった粉末X線回折像の解釈に問題があって，石棺産出地が二上山であるという誤った解釈がなされ，定説化していたものである。本稿では，これらの石棺材や露頭石材について種々の岩石学的方法によって再検討を実施し，10例の石棺がいずれも九州に産する阿蘇溶結凝灰岩で造られたものであることを明らかにした。

加えて，この一群の石棺が九州の中でも西九州の宇土半島付近で造られたことを考古学的に明らかにし，これらの石棺が九州の舟形石棺を母体として，組合式長持形石棺製作技術の影響によって造られたものであり，やや変質的なものとは言え，その多くは舟形石棺と呼ぶべきであることも提案した。

そして，畿内地方に数多く分布し，畿内産の石を使って造られたいわゆる畿内系割り抜き式家形石棺の発生には，このピンク石製舟形石棺の影響が少なからずみられることも重要な点で，西九州地域からの工人の移動ないしは，技術の移入があったことを物語っている。しかも，5世紀後半から6世紀中頃にかけて，はるばる西九州から瀬戸内海沿岸，さらには大和盆地にまで石棺を運ぶ必要性がどこにあったかを探ることは，その当時における社会構造を考える上で重要である。

（高木恭二・渡辺一徳）

山本直人

加賀能登における中世集落
遺跡の農業経済基盤

石川考古学研究会々誌　33号
p. 55～p. 78

これまで中世農業の発達の実体や中世の農業生産力の問題については，文献史学の立場から言及されることが多かった。中世農村の集落跡の調査例が少なかったこともあり，考古学や埋蔵文化財の分野から直接問いかけられることはほとんどなく，文献史学の研究成果を援用するばかりであったようにおもわれる。そこで本稿では，井戸や土坑の覆土から検出された植物遺体や出土農具を中心に，考古学や埋蔵文化財の立場から中世の農業生産力をめぐる諸問題に光をあててみようとしたものである。

こうしたとりくみの中核をなすのは，井戸や土坑などの遺構覆土を採取し，それを水洗選別するという方法である。この水洗選別法により検出された植物種実の同定結果をもとに，考察をくわえたものである。

佐々木アサバタケ遺跡では，検出された植物種実から栽培されていた農作物が実証的かつ具体的に復元できた。そして植物種実と遺跡の立地条件・遺構の配置から田畑景観を推定復元し，稲作・畑作・庭畑作の三本柱でささえられた中世農村集落の農業経済基盤を「佐々木型農業経済基盤」と名づけた。また，梯川流域の中世遺跡が14～15世紀に最盛期をむかえる背景には，「大唐米」という多収穫性品種の導入によって，水稲農業の生産力が向上したことがあるとした。

さらに，雪国として認識される当地の水田二毛作については，検出された栽培植物の播種・生育・収穫の各時期と気候条件をてらしあわせてかんがえた場合，小規模な畑地二毛作は存在したかもしれないが，本格的な水田二毛作の成立はかなり困難であるとした。

牛馬による犂耕の問題については，水白モンショ遺跡から鎌倉時代初期のコロバシが出土し，清金アガトウ遺跡から13世紀後半の鉄製犂さきが2点出土していることから，その存在が確認されるとした。
（山本直人）

●報告書・会誌・単行本新刊一覧●

編集部編

◆今里幾次先生古稀記念・播磨考古学論叢　1990年3月　B5判　737頁

播磨灘沿岸平野の地形環境と土地開発⋯⋯⋯⋯⋯⋯⋯⋯⋯高橋　学
縄文文化晩期と弥生時代前期の関連問題についての方法論⋯⋯⋯⋯⋯⋯⋯⋯⋯⋯紅村　弘
初期稲作受容期の一姿相⋯⋯⋯⋯⋯⋯⋯⋯⋯⋯⋯森岡秀人
平地の住居と斜面の住居⋯⋯⋯⋯⋯⋯⋯⋯⋯⋯⋯合田茂伸
弥生時代の播磨型装飾壺⋯⋯⋯⋯⋯⋯⋯⋯⋯⋯⋯友久伸子
加古川市域における弥生時代中期土器について⋯⋯⋯⋯山本祐作
弥生時代壺形土器小考⋯西川卓志
いわゆる「祭紋」についての覚書⋯⋯⋯⋯⋯⋯⋯⋯⋯岸本一宏
銅鐸と銅鐸模倣品と，ふたつの祭り⋯⋯⋯⋯⋯⋯⋯⋯佐原　眞
播磨における弥生時代青銅器の特質⋯⋯⋯⋯⋯⋯⋯⋯種定淳介
播磨灘沿岸における弥生時代の飯蛸壺縄漁⋯⋯⋯⋯⋯真野　修
きぬがさの検討⋯⋯⋯浅岡俊夫
墳丘墓と小規模古墳⋯⋯東森市良
播磨のなかの四国系土器⋯⋯⋯⋯⋯⋯⋯⋯⋯⋯⋯松下　勝
長越遺跡における土器の搬入形態⋯⋯⋯⋯⋯⋯⋯⋯⋯渡辺　昇
祭祀遺物よりみた古墳時代の播磨地方⋯⋯⋯⋯⋯⋯⋯大平　茂
加古川市行者塚古墳の埴輪について⋯⋯⋯⋯⋯⋯⋯田井恭一
西播における初期須恵器窯の一例⋯⋯⋯⋯⋯⋯⋯⋯加藤史郎
日韓の垂飾耳飾についての一考察⋯⋯⋯⋯⋯⋯⋯⋯石本淳子
千種川流域の石棚をもつ横穴式古墳の研究⋯⋯⋯⋯河原隆彦
播磨の大型石室墳⋯⋯⋯櫃本誠一
小古墳の被葬者⋯⋯⋯⋯岸本道昭
播磨産石棺に関する覚え書き⋯⋯⋯⋯⋯⋯⋯⋯⋯松本正信
播磨の小石棺をめぐって⋯⋯⋯⋯⋯⋯⋯⋯⋯⋯間壁忠彦
播磨の石棺仏についての覚書

⋯⋯⋯⋯⋯⋯⋯⋯藤井直正
飛鳥時代の大円墳と大方墳⋯⋯⋯⋯⋯⋯⋯⋯⋯石部正志
白毛9号墳・13号墳をめぐる二・三の問題⋯⋯⋯⋯中濱久喜
竈形土器考⋯⋯⋯⋯⋯中村信義
古代播磨国の駅家⋯⋯高橋美久二
播磨国邑美・佐突駅家間の山陽道古代バイパス⋯⋯⋯吉本昌弘
山背における播磨国府系瓦出土の背景⋯⋯⋯⋯⋯⋯⋯中島　正
明石市天文町1丁目出土の本町式軒平瓦⋯⋯⋯⋯⋯山下俊朗
『木工寮式』の「作瓦窯十烟」について⋯⋯⋯⋯⋯大川　清
古瓦名称の統一問題⋯⋯坂詰秀一
勅使川窯跡出土の唐式鏡とその同型鏡⋯⋯⋯⋯⋯⋯瞳野　豊
稜椀の研究⋯⋯⋯⋯小川真理子
東播北部古窯址群の基礎資料⋯⋯⋯⋯⋯岸本一郎・森下大輔
中世の塼仏⋯⋯⋯⋯⋯義則敏彦
播磨中灘より揚げられる遺物と淡路西浦周辺の遺跡⋯濱岡きみ子
花山天皇・極楽寺経塚と書写山周辺の寺社⋯⋯⋯⋯中村五郎
真然僧正の御廟⋯⋯⋯菅原正明
播磨で活躍した室町・桃山時代の瓦工集団⋯⋯⋯⋯田中幸夫
平瓦製作法の変遷⋯⋯⋯上原真人
姫路の城下絵図に秘められた情報分析⋯⋯⋯⋯⋯⋯横山忠雄

◆杢沢遺跡　青森県教育委員会刊　1990年3月　B5判　580頁

青森県西津軽郡鯵ヶ沢町，鳴沢川上流域の岩木山麓の遺跡で，とくに平安時代住居跡21軒，5群にわけられる製鉄炉（半地下式竪形炉）34基，鍛冶場3基，炭窯3基が検出され，岩木山麓における古代製鉄遺址の貴重な資料である。

◆上野国分僧寺・尼寺中間地域(4)　群馬県教育委員会刊　1990年3月　B5判　1252頁

群馬県中央部の上野国分僧・尼寺跡，上野国府跡，山王廃寺跡に隣接する奈良時代から平安時代へと続く集落跡で，住居跡1,350軒，

掘立柱建物跡40棟，土坑約1,500基，土壙70基などを調査している。銅印の鋳型，畿内産土師器などの他に多量の須恵器，土師器，瓦などが出土しており，文様瓦，文字瓦を集成している。

◆精進バケ遺跡　羽村町精進バケ遺跡調査会刊　1990年1月　B5判　443頁

遺跡は東京都西多摩郡羽村町に所在し，径100mほどの縄文時代中期から後期末葉にかけての継続的な環状集落である。主な遺構は勝坂期9軒，加曽利E期30軒の住居跡，土坑48基，集石土坑37基，骨片を含む埋甕3基が検出された。遺物は，多くの土器や石器類のほか，土製円盤や自然遺物が検出されている。

◆松本市坪ノ内遺跡　松本市教育委員会刊　1990年3月　B5判　318頁

長野県中央部の松本市南方の台地西斜面に展開する縄文前期後葉から後期中葉にかけての集落である。住居跡25軒，土壙1,618基，配石遺構5基などが検出されている。多数の土器，石器のほか，66点の土偶が検出されている。

◆史跡高麗寺跡　山城町教育委員会刊　1990年3月　B5判　316頁

京都府相楽郡山城町に所在する高麗寺は，創建の7世紀後半にはすべての堂宇が完備された法起寺式伽藍配置であることが確認された。各堂宇は金堂基壇が基準となり，4期にわたる計画的な伽藍整備が行なわれている。瓦は鐙瓦20型式24種，宇瓦14型式16種があり，平安時代中頃までの変遷が考えられている。このほか3基の平窯が調査され，第1・2号窯は中・南門造営窯，第3号窯が平安期の補修瓦の生産窯である。

◆天台寺跡（上伊田廃寺）　田川市教育委員会刊　1990年3月　B5判　105頁

福岡県中部の田川市に所在し，

106

新羅系古瓦を出土する寺院跡として古くから知られていた。今回の調査では，6×7間の基壇をもつ金堂，この北側に92尺×58尺の規模の講堂が確認され，掘立柱跡の回廊で金堂を囲んでいる。後に金堂の東に回廊にかかるように3間×3間の塔を建立している。遺物は多量の瓦が主体であり，とくに単弁八葉文軒丸瓦と重弧文軒平瓦が多く，創建時の主体をなしたものと考えられている。

◆**岩手考古学** 第2号 岩手考古学会（盛岡市北松園2—24—4 熊谷常正方）1990年3月 B5判 64頁

いわゆる遮光器土偶の編年について(1)………………金子昭彦
遺跡情報管理体系の構築
………………国生 尚
遺跡名称についての覚書
………………藤村東男

◆**よねしろ考古** 第5号 よねしろ考古学研究会 1990年1月 B5判 98頁

古代蝦夷の諸問題………工藤雅樹
米代川流域の古代製鉄炉
………………熊谷太郎
太田谷地館跡について…大野憲司
区画施設を伴う古代集落遺跡について………………高橋 学

◆**福島考古** 第31号 福島県考古学会刊 1990年3月 B5判 117頁

窯体構造の変遷からみた中世窯業の画期………………西山真理子
福島県西白河郡東村に所在する上野出島遺跡発見の前期旧石器時代の石器群の報告………………藤村新一・藤原妃敏・柳田俊雄
崖ノ上遺跡の考古学史…井上国雄
福島市内の弥生時代の遺跡・遺物(2)………………鈴木 功・柴田俊彰
向山遺跡の弥生時代の石器群について………………中山雅弘
弥生土器から土師器へ…中村五郎
会津坂下町古坂遺跡の古式土師器について………………古川利意
史跡慧日寺関係資料Ⅵ…阿部照子 大堀 勇・山野憲雄・生江芳徳
福島県白沢村東禅寺遺跡出土の中世陶器………………長佐古真也

鈴木雅文・飯村 均
福島県内修験道の諸像
………………原田文六郎

◆**研究紀要** 第7号 群馬県埋蔵文化財調査事業団 1990年3月 B5判 148頁

群馬県小野上村八木沢清水遺跡の押型文土器………………石坂 茂
群馬県における阿玉台式の諸様相
………………山口逸弘
弥生時代の石製農具…麻生敏隆
牛伏砂岩使用古墳の研究(1)
………………右島和夫ほか
関東地方出土皇朝十二銭の様相
………………中沢 悟
上野国新田郡における古代寺院について………………須田 茂
ロクロ使用酸化焔焼成甕について
………………桜岡正信
鉄砲玉の科学的分析を通した一視点………………田口正美ほか

◆**研究報告** 第25集 国立歴史民俗博物館 1990年3月 B5判 461頁

男と女の闘い………………春成秀爾
線刻人面土器とその周辺
………………設楽博己
『財産目録』に顔を出さない焼物
………………荻野繁春

◆**研究報告** 第26集 国立歴史民俗博物館 1990年3月 B5判 235頁

西部九州の刻目突帯文土器
………………藤尾慎一郎
X線CTなどを用いた象嵌資料の非破壊分析………斎藤 努ほか
近世仏塔の意匠と構造（三）
………………濱島正士

◆**考古学雑誌** 第75巻第3号 日本考古学会 1990年3月 B5判 128頁

旧石器時代の石斧………白石浩之
漢三国六朝紀年鏡雑記…西田守夫

◆**人類学雑誌** 第98巻第1号 日本人類学会 1990年3月 B5判 122頁

大腿骨中央断面の輪郭形状―現代日本人と縄文時代人の変異
………………中務真人

◆**考古学研究室紀要** 第8号 東京大学文学部 1989年12月 B5判 219頁

動物意匠遺物とアイヌの動物信仰
………………宇田川洋
中国新石器時代の玉……中村慎一
第Ⅰ型式銅鼓の把手に認められる特殊な鋳造方法について
………………今村啓爾
石皿・磨石・石臼・石杵・磨臼Ⅵ
………………藤本 強

◆**考古学資料館紀要** 第6輯 国学院大学考古学資料館 1990年3月 B5判 129頁

始良 Tn 火山灰降下期における黒曜石石器群………………金山喜昭
記号としての土器………山本典幸
イノシシからシカへ……井上洋一
近世陶磁器考………………桝淵規彰
御所穴洞窟遺跡・帆縫原遺跡学術調査報告
河井山遺跡群第1号墳学術調査報告

◆**古代** 第89号 早稲田大学考古学会 1990年3月 A5判 294頁

北関東・南東北における中期前半の土器様相………………塚本師也
栃木県土偶出土遺跡地名表並資料集成…上野修一・津布楽一樹
那珂川中流域における弥生時代初頭の土器様相………藤田典夫
栃木「先史土器」研究の課題(一)
………………鈴木正博
石製模造品観察の一視点
………………篠原祐一
塚山古墳群とその周辺…水沼良浩
下野における古墳時代後期の動向
………………大橋泰夫
栃木県の群集墳の一様相
………………進藤敏雄
足利市西宮町長林寺裏古墳（機神山22号墳）出土の双龍環頭大刀
………………穴沢咊光・馬目順一
真岡市根本神宮寺塚古墳出土の「塼」をめぐって
………………小森哲也・梁木 誠
地方官衙跡出土の墨書土器
………………津野 仁
下野薬師寺跡の伽藍（試論）
………………山路直充

◆**文化財の保護** 第22号 東京都教育委員会 1990年3月 B5判 229頁

大名屋敷と国元…………後藤宏樹
江戸の窯業素描…………関口廣次

江戸の墓地と都市空間…谷川章雄
江戸の墓制…………………高山　優

◆研究紀要　5　山梨県立考古博物館・山梨県埋蔵文化財センター　1990年3月　B5判　44頁
甲斐仏教文化の成立……末木　健
甲府盆地における条里型地割の事例…………………………森　和敏

◆研究紀要　6　山梨県立考古博物館・山梨県埋蔵文化財センター　1990年3月　B5判　58頁
絡条体圧痕文を有する土器について……………………………浅利　司
関東地方におけるカマド初現をめぐって………………………森原明廣
立石遺跡発掘調査報告…保坂康夫
立石遺跡での先土器遺物を包含する地層…………………河西　学

◆名古屋大学文学部研究論集　107　史学36　名古屋大学文学部　1990年3月　B5判　245頁
滴水瓦の製作技法について
……………………………渡辺　誠
尾張における飛鳥時代須恵器生産の一様相…………………斉藤孝正

◆古代人　51　名古屋考古学会　1990年1月　B5判　18頁
西三河における縄文晩期後半土器型式………………………増子康真
東山（H）27号…………荒木　実

◆石川考古学研究会々誌　第33号　石川考古学研究会　1990年3月　B5判　244頁
加賀鶴来における有紀年銘五輪塔とその周辺…………三浦純夫
中世陶磁器の点描………馬場正子
白山別山山頂の遺物……宮本哲郎
能登鹿島町武部の出土銭貨に関する予察………………………芝田　悟
加賀能登における中世集落遺跡の農業経済基盤………山本直人
中世加賀の窯業研究
………………………宮下幸夫ほか
門前町の製鉄遺跡とその考察
……………………………佃　和雄
能登滝・柴垣海岸E遺跡発掘調査から……………………宇野隆夫
中世北陸の暖房文化…垣内光次郎
加賀潘寺中御台場について
……………………………福田弘光
石川県における中・近世考古学の現状と課題…………橋本澄夫

北陸における第Ⅰ・Ⅱ様式の弥生土器…………………………安　英樹
穴水町前波一本木出土内採集遺物の紹介…………………浅野豊子
高松・押水窯跡群について
……………………………川畑　誠
唐越州人周光翰に見る九世紀の日本海貿易……………小嶋芳孝

◆滋賀考古　第3号　滋賀考古学研究会　1990年1月　B5判　108頁
近江における弥生玉作研究ノート
……………………………黒坂秀樹
座談会「弥生時代の近江と周辺地域」

◆古代文化　第42巻第1号　古代学協会　1990年1月　B5判　58頁
『横刃型石庖丁』の使用痕分析
……………………………御堂島正
石棺研究への一提言
………………高木恭二・渡辺一徳
相沢忠洋先生を悼む…関矢　晃
考古太平記(3)…………三森定男

◆古代文化　第42巻第2号　1990年2月　B5判　62頁
三ツ寺Ⅰ遺跡の成立とその背景
……………………………能登　健
5世紀代における集落の拡大現象
……………………………坂口　一
前方後円墳の立地とその背景
………………鹿田雄三・徳江秀夫
前橋市中鶴谷遺跡出土の『田部』の墨書のある土器
………………前原　豊・関口功一

◆古代文化　第42巻第3号　1990年3月　B5判　62頁
平城京建設計画小考……中村修也
土器よりみた二里頭文化（上）
……………………………小川　誠
京都静原の補陀落寺跡…梶川敏夫
宇部台地における旧石器時代遺跡(12)…山口県旧石器文化研究会

◆古代学研究　第120号　古代学研究会　1990年2月　B5判　40頁
胡籙の復元……………坂　靖
『出雲国風土記』大井浜の須恵器生産（下）…………………内田律雄
ガラス玉造り……………奥田　尚
三角縁神獣鏡をめぐる問題①
……………………………森　浩一

◆古代学研究　第121号　1990年2月　B5判　57頁
青銅器の副葬と王墓の形成
……………………………寺沢　薫
立野城跡出土の宝篋印塔
……………………………北野隆亮
医王寺跡発見の滑石製宝塔について…………………………河内一浩
三角縁神獣鏡をめぐる問題②
……………………………森　浩一

◆考古学研究　第36巻第4号　考古学研究会　1990年3月　A5判　122頁
銅剣形石剣試論（上）…種定淳介
北部九州の前期古墳と埋葬主体
……………………………吉留秀敏
土製蓋小考……………伊藤正人
祭祀発展の諸段階………出原恵三

◆島根考古学会誌　第7集　島根考古学会　1990年3月　B5判　124頁
鳥取県・長者ヶ平古墳の研究
………………中原　斉・角田徳幸
島根半島西部における横穴式石室の様相…………………佐藤雄史
出雲地方における弥生時代後半期の土器編年について…宮本正保
島根県益田市小丸山古墳から出土した馬鐸の科学成分…三浦　清
松江市域内の諸遺跡出土の土器・埴輪に塗布された赤色顔料物質，緑色顔料物質及び黒色物質の微量化学分析
………………安田博幸・森眞由美
浜田市郷土館所蔵の軒丸瓦
……………………………林　健亮
島根県東部における古墳時代前半期の群集小墳について
……………………………宍道年弘
鳥取県中部における古墳時代前半期の群集小墳について
……………………………森下哲哉
鳥取県東部における古墳時代前半期の群集小墳について
……………………………平川　誠

◆九州文化史研究所紀要　第35号　九州大学九州文化史研究施設　1990年3月　A5判　363頁
北部九州弥生社会における政治組織の検討…………………西健一郎
土器と集団㈢…………田崎博之
古墳出土の動物遺存体（上）

·················木村幾多郎
朝田墳墓群被葬者の親族関係
·················田中良之

◆**中世の板碑文化**　播磨定男著
東京美術刊（東京都千代田区神田
司町2—7）　1989年11月　Ａ5
判　196頁　2,575円
　板碑の発生から消滅まで全国的
視野で把え直す。種子の解説付。

◆**古代史はこう書き変えられる**
松尾光編著　立風書房刊（東京都
品川区東五反田3—6—18）　1989
年11月　Ｂ6判　318頁　1,800円
　最近発見された重要遺跡33を選
びその歴史的意味を述べた上で背
景となる時代像を探る入門書。

◆**縄文式階層化社会**　渡辺仁著
六興出版刊（東京都文京区水道2
—9—2）　1990年1月　四六判
264頁　2,800円
　縄文社会を階層化社会と考える
著者の積年の研究成果を総収。土
俗考古学的方法を提出している。

◆**応神陵の被葬者はだれか**　石渡
信一郎著　三一書房刊（東京都文
京区本郷2—11—3）　1990年2月
四六判　332頁　2,600円
　誉田山古墳（応神陵）の被葬者
を余昆（昆支）＝武と考える著者
独自の推論を展開している。

◆**環濠集落吉野ケ里遺跡概報**　佐
賀県教育委員会編　吉川弘文館刊
（東京都文京区本郷7—2—8）1990
年2月　Ａ4判　95頁　1,600円
　吉野ケ里遺跡の佐賀県による正
式な概報。豊富なカラー写真を駆
使して実態を提示している。

◆**高殿の古代学**—豪族の居館と王
権祭儀—　辰巳和弘著　白水社刊
（東京都千代田区神田小川町3—
24）　1990年2月　菊判　260頁
3,800円
　古代居館跡の分析を通してハレ
とケの空間を指摘し，王権祭儀の
実態に迫った問題提起の書。

◆**日本原始・古代住居の研究**　石
野博信著　吉川弘文館刊　1990年
3月　Ａ5判　466頁　8,000円
　縄文から中世までの竪穴住居の
変遷からみた総合的住居論。

◆**美濃の前期古墳**　美濃古墳文化
研究会編　教育出版文化協会刊

（申込先：関市小屋名　岐阜県博
物館内　尾関章）　1990年3月
Ａ5変型判　164頁　1,500円
　シンポジウムの記録を収録。東
西の接点にあたる美濃の4～5世
紀の古墳を概観する。

◆**神奈川の遺跡**　神奈川県教育委
員会編　有隣堂刊（横浜市中区伊
勢佐木町1—4—1）　1990年3月
Ｂ5判　108頁　2,060円
　先土器時代より近世までの神奈
川県内の主要遺跡を340点余のカ
ラー図版と解説文で紹介。

◆**新・肥前風土記**（ＮＨＫブック
スカラー版）　高島忠平監修　日
本放送出版協会刊（東京都渋谷区
宇田川町41—1）　1990年3月
Ｂ5判　186頁　930円
　横尾文子の文，大塚清吾の写真
で肥前国風土記の遺跡を歩く。

◆**平安京再現**　井上満郎著　河出
書房新社刊（東京都渋谷区千駄ケ
谷2—32—2）　1990年3月　Ａ4
判　110頁　2,900円
　平安京研究の最新の成果をとり
入れて説明。出土資料も紹介。

◆**古代翡翠道の謎**　森浩一編　新
人物往来社刊（東京都千代田区丸
の内3—3—1）　1990年4月　四
六判　324頁　2,300円
　糸魚川市で開かれたシンポジウ
ムの記録。弥生・古墳時代の硬玉
出土地一覧を付している。

◆**日本建築史論攷**　杉山信三著・
刊（京都市伏見区竹田内畑町118
鳥羽離宮跡調査研究所内）　1990
年4月　Ｂ5判　125頁　非売品
　古代建築史研究にとって重要な
8篇の論文を収録。

◆**吉備考古点描**　近藤義郎著　河
出書房新社刊　1990年5月　四六
判　336頁　3,600円
　著者の吉備考古学の発掘と研究
の軌跡を収める。楯築弥生墳丘墓
と土器製塩の調査研究は圧巻。

◆**近藤義郎岡大40年**　同編集委員
会編（岡山市津島中3—1—1　岡
山大学内）　1990年5月　Ａ5判
250頁　非売品

◆**弥生人とまつり**（考古学ゼミナ
ール）　石川日出志編　六興出版
刊　1990年5月　Ａ5判　216頁

2,200円
　明大考古学博物館の第3回講座
の記録。骨卜のまつりなど6篇の
講座内容を収録している。

◆**歴史考古学の問題点**　坂詰秀一
編　近藤出版社刊（東京都千代田
区神田神保町2—22）　1990年5
月　四六判　450頁　3,708円
　歴史考古学の近況を執筆者49名
がそれぞれの視点より説く。

◆**中世城郭研究論集**　村田修三編
新人物往来社刊　1990年5月　Ａ
5判　430頁　7,800円
　中世城郭の発展，織豊期の城
郭，織豊期の城下町，地域の中の
城郭についての論文集。

◆**天皇陵の研究**　茂木雅博著　同
成社刊（東京都千代田区飯田橋4
—4—8）　1990年5月　Ａ5判
238頁　5,000円
　近世・近代の史料を検索し，「天
皇陵」問題に政治史的に迫る。

◆**遺跡保存の事典**　文化財保存全
国協議会編　三省堂刊（東京都千
代田区三崎町2—22—14）　1990年
6月　四六判　270頁　1,100円
　結成20周年を記念して同会が編
んだ遺跡保存のハンドブック。遺
跡保存52選は興味深い。

◆**徐福伝説を探る**　安志敏・樋口
隆康ほか著　小学館刊（東京都千
代田区一ツ橋2—3—1）　1990年7
月　四六判　270頁　2,200円
　日中学者によるシンポジウムの
記録。江南と古代日本との交流に
ついての意欲的な所見を開陳。

◆**古代朝鮮と日本**（古代史論集4）
西谷正編　名著出版刊（東京都文
京区小石川3—10—5）　1990年7
月　Ｂ5判　340頁　5,800円
　編者をはじめ日・韓両国の考古
学・人類学の7篇の論文を収録。
古代日韓交流史の側面を描く。

◆**甦る中世の博多**（はかた学4）
朝日新聞福岡本部編　葦書房刊
（福岡市中央区赤坂3—1—2）
1990年8月　四六判　248頁
1,380円
　既刊の3冊（1鴻臚館の時代，
2古代の都市博多，3海が語る古
代交流）に次ぐもの。元寇防塁な
ど中世を扱う。

考古学界ニュース

編集部編

―――――――九州地方

横穴墓の壁に鏃　熊本県菊池郡旭志村尾足の尾足（おたる）横穴墓群で，玄室の両側の壁に鉄鏃が1本ずつ打ち込んであるのが同村教育委員会の調査でわかった。同横穴墓群は50基を超えるとみられるが，これまでに約15基を確認している。鏃がみつかった横穴墓は幅2.5m，奥行3.75mで，屍床が奥の壁に平行して1つ，中央の通路両脇に各1つあり，コの字形に配置されていた。鉄鏃は奥の屍床の手前20cm，床から1.2mの高さの位置に突き刺っていた。長さはいずれも約20cm。同様な例で高崎市八幡観音塚古墳では釘が打たれ，布の痕跡があったことから，幕を死者の周りにかけていたのではないかとみられている。これまでに金銅製の帯金具3点，130点にのぼる玉類，金環，須恵器約70個体分，馬具の四方手金具，飾り鋲など豊富な副葬品が出土している。

弥生前期の環濠跡　武雄市教育委員会が発掘調査を行なっている市内の小楠（おぐす）遺跡で弥生時代前期初頭の環濠跡が発見された。環濠は直径150〜170mのほぼ円形で，幅1.5〜2m，深さ約1m。北東部に長さ50mと30m，南部に10m，西部に15mの計4本の溝が断続的に確認された。濠の中からは縄文時代晩期夜臼式土器と，弥生時代前期の板付式土器に加えて石包丁や朝鮮系の磨製石鏃が出土した。このことから，前期の住居・貯蔵穴などは出土していないが，板付遺跡とほぼ同じころに稲作を営む集落が存在したことがわかった。また弥生時代中，後期の住居跡が多数出土しており，弥生時代を通じて拠点的な集落であったとみられる。

鴻臚館跡から木簡66点　7世紀から11世紀末の朝廷の外交・貿易施設「鴻臚館」跡と推定される福岡市中央区城内の平和台球場一帯では福岡市教育委員会による発掘調査が進められているが，先ごろ深さ3mの井戸状遺構2基から木簡66点が発見され，うち6点は文字が判読できた。木簡の文字は，「京都郡庸米六斗」「鹿脯乾」「□綱最上」「目大夫所十四升」「庇羅郷甲□煮一斗」「魚□卅九斤」。荷札木簡と文書木簡が含まれている。木簡は長さ15〜20cmで，幅2〜3cm。この中には竹簡2点も含まれていた。鴻臚館跡調査研究指導委員会（平野邦雄委員長）では同遺跡を鴻臚館跡と断定する確実な証拠としている。

12世紀初めの経塚　福岡県宗像郡福間町津丸の津丸高平遺跡で福間町教育委員会による発掘調査が行なわれ，12世紀初めの経塚1基から銅製経筒1点，経巻2本が発掘された。経塚は標高60mの丘陵頂上からみつかった2段竪穴式のもので深さ約80cm。経筒の台面から相輪までの高さが約42cmで，中央部の筒は高さ13cm，直径約9cmのものを2個積み重ねた様式。長さ20cmと推定される経巻の上半分は腐食しているため経文の種類は不明だった。また経筒の周囲からは多量の木炭のほか，飾り用のガラス小玉約100点がみつかった。年代を表わす銘文などはないが，筑紫野市武蔵寺境内（1126年）や須恵町の観音谷出土経筒（1125年）と形が似ており，同時期のものとみられている。

弥生後期の銅滓　北九州市教育文化事業団が発掘調査を行なった北九州市小倉南区徳力1丁目の下徳力遺跡で，昭和58年に3世紀後半の住居跡から出土した拳大の金属滓3点は日本でも最古の銅滓であることが明らかになった。新日本製鐵中央研究本部八幡技術研究部によって鑑定されたもので，①黄銅鉱系の鉱物と同じ鉄・硫黄・銅を含む，②硫黄が多く，亜鉛・アンチモン・マンガンなどの不純物も含むことなどから，黄銅鉱などを精錬して粗銅にするときに出た一次精錬滓の可能性があることがわかった。この結果，九州北部では，すでに弥生時代後期後半に粗銅の生産技術が存在したことが予測される。これまで国内での銅の精錬は7世紀前半ごろからとされていたが，今回の発見でこの定説を300年近くさかのぼることになった。

―――――――近畿地方

網代を敷いた埋葬人骨　東大阪市西石切町5丁目の鬼虎川遺跡で東大阪市文化財協会による発掘調査（第32次）が行なわれ，弥生時代中期前半の方形周溝墓（東西4.2m，南北3.2m，高さ0.3m）から網代を敷いて安置した人骨1体分がみつかった。この方形周溝墓では昭和61年度の調査で長方形墓壙から長辺87cm，短辺23cmの小児用組合式木棺が発見されていたが，今回新しく第2主体部がみつかり，長さ1.8m，幅1mの土壙から頭を北東方向にした人骨が発見された。そして人骨の底面にはアシ類とみられる植物の茎で編んだ網代が敷きつめられていた。また墓壙には幅0.7m，長さ1.3mの自然木を組み合わせた直方体の枠が残っていたことから，遺体を安置する箱形の空間を作り，その底面に網代を敷いたとみられている。網代は二本超え二本潜り一本送りという編み方をしている。同遺跡ではこれまでの調査で27基の方形周溝墓がみつかり，19基の木棺，15体の人骨が検出されている。今回みつかった方形周溝墓は同遺跡中最古に当たるもの

発掘調査

で，木棺が定形化するまでいろいろな形態・材料を用いて作られた試行錯誤の結果と考えられる。

古墳時代の船腹 寝屋川市出雲町の讃良郡（さらぐん）条里遺跡で大阪府教育委員会による発掘調査が行なわれ，古墳時代の準構造船の船腹部分がみつかった。出土したのは2隻分で，それぞれ古墳時代中期と後期の井戸の木枠として再利用されていた。古墳時代中期の井戸枠に使われていたものは長さ 1.35〜1.47m，幅約 1.1〜1.2m，高さ 39〜50cm，厚さ 11cm で，船板を組み合わせるための高さ 12cm，奥行 3cm の段や舷側板をとりつけるための方形穴もあいていた。後期の井戸から出土したものは長さ2.33〜2.41m，幅 1.25〜1.34m，高さ 46〜52cm で厚さは 11cm。いずれも杉の大木をくり抜いて断面をU字形に加工したもので，船体の長さは十数mと推定されている。同遺跡は古河内湖に注いでいた寝屋川の支流沿いにあり，船着き場があったらしい。

坂田寺から大量の建築部材 推古14年（606）止利仏師が建てたとされる奈良県高市郡明日香村阪田の坂田寺跡で，奈良国立文化財研究所による発掘調査が行なわれ，奈良時代後半（8世紀後半）の仏堂の東南隅とこれに取りつく回廊跡が発見され，回廊の連子窓，柱，仏堂の柱，壁土，檜皮葺き屋根の一部などが倒壊時の状態でみつかった。仏堂跡からは基壇の上に直径約60cmの礎石4個が検出され，うち3個の上には直径50cmの柱の根元部分がのったまま残っていた。壁は厚さ15cmで，黄灰色の壁土をつけた上，白土で表面を仕上げている。回廊は仏堂に取りついて南に延びる南北回廊4間分と，その先で直角に曲がる東西回廊2間分が検出されたが，幅6mの基壇の上と，両側にある雨落ち溝には建築部材が多数残っていた。連子窓は一辺5.5cmの連子子10本がそっくり残っていた。ほかに頭貫や大斗，巻斗，蟇股などの建築部材が一部組み合ったまま出土したが，いずれも山田寺でみつかったものよりはやや小さめだった。古代寺院の回廊は法隆寺に現存するが，それ以外には山田寺の資料しかなく，今回の発見は建物構造の細部まで詳細にわかる貴重なものとなった。今回の調査の結果，仏堂は西側が正面となる南北棟で間口7間，奥行4間，四面に庇がつく檜皮葺きの建物で，金堂の可能性が強いとみられている。

発生期の前方後円墳 園部町教育委員会と京都府教育委員会が発掘調査を進めていた京都府船井郡園部町黒田の工業団地建設予定地で3世紀末〜4世紀初頭に築造されたとみられる前方後円墳が発見され，黒田古墳と名づけられた。古墳は丘陵の先端を利用して築造されており，全長約52m。後円部は楕円形（長さ32m，高さ3m）で，前方部端（幅16.5m）はバチ形をなしている。葺石や埴輪はみつからなかった。主体部は二段墓壙（上段長さ約10m，幅約6m，下段長さ約7m，幅約3m）で，その底（墳頂の約2.5m下）から木棺の底板の一部がみつかった。またその周囲には人頭大の自然石が不規則に積み重ねられていた。副葬品として九州の弥生時代の墳墓に若干の類例をみる後漢の龍鳳文鏡（双頭龍文鏡，直径約12.6cm）1枚などがみつかった。「位至三公」の銘文も残っているが，鏡は埋納時に意図的に割られたものとみられる。このほか，庄内式並行期とみられる壺や高杯が出土し，古墳の古さを裏づけている。

掘立柱建物からなる弥生のムラ 近江八幡市教育委員会では，7月までに3次にわたって市内堀上町に所在する堀上遺跡の調査を実施した。遺跡は市の中央を北西流する白鳥川と，市域の西限を画する日野川が形成した沖積平野で，標高81mに立地する。複合遺跡だがとりわけ弥生時代中期後葉の集落跡から検出される住居形式が，掘立柱建物に限定される点が特筆される。一方，集落と外界を画する施設としては，矢板による木柵遺構を確認した。なお，木柵遺構の外側に環濠は存在しなかった。また，木柵遺構はムラの南側で途切れ，その外側に門柱跡とみられる2基の柱穴が幅3.6mの間隔で発見された。おそらく，掘立柱建物が多く建造されたムラが，今後，倭国レベルにおいても，かなり普遍的に存在したことが実証されるものと推定される。

──中部地方

和同開珎が20枚 昨年8月から新潟市教育委員会によって調査が進められていた新潟市小新の的場遺跡で，奈良時代の建物群の中から「和同開珎」が20枚重なった状態で出土した。直径 2.4〜2.5cmの大きさの銅製で，磨耗も少ない。これだけ多くまとまって出土したのは県内では初めての例。同遺跡では掘立柱跡多数や土師器，須恵器片が大量に出土，さらに金銅製の鈴や大刀金具など身分の高さを表わす装身具も発見されている。

──関東地方

中世墓地から刀の鞘 新4号国道建設工事に伴って栃木県文化振興事業団が調査を進めている小山市東野田の東野田遺跡で，中世の地下式壙の中から漆塗りの刀の鞘が発見された。地下式壙は長さ7m，幅1.5mの十字型。刀の鞘は

考古学界ニュース

壇の中から数個のかわらけの小皿とともに発見された。長さ95cm、幅4cmの細身で、漆で塗られた外周部分と下げ緒、金具の一部は残っていたが、刀身と柄は盗掘されたらしく見当たらなかった。こうした墓は室町時代から戦国時代にかけての武士や僧侶の墓に多く、副葬品として刀が出土したのは珍しい。

七輿山古墳に三重目の濠　藤岡市上落合の国指定史跡・七輿山古墳で藤岡市教育委員会による発掘調査が行なわれ、三重目の濠の一部がみつかった。同古墳は全長約146m、前方部幅約103m、後円部径約85mの前方後円墳で、5世紀半ばから6世紀後半の築造とされている。これまで二重の濠がみつかっていたが、最近の調査で、前方部正面の二重目の濠の外側約15mの所で、幅約95cm、深さ0.3～1mの溝状遺構が5か所のトレンチから直線でつながるように発見された。三重目の濠は大幅に削られているが、当初は濠の幅は上部で3m以上あったとみられる。三重の濠をもつ古墳は仁徳天皇陵古墳のみだが、七輿山古墳の三重目も同じように前方部を囲むコの字形の濠と考えられる。同古墳では昨年秋に7条凸帯をもつ高さ約1mの円筒埴輪も出土しており、被葬者の力の大きさがうかがわれる。

──────────東北地方

弥生末～古墳初の周溝墓8基
福島県河沼郡会津坂下町の宮東遺跡と男壇遺跡が会津坂下町教育委員会によって発掘調査され、2つの遺跡から弥生時代末から古墳時代初めの周溝墓8基が発見された。両遺跡は約400m離れていずれも河岸段丘上に位置する。宮東遺跡から発見された周溝墓は前方後円形1基、前方後方形1基、円

形2基、男壇遺跡で前方後方形3基、方形1基の計8基。とくに宮東遺跡出土の前方後円形周溝墓は長さ約34mと最大で、3世紀末から4世紀初めにかけて造られたとみられている。当時すでに畿内との結びつきを示しているとみられるほか、土器には畿内系、東海系も含まれるが、北陸系が主流で阿賀野川を通じた交流が認められること、宮東遺跡から約百m離れた中西遺跡から6棟の竪穴住居が発見されたことなどが注目されている。

奈良・平安の官衙跡　古川市教育委員会が発掘調査を進めている古川市荒谷の権現山、新江川両遺跡から、奈良・平安時代の官衙跡とみられる掘立柱式建物跡や塀跡が多数みつかった。両遺跡は田尻川沿いにあって約500m離れている。権現山遺跡からは掘立柱建物跡11棟など、新江川遺跡からは掘立柱建物跡13棟、塀跡1列などが検出されている。掘立柱建物跡には一辺1.5～2.0mと大規模な柱穴のものもある。これらからは8～9世紀の土器類（関東系土師器を含む）が多量に出土した。両遺跡は同年代であり、また遺構が連続していることから同一遺跡と考えられる。その範囲は東西600m以上、南北150m以上に及ぶことがわかった。遺跡は掘立柱建物で主として構成し、遺跡の内外を塀で区画していることから、官衙的な性格の遺跡と考えられる。同遺跡の約500m西には同時期の東北地方最大規模の城柵官衙跡・宮沢遺跡（国指定史跡）があり、両者の関係が注目される。

富沢遺跡の東側からも植物遺体
先に2万年前の旧石器人の焚火跡などがみつかった、仙台市太白区長町南の富沢遺跡で、前回のさらに約100m東側から樹木や毬果などの植物遺体が比較的良好な状

態で多数みつかった。現場はマンションの建設に伴い、仙台市教育委員会が調査を進めていたもので、みつかったのはアカエゾマツやグイマツの毬果、チョウセンゴヨウの実、針葉樹の葉、樹根、枝など。これらの植生からみて、23,000年前の富沢地区は亜寒帯針葉樹林が形成され、今日よりも平均気温が6～7度低かったと推測されている。この結果、生活跡もこれまでより東側に拡大していたことも予想される。さらに今回の調査では鎌倉時代から室町時代と江戸時代の水田跡がみつかった。

縄文前期の管玉　昨年長さ43.5mの大型竪穴住居跡がみつかった米沢市矢来の一ノ坂遺跡で米沢市教育委員会による発掘調査が行なわれ、大型住居跡の近くから縄文時代前期初頭の墓壙とみられる大小のフラスコ状ピット3基がみつかった。それは直径130～200cm、深さ55～130cmの大きさで、出土品には石鏃、石匙などの石器と土器11点があり、ピットは掘ったあとすぐ埋められていることなどからみて、墓である可能性が強い。さらに中から出土した管玉は長さ1.1cm、直径1cmで、直径4.5mmの穴が開けられていた。非常に精巧な技術を示すものとして注目される。また大型住居跡の土を分析した結果、直径3mmの小型のものを含む10点の臼玉が発見された。

2万3千年前の旧石器　岩手県和賀郡和賀町横川目の和賀川北岸にある河岸段丘上に位置する愛宕山遺跡で、岩手県立博物館による発掘調査が行なわれ、約1千点の後期旧石器が発見された。石器は第3層とその下の第4層から出土したが、石器や剥離技術の特徴などから、2万3千年前ごろの時期に比定される。ナイフ型石器、スクレイパー、石斧、石核、剥片な

発掘調査・学界・その他

ど10種類ほどあり，石質は硬質頁岩が圧倒的に多く，チャートも混じっている。この台地上には遺物の集中部分が少なくとも6〜7カ所ある。また石刃技法など技法の多様さも注目されるところ。さらに切り合った状態の土坑2基が検出された。1基は縄文時代前期，もう1基は火山灰で埋まっているが，深さ・直径とも約1mで，小さな木炭片が多数みつかっている。旧石器時代の遺構であるかどうかは不明である。発掘は来年度も実施される予定で，AT火山灰の層位的な検討などが行なわれる。

戦国末期の山城 岩手県紫波郡矢巾町北伝法寺の館山（標高191m）の頂上付近で戦国時代末期の館跡がみつかり，矢巾町教育委員会による発掘調査が行なわれた。現場からは東西10m，南北30mの区間で，直径約20cmから約50cmほどの400個以上の柱跡がみつかり，青磁や美濃焼，硯，碁石，銅銭など約500点の遺物が出土したことから15〜16世紀の館跡と確認された。地元には座主館（ざすやかた）の言い伝えが残り，また，斯波氏との関係も注目される。

――――北海道地方――――

北筒式期の集落跡 新千歳空港の建設に伴って北海道埋蔵文化財センターが発掘調査を行なっている千歳市美々の美々3遺跡で，縄文時代中期北筒式土器文化圏の集落跡が発見された。美沢川左岸の約100m離れた標高約23mの台地上に位置するもので，長径5〜8mの舟形プランの竪穴住居跡などが10数軒存在する。住居の中央の石囲炉や入口施設，支柱穴などがほぼ完全な形で残っていた。北筒式土器片や石鏃・石槍・石斧などが出土し，大木式土器文化圏と接する北筒式土器文化圏南端の様相が知られる貴重な遺跡となった。

――――学界・その他――――

岡崎　敬氏（九州大学名誉教授）　6月11日，急性肺炎のため，福岡県篠栗町の若杉病院で死去された。享年66歳。1923年札幌市生まれ。京都大学文学部史学科卒。朝鮮・中国など東アジアから広く日本考古学をとらえ，また沖ノ島の第三次調査では隊長，末盧国の調査では団長をつとめた。主な著書・論文に『中国の考古学』，「三世紀より七世紀の大陸における国際関係と日本」（日本の考古学Ⅳ），「日本の古代金石文」（古代の日本9），「沖ノ島」（神道考古学講座5，共同執筆）などがある。

日本考古学協会1990年度大会
11月10日（土）から12日（月）まで，福岡市の九州大学記念講堂を主会場に「東アジアと九州」をテーマに開催される。

山形考古学会第36回研究大会
6月30日，7月1日の両日，南陽市役所におき「東北南半における末期古墳をめぐって」をテーマに約60名の参加をえて開催された。
＜講　演＞
　氏家和典：東北地方の古墳文化
＜報　告＞
　古川一明：宮城の末期古墳について
　福島雅儀：福島の末期古墳について
　手塚　孝・佐藤鎮雄・茨木光裕・川崎利夫：報告と討議（加藤稔司会）

「再現・古代の豪族居館」展
9月18日（火）より佐倉市の国立歴史民俗博物館において開催されている（11月18日まで）。同展は古墳時代を中心に，発掘成果から居館を再現し，その歴史的変遷や特質を示すとともに，そこでのまつりやまつりごとについても出土品から考察するというもので，国生本屋敷遺跡ほかの写真パネル，吉野ケ里遺跡ほかの出土遺物に遺跡復元模型や製作パネルなどが展示されている。

なお，会期中，10月28日（日）には「古代豪族と居館」をテーマに第5回歴博フォーラムも開かれる。
＜基調報告＞
　阿部義平：豪族居館研究の現状と課題
＜事例報告＞
　小笠原好彦：西日本の居館と関連遺跡
　橋本博文：東日本の居館と関連遺跡
　下城　正：三ツ寺遺跡と保渡田古墳群
＜討論会＞

「読書週間のシンボル・マーク」
解説

その昔，ギリシャ神話の世界で，「ふくろう」は，学問，技芸，知恵，戦争を司る美貌の女神アテナの使者であり，また代表的なポリスで文化の中心地アテナイの聖鳥でもありました。

古代のギリシャ人たちは，賢そうな丸い目に，大きなメガネをかけたすまし顔の「ふくろう」を知恵の象徴として大切にしたといいます。

森の奥ふかく，静かに冥想にふけるこの「ふくろう」の姿こそ，読書週間のシンボル・マークとしてもっともふさわしいものと考え，読進協では長い間使用してきました。
（読書推進運動協議会）

113

━━━■第34号予告■━━━

特集　古代仏教の考古学

1991 年 1 月 25 日発売
総112頁　　1,860円

対談・古代仏教の考古学
　　　　　……………坂詰秀一・森　郁夫

寺　院
　　寺造りの契機………………鬼頭清明
　　寺造りの広がり………………須田　勉
　　国分寺の造営………………前澤和之
　　奈良時代の山岳寺院…………梶川敏夫
　　発掘寺院の建築………………山岸常人
　　寺造りのまじない……………兼康保明
塔
　　頭塔の問題………………巽淳一郎
　　瓦製塔………………………上村和直

仏　　像
　　塑像と塼仏…………亀田修一・亀田菜穂子
　　出土の小金銅仏………………加島　進
墓
　　古代都市と墓………………前園実知雄
瓦
　　寺の瓦と役所の瓦……………中井　公
　　瓦の見方……………………森　郁夫
特別寄稿・昭和資財帳の成果………高田良信

＜連載講座＞　縄紋時代史　8……林　謙作
＜調査報告＞　＜書評＞　＜論文展望＞ほか

編集室より

◆本号を読み，ほんとうに考古学の目ざましい進歩に驚かされる。実際敗戦の直後，いや1960年ごろまでは今日のこれほどの進歩を予測したひとがいたであろうか。1960年を越えると高度成長の波高く，開発が目ざましく，それに伴って遺跡の調査も飛躍的に増加した。日本周辺のアジア諸国も徐々に充実してきた。いま本号の各項目をみると，遺跡・遺物の比較表が相当の重みをもって迫ってくる。文化の比較は何よりも重要であるが，これらを読みながら，せっかちに結論を出そうとしないのも，また学問の奥行きを感じさせ

て信頼がおける。（芳賀）
◆本号には古墳時代における日本と大陸間の文化交渉の問題をとりあげた。最近の海をへだてた学者の自由な往来はめざましいものがあり，本特集もそうした時代の流れを感じさせる。今回の特集は墳丘から土器をはじめとする遺物まで非常に多岐にわたる項目をとりあげることになった。そのため多くの研究機関・研究者から写真・図版の提供をうけ，かつ掲載しえなかったものも多くあり，その点お詫びしなければならない。なお，豊富な出土品で有名な藤ノ木古墳については，先に本誌の別冊で特集していることから今回は省かせていただいた。（宮島）

本号の編集協力者──岩崎卓也（筑波大学教授）
1929年旧満洲生まれ，東京教育大卒。『古墳時代の知識』『古墳時代の研究』『古墳分布の拡大』（古代を考える　古墳）「古墳時代祭祀の一側面」（史叢36）などの著書・編集・論文がある。

中山清隆（女子聖学院短期大学講師）
1955年福岡県生まれ，慶大卒。『図説韓国の歴史』「初期の輸入馬具の系譜」（東北アジアの考古学〔天池〕）「韓国南部の新石器文化と北部九州の縄文文化」（考古学の世界）などの編集・論文がある。

■本号の表紙■

復元された福井県十善ノ森古墳出土の冠・冠帽

広帯式の冠（外冠）と前後の長さ約15cmの冠帽（内冠）とからなる。透し彫り文様をもち，細かい蹴彫り文様などが施されている。冠帽は熊本県江田船山古墳例に近く，同系統のものである。多数の円形歩揺を付けるが，魚形の歩揺は日本での付加であろう。バックの海は韓国慶尚南道統営郡の多島海で，朝鮮海峡をはさんで対馬にも近く，先史時代以来，日本との関係の深い海域である。後方にみえるのは，先史時代の貝塚で知られる上老大島（サンノデド）である。
（冠・冠帽写真は福井県立博物館提供）　　（中山清隆）

本号の写真提供者および出典一覧（敬称略）
○カラー口絵「金属工芸技術」　環頭大刀（『国立博物館所蔵名品図鑑』より）　鏡板（『菊隠李養璃蒐集文化財』より）
○モノクロ口絵「韓国出土の倭系遺物」筒形銅器・子持勾玉・石製有孔円盤（『菊隠李養璃蒐集文化財』より）石釧（『慶州市月城路古墳群』）銅鏃・鉄鏃・内行花文鏡（釜山女子大学校博物館・安春培）小型丸底壺・土師器系赤褐色土器（釜山大学校博物館・安在晧）　○協力・河出書房新社

季刊 考古学　第33号　　1990年11月 1 日発行
ARCHAEOLOGY QUARTERLY

定価 1,860 円
（本体1,806円）

編集人　芳賀章内
発行人　長坂一雄
印刷所　新日本印刷株式会社
発行所　雄山閣出版株式会社
　　〒102　東京都千代田区富士見 2-6-9
　　電話 03-262-3231　振替 東京3-1685
◆本誌記事の無断転載は固くおことわりします
　ISBN4-639-00991-7　printed in Japan

季刊 考古学 オンデマンド版　第 33 号　1990 年 11 月 1 日　初版発行
ARCHAEOROGY　QUARTERLY　　　　　　2018 年 6 月 10 日　オンデマンド版発行
　　　　　　　　　　　　　　　　　　　　　　定価（**本体 2,400 円＋税**）

　　　　　編集人　　芳賀章内
　　　　　発行人　　宮田哲男
　　　　　印刷所　　石川特殊特急製本株式会社
　　　　　発行所　　株式会社　雄山閣　http://www.yuzankaku.co.jp
　　　　　　　　　　〒 102-0071　東京都千代田区富士見 2-6-9
　　　　　　　　　　電話 03-3262-3231　FAX 03-3262-6938　振替　00130-5-1685

◆本誌記事の無断転載は固くおことわりします　　ISBN 978-4-639-13033-8　Printed in Japan

初期バックナンバー、待望の復刻!!

季刊 考古学 OD　創刊号〜第50号〈第一期〉

全50冊セット定価（本体120,000円＋税）　セットISBN：978-4-639-10532-9

各巻分売可　各巻定価（本体2,400円＋税）

号　数	刊行年	特集名	編　者	ISBN（978-4-639-）
創刊号	1982年10月	縄文人は何を食べたか	渡辺 誠	13001-7
第 2 号	1983年1月	神々と仏を考古学する	坂詰 秀一	13002-4
第 3 号	1983年4月	古墳の謎を解剖する	大塚 初重	13003-1
第 4 号	1983年7月	日本旧石器人の生活と技術	加藤 晋平	13004-8
第 5 号	1983年10月	装身の考古学	町田 章・春成秀爾	13005-5
第 6 号	1984年1月	邪馬台国を考古学する	西谷 正	13006-2
第 7 号	1984年4月	縄文人のムラとくらし	林 謙作	13007-9
第 8 号	1984年7月	古代日本の鉄を科学する	佐々木 稔	13008-6
第 9 号	1984年10月	墳墓の形態とその思想	坂詰 秀一	13009-3
第 10 号	1985年1月	古墳の編年を総括する	石野 博信	13010-9
第 11 号	1985年4月	動物の骨が語る世界	金子 浩昌	13011-6
第 12 号	1985年7月	縄文時代のものと文化の交流	戸沢 充則	13012-3
第 13 号	1985年10月	江戸時代を掘る	加藤 晋平・古泉 弘	13013-0
第 14 号	1986年1月	弥生人は何を食べたか	甲元 真之	13014-7
第 15 号	1986年4月	日本海をめぐる環境と考古学	安田 喜憲	13015-4
第 16 号	1986年7月	古墳時代の社会と変革	岩崎 卓也	13016-1
第 17 号	1986年10月	縄文土器の編年	小林 達雄	13017-8
第 18 号	1987年1月	考古学と出土文字	坂詰 秀一	13018-5
第 19 号	1987年4月	弥生土器は語る	工楽 善通	13019-2
第 20 号	1987年7月	埴輪をめぐる古墳社会	水野 正好	13020-8
第 21 号	1987年10月	縄文文化の地域性	林 謙作	13021-5
第 22 号	1988年1月	古代の都城―飛鳥から平安京まで	町田 章	13022-2
第 23 号	1988年4月	縄文と弥生を比較する	乙益 重隆	13023-9
第 24 号	1988年7月	土器からよむ古墳社会	中村 浩・望月幹夫	13024-6
第 25 号	1988年10月	縄文・弥生の漁撈文化	渡辺 誠	13025-3
第 26 号	1989年1月	戦国考古学のイメージ	坂詰 秀一	13026-0
第 27 号	1989年4月	青銅器と弥生社会	西谷 正	13027-7
第 28 号	1989年7月	古墳には何が副葬されたか	泉森 皎	13028-4
第 29 号	1989年10月	旧石器時代の東アジアと日本	加藤 晋平	13029-1
第 30 号	1990年1月	縄文土偶の世界	小林 達雄	13030-7
第 31 号	1990年4月	環濠集落とクニのおこり	原口 正三	13031-4
第 32 号	1990年7月	古代の住居―縄文から古墳へ	宮本 長二郎・工楽 善通	13032-1
第 33 号	1990年10月	古墳時代の日本と中国・朝鮮	岩崎 卓也・中山 清隆	13033-8
第 34 号	1991年1月	古代仏教の考古学	坂詰 秀一・森 郁夫	13034-5
第 35 号	1991年4月	石器と人類の歴史	戸沢 充則	13035-2
第 36 号	1991年7月	古代の豪族居館	小笠原 好彦・阿部 義平	13036-9
第 37 号	1991年10月	稲作農耕と弥生文化	工楽 善通	13037-6
第 38 号	1992年1月	アジアのなかの縄文文化	西谷 正・木村 幾多郎	13038-3
第 39 号	1992年4月	中世を考古学する	坂詰 秀一	13039-0
第 40 号	1992年7月	古墳の形の謎を解く	石野 博信	13040-6
第 41 号	1992年10月	貝塚が語る縄文文化	岡村 道雄	13041-3
第 42 号	1993年1月	須恵器の編年とその時代	中村 浩	13042-0
第 43 号	1993年4月	鏡の語る古代史	高倉 洋彰・車崎 正彦	13043-7
第 44 号	1993年7月	縄文時代の家と集落	小林 達雄	13044-4
第 45 号	1993年10月	横穴式石室の世界	河上 邦彦	13045-1
第 46 号	1994年1月	古代の道と考古学	木下 良・坂詰 秀一	13046-8
第 47 号	1994年4月	先史時代の木工文化	工楽 善通・黒崎 直	13047-5
第 48 号	1994年7月	縄文社会と土器	小林 達雄	13048-2
第 49 号	1994年10月	平安京跡発掘	江谷 寛・坂詰 秀一	13049-9
第 50 号	1995年1月	縄文時代の新展開	渡辺 誠	13050-5

※「季刊 考古学 OD」は初版を底本とし、広告頁のみを除いてその他は原本そのままに復刻しております。初版との内容の差違は
　ございません。

「季刊 考古学　OD」は全国の一般書店にて販売しております。なるべくお近くの書店でご注文なさることをおすすめしますが、とくに手に入り
にくいときには当社へ直接お申込みください。